U0546489

彰化學

彰化學 054

跡近詩人吳晟
吳晟採訪對談選集

林明德◎編著

晨星出版

{叢書序}

追逐一個文化夢想
——十年經營彰化學

林明德

一九八〇年代,後殖民思潮蔚為趨勢,臺灣社會受到波及,主體意識逐漸浮起,社區營造成為新觀念。於是各縣市鄉鎮紛紛發聲,編纂史志,以重建歷史、恢復土地記憶,有志之士更是積極投入研究,而金門學、宜蘭學、屏東學、新竹學⋯⋯相繼推出,一時成為顯學。

這些學術現象的醞釀與形成,個人曾經直接或間接參與其事,對當中的來龍去脈自有某種程度的了解,也引起相當深刻的反思。基本上,對各族群與地方的文化(包括人文、社會、自然等科學)進行有系統的挖掘、整合,並以學術觀點加以研究,以累積文化資產,恢復土地記憶,使之成為一門學問,如此才有資格登上學術殿堂,取得「學門」的身分證。

一九九六年,我從服務二十五年的私立輔仁大學退休,獲聘國立彰化師大國文系,此一逆向的職業生涯,引發我對學術事業的重新思考,在教學、研究之餘,雖然繼續民俗藝術的田野調查,卻開始規畫幾項長遠的文化工程。一九九九年,個人接受彰化縣文化局的委託,進行為期一年的飲食文化調查研究,帶領四位研究生進出二十六個鄉鎮市,訪問二百三十多個飲食點與十多位總舖師,最後繳交三十五萬字的成果。當時,我曾說:「往昔,有一府二鹿三艋舺的符碼;今

【叢書序】
追逐一個文化夢想——十年經營彰化學

天,飲食文化見證半線的風華。」長期以來,透過訪查、研究,我逐漸發見彰化文化底蘊的豐美。

彰化一帶,舊稱半線,是來自平埔族「半線社」之名。清雍正元年(1723),正式立縣;四年(1726),創建孔廟,先賢以「設學立教,以彰雅化」期許,並命名為「彰化縣」。在地理上,彰化位於臺灣中部,除東部邊緣少許山巒外,大部分為平原,濁水溪流過,土地肥沃,農業發達,稻米飄香,夙有「臺灣第一穀倉」之美譽。三百多年來,彰化族群多元,人文薈萃,並且積累許多有形、無形的文化資產,其風華之多采多姿,令人目不暇給。二十五座古蹟群,詮釋古老的營造智慧,各式各樣民居,特別是鹿港聚落,展現先民的生活美學;戲曲彰化,多音交響,南管、北管、高甲戲、歌仔戲與布袋戲,傳唱斯土斯民的心聲與夢想;繁複的民間工藝,精緻的傳統家具,在在流露生活的餘裕與巧思;而人傑地靈,文風鼎盛,舊新文學引領風騷,而且成果斐然;至於潛藏民間的文學,活潑多樣,儼然是活化石,訴說彰化人的故事。

這些元素是彰化文化底蘊的原姿,它們內聚成為一顆堅實、燦爛的人文鑽石。三十年,我親近彰化,探勘寶藏,證明其人文內涵的豐饒多元,在因緣具足下,正式推出「啟動彰化學」的構想,在地文學家康原,不僅認同還帶著我去拜會地方人士、企業家。透過計畫的說明、遊說,終於獲得一些仕紳的贊同與支持,為這項文化工程奠定扎實的基礎。我們先成立編委會,擬訂系列子題,例如:宗教、歷史、地理、社會、民俗、民間文學、古典文學、現代文學、傳統建築、傳統表演藝術、傳統手工藝與飲食文化,同步展開敦請學者專家分門別類選題撰寫,其終極目標是挖掘彰化文化內涵,出版彰化

學叢書，以累積半線人文資源。原先預計每年十二冊，五年六十冊（2007～2011），不過由於若干因素與我個人屆齡退休（2011），不得不延後，目前已出版五十冊，其餘陸續完成。這裡列舉一些「發見」供大家分享：

（一）民間文學系列：《人間典範全興總裁》，由口述歷史與諺語梭織吳聰其先生從飼牛囝仔到大企業家的心路歷程，為人間典範塑像；《陳再得的臺灣歌仔》守住歌仔先珍貴的地方傳說，平添民間文學史頁；《臺灣童謠園丁──施福珍囝仔歌研究》，揭開囝仔歌的奧祕，讓兒童透過囝仔歌認識鄉土、學習諺語、陶冶性情。

（二）古典文學系列：《臺灣古典詩家洪棄生》、《陳肇興及其陶村詩稿》、《臺灣末代傳統文人──施文炳詩文集》三書充分說明彰化的文風傳統，與古典文學的精彩。加上賴和的漢詩研究……，將可使這一系列更為充實。

（三）現代文學系列：《王白淵・荊棘之道》、翁鬧《有港口的街市》、《錦連的年代──錦連新詩研究》、《生命之詩──林亨泰中日文詩集》、《給小數點臺灣──曹開數學詩》、《親近彰化文學作家》……，涵蓋先行、中生與新生三代，自大清、日治迄今，菁英輩出，小說、新詩、散文傑作，琳瑯滿目，證明了在人文彰化沃土上果實纍纍。值得一提的是，翁鬧長篇小說的出土為臺灣文學史補上一頁；而曹開數學詩綻放於白色煉獄，與跨越兩代語言的詩人林亨泰，處處反映磺溪一脈相傳的抗議精神。

（四）《南管音樂》、《北管音樂》、《彰化縣曲館與武館Ⅰ～Ⅴ》、《彰化書院與科舉》、《維繫傳統文化命脈──員林興賢書院與吟社》、《鹿港丁家大宅》與《鹿港意樓──慶昌行家族史研

究》，前三種解析戲曲彰化這一符碼，尤其是林美容教授開出區域專題普查研究，為彰化留下珍貴的文獻資料。書院為一地文風所繫，關係彰化文化命脈，古樸建築依然飄溢書香；而丁家大宅、意樓則是鹿港風華的見證，也是先民營造智慧的展示。即將出版的李乾朗傳統建築，必能全面的呈現老彰化的容顏。

這套叢書的誕生，從無到有，歷經十多年，真是不尋常，也不可思議，它是一項艱辛又浩大的文化工程，也是地方學的範例，更是臺灣學嶄新的里程碑。非常感謝彰化師大與臺文所的協助，全興、頂新、帝寶等文教基金會的支持；專業出版社晨星，在編輯、美編上，為叢書塑造風格；書法名家也是彰化人杜忠誥教授，親自以篆書題寫「彰化學」，為叢書增添不少光彩，在此一併感謝。

叢書的面世，正是夢想兌現的時刻，謹以這套書獻給彰化鄉親，以及我們愛戀的臺灣，這是我與康原的共同心願。

・林明德（1946～）

臺灣高雄市人。國立政治大學中文博士。曾任國立彰化師範大學國文學系教授兼副校長。投入民俗藝術研究四十多年，致力挖掘族群人文，整合民俗藝術，強調民俗是一切藝術的土壤。二〇二三年，獲頒彰化建縣300年特殊貢獻獎——文化藝術類。著有《臺澎金馬地區區聯調查研究》（1994）、《文學典範的反思》（1996）、《彰化縣飲食文化》（2002）、《阮註定是搬戲的命》（2003）、《臺中飲食風華》（2006）、《斟酌雅俗》（2009）、《俗之美》（2010）、《戲海女神龍》（2011）、《小

西園偶戲藝術》（2012）、《粧佛藝師——施至輝生命史及其作品圖錄》（2012）、《剪紙藝師——李煥章》（2013）、《詩路》（2014）、《味在酸鹹之外——臺灣飲食踏查》（2016）、《認識布袋戲的第一本書》（2018）。

{編者序}
尋幽訪勝

林明德

　　吳晟（1944～），本名吳勝雄，彰化縣溪州鄉圳寮村人。父親曾任職溪州鄉農會，待人熱誠，母親是典型的農婦，刻苦耐勞，堅持在吳家田地上「用一生的汗水，辛辛勤勤／灌溉泥土中的夢」。

　　吳晟有兄弟姊妹七人，他排行第四，上有兩姊一哥哥，下有兩妹一弟弟。他的學習歷程十分曲折，中學念了八年，讀過五所學校，就是因為接觸了文藝書刊，瘋狂閱讀，背誦詩篇，積極投稿，而忽略了課業。一九六五年，他考上屏東農專，仍沉迷於文學的妄想中，淪落重修，直到一九七一年才畢業。他有機會上臺北發展，卻選擇返鄉陪伴母親，並與學妹莊芳華結婚，落地生根，育有子女三人。

　　吳晟夫妻任教於當地國中，業餘陪母親下田，過著耕、教、讀、寫的生活。

　　一九七二年，吳晟以「吾鄉印象」組詩，發表於瘂弦主編的《幼獅文藝》（第224期），一時引起詩壇的注意。一九七五年，他榮獲吳望堯第二屆中國現代詩獎，評審委員稱讚他：「詩風樸實，自然有力，以鄉土性的語言，表現時代變化中的愁緒，真摯感人。」余光中（1928～2017）更在〈從天真到自覺──我們需要什麼樣的詩？〉（《青青邊愁》，1977）加以肯定：「只有等吳晟這樣的作者出現，鄉土詩才算有了明確的面目。」

一九七六年，吳晟結集出版《吾鄉印象》（楓城出版社）；一九七七年，臺灣文學界爆發鄉土文學論戰。

一九五九年，吳晟開始發表新詩，一九七九年，發表農婦散文系列，詩、文雙類書寫，迄今六十五年，他的創作歷程大概可以分為四個時期，即：

1. 一九五九年～一九七〇年：為前社會經驗時期，深受現代主義的影響。
2. 一九七一年～一九九〇年：從人子、人師、人夫、人父，到教師、農民、作家，一人扮演多重角色。於詩藝、人生、社會、農業、環保進行反思。
3. 一九九一年～一九九九年：屬於批判期，從觀念人到行動人，積極展現知識分子的擔當。
4. 二〇〇〇年～迄今：生命的反思——維護自然環境，揭示終極關懷，平地造林，推動森林墓園，為土地倫理善盡「大地公民」的責任。

吳晟先後出版五冊詩集：即：《飄搖裏》（1966）、《吾鄉印象》（1976）、《向孩子說》（1985）、《再見吾鄉》（2000）、《他還年輕》（2014）。二〇二二年，他統整出版了《泥土——吳晟二十世紀詩集》與《他還年輕——吳晟二十一世紀詩集》兩種。至於散文，則有《農婦》（1982）、《店仔頭》（1985）、《無悔》（1992）、《不如相忘》（1994）、《筆記濁水溪》（2002）、《一首詩一個故事》（2002）、《我的愛戀 我的憂鬱》（2019）、《北農風雲——滿城盡是政治秀》（2020）、《文學一甲子」：吳晟的詩

〔編者序〕
尋幽訪勝

▲ 吳晟與編者林明德與研究生於純園合照。

▼ 吳晟與編者林明德與研究生於書房合照。

情詩緣》（2022）、《文學一甲子₂：吳晟的文學情誼》（2022）等十種。

一九八〇年，吳晟詩作〈負荷〉被選入國立編譯館編定的國民中學國文教科書；一九九七年，散文〈不驚田水冷霜霜〉取代〈負荷〉選入國立編譯館編定的國民中學國文教科書。後來，〈水稻〉、〈土〉、〈蕃藷地圖〉等詩作被選入「三民版」、「南一版」「龍騰版」高中國文教科書。其他作品被選入國小、中學教材的，有詩作〈雀鳥〉、〈泥土〉、散文〈遺物〉、〈秋收後的田野〉、〈小池裡較大一尾魚〉、〈採花生〉；彰化師大《新大學國文精選》則選入〈落葉〉一詩。

吳晟自認為是社會寫實詩人，他要求藝術表現和臺灣現實密切結合，堅持以素樸的語言、鮮活的意象，「寫臺灣人、敘臺灣事、繪臺灣景、抒臺灣情。」他的作品大都根源於現實生活，和臺灣社會脈動息息相關，許多詩篇是歷史的影子，可以視為史詩。

泥土誕生詩人吳晟，吳晟形塑真實的臺灣農村，他的鄉土詩蘊含夢想與現實，成為臺灣現代文學的獨特風景，他的「傑作」，文學緣深厚，雅俗共賞，永不落架。「鄉間子弟鄉間老」的「吳晟」已累積成為稀有的「魅力」。因此，跡近吳晟，儼然成為一種風氣，訪談研究者不絕於途。根據《臺灣現當代作家研究資料彙編》116《吳晟》（2019）的統計，有關吳晟的論述蔚為風氣，共有九百多種，包括：自述、他述、訪談、對談、綜論、分論等。當中採訪、對談，有平面媒體（報章雜誌）、廣播、電視、電影、電子媒體等，約有一百種之譜。本書從平面媒體的採訪對談中，揀選二十一篇，書名《跡近詩人吳晟：吳晟採訪對談選集》。一九七六年，吳炳華〈吳晟印象〉開訪

談先聲；二〇二二年，鄭又禎〈向世界去，回鄉土來：以文學耕耘年輕的臺灣——吳晟 × 張潔平〉對談為結尾。

我們將二十一篇的採訪對談，以時間為經，作品為緯，加以繫年。採訪者大多為報章雜誌的記者、編輯，有些是朋友、學者、同鄉；對談則包括作曲家、音樂評論家、企業家。

至於採訪對談的範圍頗為廣泛，大致可以歸納為七個面向，即：

一、詩解讀：顏炳華〈吳晟印象〉、黃武忠〈鄉土詩的扎根者〉、陳益源〈訪吳晟，談〈負荷〉〉、謝美宣〈燃燒熱情・書寫土地與生命的詩人〉、張瑞芬〈泥土的詩學——2009訪溪州詩人吳晟〉。

二、詩人吳晟：劉原君、涂亞鳳〈當代成名作家訪談錄——訪吳晟〉、莊紫蓉〈吳晟——田埂上的詩人〉、李欣倫〈謙卑或者樸實，真誠或者靦腆——吳晟印象〉、楊佳嫻〈我在我不在的地方〉、李雲顥、黃崇凱〈水田的那邊那邊——尋訪吳晟與溪州農民〉。

三、閱讀父女：方秋停〈閱讀，自然搭起親子溝通的橋樑——與吳晟老師暢談世代閱讀〉、梁玉芳、楊錦郁〈吳音寧闖叢林　跳脫吳晟田園詩〉、何宗翰〈詩人老爸舞劍討公道——《北農風雲》劈開政治爛瘡〉。

四、詩歌：王宣一〈吾鄉詩詞入歌聲——羅大佑・吳晟對談錄〉、張鐵志〈甜蜜的負荷長大了！吳晟 × 吳志寧的夏夜長談〉。

五、社會關懷：許碧純〈從吾鄉印象到再見吾鄉〉、周馥儀〈除了寫詩還能做什麼？運動前線的農民、詩人與知識分子：吳

晟〉。
六、平地造林：黃秀貞、陳春福、葛怡君、蔡巧卿〈種樹的詩人──吳晟〉、蔡逸君〈單純之歌──臺灣特有種詩人吳晟〉。
七、心路歷程：蔡俊傑、林若瑜〈科技人、文學家──同樣嚮往一個更美好的社會──童子賢 vs. 吳晟〉、鄭又禎〈向世界去，回鄉土來：以文學耕種年輕的臺灣──吳晟 × 張潔平〉。

　　二十一篇都經過縝密的思考，流程循序漸進，直探問題的核心，解讀吳晟的「魅力」。例如：顏炳華〈吳晟印象〉發表於一九七六年十月《幼獅文藝》第 274 期，針對吳晟《飄搖裏》、「不知名的海岸」、《吾鄉印象》三階段的風格轉變，貼切、平實的分析，頗見用心。他是吳晟屏東農專《南風》的知己，深感有必要為吳晟畫像，闡述其鄉土詩風演變的由來，為喜歡吳晟作品的人士提供一些線索。後來，經過擴充，成為《泥土》代序（1979）。王宣一〈吾鄉詩詞入歌聲──羅大佑・吳晟對談錄〉，透露一段祕辛。原來羅大佑的第三張專輯唱片中，有一首歌詞採用了吳晟「吾鄉印象」組詩的〈序說〉，譜成歌後，他帶著錄製好的母帶，請吳晟試聽。經過一天的農村瀏覽，晚餐佐以珍藏多年的好酒後，大家試聽〈吾鄉印象〉。羅大佑表示，因為音韻的關係加了一句「滴下滴滴的淚珠」。吳晟直覺反應「不妥」，並說：「我們農民很認命，但不悲觀，也絕不怨天尤人。……臺灣的農民是不會對抗命運的，有一些描寫農民『歹命』、『艱苦』的字眼，這是知識分子的心情，不是農民的心情，農民是沒有淚

〔編者序〕
尋幽訪勝

水的,基本上,是相當認命的,因此,我反對你用『淚珠』這二個字,你應該會發現,在我描寫農民生活的詩裡,絕對沒有『淚』這個字,我反對別人想像農民的可憐,這個你了解嗎?」「是!」羅大佑回應,「你的作品是真正從泥土中生出來的,我們的想法都太虛幻了,你這樣一說,我明白你的意思了,這一句歌詞是否請你改一下呢?」這裡,我們看到了一幅農民的純真肖像。

劉原君、涂亞鳳〈當代成名作家訪談錄——訪吳晟〉,根據人時地事物,設計了二十多個問題,一探吳晟的出身、筆名、文學創作、詩文書寫、風格、轉變、角色扮演、農婦、夫妻相處之道、寫作方向。吳晟面對問題侃侃而談,完全展露一副憨直、敦厚、誠摯的神色。

蔡俊傑、林若瑜〈科技人、文學家——同樣嚮往一個更美好的社會——童子賢 vs. 吳晟〉,由楊照穿針引線,讓科技人、文學家交集,敘述心路歷程。吳晟、童子賢兩人都有共同點的開始,從農村經驗、文藝少年、編校刊寫新詩。後來,童子賢走入科技界,輝煌騰達,但他關心文學、推廣文學不遺餘力;吳晟集教師、農人、作家於一身,過著耕、教、讀、寫的生涯,創作六十五年,始終關心農業、投入社會改革。他們共同的夢想與呼籲是留存、保護文學這塊濕地。

《跡近詩人吳晟》一書,是將近半世紀的吳晟採訪對談選集,包括七個面向二十一篇,莫不聚焦「吳晟」魅力的踏查、叩訪。前面有導論〈解讀吳晟的多重視野〉,附錄:採訪、對談文本索引,包括書籍、雜誌、期刊、論文、電子媒體。

導論是我追蹤吳晟五十年的觀察報告,從吳晟這個人、吳晟研究面向、詩文雙重奏、倫理意識、終極關懷,提出一些看法。結論是未

來研究方向，特別提出六點供大家參考。

　　吳晟定根溪州圳寮，詩文創作六十五年，茂密成林，其傑作雅俗共賞，老中青少幼耳熟能詳，他的「夢想與現實」能引起迴響，「吳晟」早已成為臺灣文學的特殊風景，釋放一種「魅力」。他本名吳勝雄，我忽然靈感一動，將序命名為〈尋幽訪勝〉。

　　最後特別要提的是，二〇二二年，由目宿媒體推出的〈「他們在島嶼寫作Ⅲ他還年輕」（He's Still Young）〉，二〇二三年，民視〈【臺灣演義 Taiwan History】鄉土詩人　吳晟〉，製作相當用心，長期追蹤，透過吳晟自白，學者專家的訪談，不僅再現吳晟的心路歷程，也引領大家深刻了解「吳晟」的魅力。

二〇二四年十一月二十三日

目次 / CONTENT

{叢書序} 追逐一個文化夢想——
　　　　十年經營彰化學／林明德 …………………… 002
{編者序} 尋幽訪勝／林明德 …………………………… 007
{導論} 解讀吳晟的多重視野／林明德 ………………… 017

1　吳晟印象／顏炳華（1976年）…………………………… 044

2　鄉土詩的扎根者——吳晟訪問記
　　／黃武忠（1982年）……………………………………… 062

3　吾鄉詩詞入歌聲——羅大佑・吳晟對談錄
　　／王宣一（1984年）……………………………………… 072

4　訪吳晟，談〈負荷〉／陳益源（1986年）……………… 083

5　當代成名作家訪談錄——訪吳晟
　　／劉原君、涂亞鳳（1996年）…………………………… 091

6　從吾鄉印象到再見吾鄉／許碧純（1996年）…………… 110

7　吳晟——田埂上的詩人／莊紫蓉（2000年）…………… 129

8　謙卑或者樸實，真誠或者靦腆——吳晟印象
　　／李欣倫（2005年）……………………………………… 161

9　種樹的詩人——吳晟
　　／黃秀貞、陳春福、葛怡君、蔡巧卿（2005年）……… 178

10 吳音寧闖叢林　跳脫吳晟田園詩
　　／梁玉芳、楊錦郁（2005 年）......................... 194

11 燃燒熱情・書寫土地與生命的詩人
　　／謝美萱（2006 年）................................. 206

12 閱讀，自然搭起親子溝通的橋樑──
　　與吳晟老師暢談世代閱讀／方秋停（2009 年）......... 218

13 泥土的詩學──2009 訪溪州詩人吳晟
　　／張瑞芬（2009 年）................................. 227

14 我在我不在的地方／楊佳嫻（2010 年）................. 244

15 除了寫詩還能做什麼？運動前線的農民、詩人與知識分子：
　　吳晟／周馥儀（2012 年）............................. 261

16 水田的那邊那邊──尋訪吳晟與溪州農民
　　／李雲顥、黃崇凱（2012 年）......................... 269

17 甜蜜的負荷長大了！吳晟 × 吳志寧的夏夜長談
　　／張鐵志（2012 年）................................. 281

18 單純之歌──臺灣特有種詩人吳晟
　　／蔡逸君（2018 年）................................. 291

19 科技人、文學家──同樣嚮往一個更美好的社會──
　　童子賢 vs. 吳晟／蔡俊傑、林若瑜（2018 年）......... 302

20 詩人老爸舞劍討公道──《北農風雲》劈開政治爛瘡
　　／何宗翰（2020 年）................................. 335

21 向世界去，回鄉土來：以文學耕種年輕的臺灣──
　　吳晟 × 張潔平／鄭又禎（2022 年）................... 341

｛採訪、對談文本索引｝................................. 371

{導論}

解讀吳晟的多重視野

林明德

一、前言

　　臺灣新詩，乃泛指日治時期臺灣新文學運動開展以來，使用日文或語體文書寫，有別於古典漢詩的詩作。一九二三年，楊華（1906～1936）開始有新詩的試驗，追風（謝春木，1902～1969）寫了第一首日文新詩〈詩的模仿〉（1924）發表於《臺灣》；一九二五年，賴和（1894～1943）因受彰化二林事件的刺激，寫下〈覺悟下的犧牲〉。而張我軍（1902～1955）借鑑五四新文學運動，以白話寫成《亂都之戀》（1925），則是臺灣新詩史上的第一冊詩集。這期間，歷經日本戰敗、國府來臺，臺灣新詩面臨困境，包括官方意識形態所推動的反共文藝、傳統文化對新詩的反對與壓抑，以及與五四文學傳統和臺灣本土文學的雙重斷裂。經過「跨越語言的一代」的陣痛，終於出現中國大陸來臺詩人與本地詩人合作的契機，新詩社團紛紛成立，「現代詩社」（1953）、「藍星詩社」（1954）、「創世紀」（1954）、「笠」（1964），共同推動臺灣詩運。半世紀以來，臺灣的政經文化與社會環境，符應國際情勢與世界思潮的詭譎變遷，詩壇的表現亦蘊生質量的變化；尤其是一九八〇年代，更朝向多元開放的詩觀與詩藝邁進。

一九八七年解嚴以後,臺灣已成為多元的後認同政治時代,本土化漸成主流,民生經濟邁向成熟,社會生命力蓬勃,加上報禁解除,新媒體資訊爆增,女權、後現代主義、冷嘲理性、實用主義、解構……等思潮蔚為風氣,臺灣文化界的大眾通俗化風潮,亦得以激盪形成。這些衝擊,形諸新詩,則有政治詩、臺語詩、都市詩、後現代詩與大眾詩等面向,而且互相融滲,從而浮現詩壇「世代交替」的現象。[1]

新時代的詩學思考,在都市詩和後現代詩,極為關切到語言的操作策略,並延伸到詩結構的辯證、不相稱的詩學、意義浮動的疆界、意義的再定義以及長詩的發展……等相關理論與實踐,中青兩代作家輩出,他們所接觸的面向,相當多元,或政治反思、環保公害、弱勢族群、宇宙人生……等,都有十分優異的表現。不過,在眾聲喧譁裡,我們也聽到了另一種與眾不同的聲音──信奉社會寫實主義,貼近臺灣社會脈搏的詩人吳晟。他以詩文記錄臺灣社會,是歷史經驗的參與與見證者之一;其文本所釋放出來的多元主題意識,迄今仍引起學者熱烈的探索。

二、吳晟小傳

吳晟(1944～),本名吳勝雄,臺灣彰化縣溪州鄉圳寮村人。父親吳添登(1914～1966)曾任職溪州鄉農會,是位嚴肅中不失幽默風趣的人,待人熱忱,以微薄薪資栽培子女。母親吳陳純女士

---

[1] 賴芳伶:《新詩典範的追求──以陳黎、路寒袖、楊牧為中心》(臺北:大安出版社,2002年7月),頁1～21。

〈導論〉
解讀吳晟的多重視野

▲ 家族四代同堂,遠從智利、美國返赴吳晟母親110歲冥誕純園音樂會。

▲ 吳晟與大哥的合照,兄弟聚首,紀念母親冥誕。

（1914～1999），是典型的農婦，安分守己、刻苦耐勞。她深信千方百計，不如種地，堅持在吳家田地上「用一生的汗水，辛辛勤勤／灌溉泥土中的夢」。

吳晟有兄弟姊妹七人，他排行第四，上有兩位姊姊一哥哥，下有兩位妹妹一弟弟。

吳晟的學歷相當曲折，國小以第一名畢業，保送縣立北斗中學，插班考試進入彰化中學，無意間接觸了文藝書刊，癡狂閱讀、做札記、抄寫「佳句」，背誦詩篇，尋繹詩句的涵義，進而嘗試投稿。中學念了八年，讀過五所學校。就讀縣立樹林高中期間，流連臺北牯嶺街、重慶南路及武昌街周夢蝶的書報攤，尋訪詩集、詩刊，並在《文星》、《藍星》、《野風》等雜誌、詩刊發表詩作，深受現代主義的影響。

一九六五年，他考上屏東農專，卻沉迷於文學的妄想中，淪落重修，直到一九七一年才畢業。他返鄉陪伴母親，並與莊芳華（1950～）結婚，育有子女三人。

吳晟夫妻任教於溪州國中，業餘陪母親下田，過著耕、教、讀、寫的生涯。一九八〇年，他受邀到愛荷華大學「國際作家工作坊」（Iowa Writers' Workshop）任訪問作家四個月，大開眼界。他深具憂患意識，凡事憂於未形，對政治、選舉、農業、環保常發表一些議論，特別強調「了解是關懷的基礎、關懷是行動的起始」。長期以來，「秉持正直的情操，為公義、為促進更合理的社會」，透過新詩或散文，提出嚴格的批判。

二〇〇〇年，吳晟夫婦正式退休，更用心思索臺灣問題，例如：汙染、土地、農業、環保、教育、文學……等。二〇〇一年，他倆在

二公頃多的黑色土壤「平地造林」，種下臺灣原生種一級木三千棵，這座樹園取母親之名，名為「純園」。二〇〇五年，吳晟晉升祖父級，在初老的年歲，他發表「晚年冥想」組詩，透過圓熟的觀照，道出「鄉間子弟鄉間老」的心聲。

二〇一〇年，為了反八輕（國光石化），他挺身而出，慷慨寫下〈只能為你寫一首詩〉，並與吳明益主編《溼地　石化　島嶼想像》[2]，結合學界、文學界、醫學界、音樂界，呼籲不要再旁觀，共同守護島嶼的生態。同年，苗栗縣政府假開發之名，強制徵收大埔農地，六月九日半夜，派出兩百多名警力，包圍大埔農地，驅逐農民，多部怪手開進稻田，剷除即將收成的稻作，他痛心的寫了〈怪手開進稻田〉，期能喚醒荒蕪的天地良心。二〇一一年，面對中科搶水，他結合自救會的農民，守護農鄉命脈莿仔埤圳，並撰寫〈誰可以決定一條水圳的命運？〉（2013）一文，為土地發聲。二〇一六年，吳晟獲聘總統府資政。

二〇一八年，吳晟與莊芳華將「純園」交棒給長子賢寧夫婦，新世代在一片原生種樹林設立「基石純園華德福自學園」——一座讓孩童重返樹林向大自然學習，發展獨立自主的個體之場域，為「純園」注入既嚴肅又崇高的使命。

吳晟的創作涵蓋新詩與散文，但一直堅持新詩的創作，他承認這是需要「堅強的創作信念和熱情」。他從小在農村成長，深受「稻作文化」的影響，[3] 學的是農業，並且實際操作農事，因此，寫作的

---

[2] 吳晟、吳明益主編：《溼地　石化　島嶼想像》（臺北：有鹿文化，2011年）。
[3] 施懿琳：〈稻作文化蘊育下的農民詩人——試析吳晟新詩的性格特質與批判精神〉，收入《臺灣的文學與環境》（高雄：麗文文化公司，1996年6月），頁67～100。

題材,大概以土地、農作和農村生活為主,真實刻畫了某些臺灣農村的面向。他的創作動力主要來自生活的真實感動,一種「自發性的感情」。他曾說:「我寫的詩,莫不是植根於踏實的生活土壤中,歷經長時期的體會醞釀,才緩慢發芽、成形,而以鮮活熱烈的血液記錄下來。」[4]

多年來,他所經營的詩觀,無關理論,大多從經驗出發,透過生活的驗證,才逐漸建構的,而詩創作,就是詩觀的實踐。其詩觀可分為:(一)原理論;(二)創作論。

先談原理論。

吳晟回顧,在農村教書、耕作,利用夜晚從事創作,主要動力來自生命的熱愛、社會的關懷,以及文學的理想。他堅信「文學創作根源於真實生活,才有動人的力量,同時文學回歸於生命的本質,才有深遠的意義。」[5]自述:「我不願高談文學的使命感,但是本乎至誠而創作應是毫無疑問的基本態度。」[6]「坦朗真誠乃是最起碼的風格。」[7]因此,作品大都從實實在在生活體驗中醞釀而來,不矯飾不故作姿態,這種「誠於中形於外」的表現,既是詩歌的本質,也是詩歌的動人之處。他曾自白:

---

[4] 吳晟:《無悔·轉變》(臺北:開拓出版有限公司,1992 年),頁 34。
[5] 吳晟:《一首詩一個故事·詩名》(臺北:聯合文學,2002 年),頁 231。
[6] 吳晟:《無悔·獎賞》(臺北:開拓出版有限公司,1992 年),頁 53。
[7] 吳晟:《無悔·混淆》(臺北:開拓出版有限公司,1992 年),頁 253。

我仍信奉,就像土壤中的種子,各自汲取水分,耐心等待生根發芽,只有在寂寞中浸過汗水或淚水,只有在孤獨中傾注心血的詩句,才可能貼近人們的心靈深處。[8]

可作為註腳。

吳晟信奉家庭倫理、關懷社會倫理、堅持土地倫理,其核心價值不外愛與悲憫情懷。他是道地的農家子弟,親情、鄉情、作物、土地,自然成為詩作的主要內涵。因為長年居住鄉間,腳踩田地,手握農具,挑屎擔糞搬堆肥,揮灑汗水;他的每一份詩情都連接臺灣島嶼每一寸土地,希望詩篇能扣人心弦,引起回響。

次談創作論。

吳晟是位社會寫實文學的作家,他關切社會,介入現實,擁有完整的農村生活背景,經過醞釀、思索之後,才完成詩作,他說:「很少發表『即興』的單篇作品,以系列性組詩形式出現,成為我的創作習慣,也就是先尋找到主題方向,歷經長年思索醞釀,偶有吉光片羽,散句片段『靈光一閃』,隨時作札記,累積到感覺已孕育『成形』,才著手整理成詩篇。」[9]例如:在臺灣急驟由農業轉型為工商業社會的年代,文明的迅速入侵農村,「時代變化中的愁緒」,混合他對土地和作物的愛戀,終於推出「吾鄉印象」組詩。

---

[8] 吳晟:《一首詩一個故事·詩名》(臺北:聯合文學,2002年),頁223。
[9] 吳晟:《一首詩一個故事·詩集因緣之四——《吳晟詩選》》(臺北:聯合文學,2002年),頁158。

他認為詩就是生命，對生命無止無盡的熱愛和探索。「詩作一直是我和生命最真切貼近的對話，也是我最熱愛人世最佳的表達方式。」[10]為了寫詩，孤獨年少吟誦詩篇、玩味詩意、抄寫詩句、體會詩藝；六十年來，仍繼續探索詩的語言、結構乃至詩的意義。他相信詩人最榮耀的桂冠，應是作品本身──完美詩藝的呈現。

　　然而，作為社會寫實的詩人，他要求藝術表現和臺灣現實密切結合，堅持以素樸的語言、鮮活的意象，「寫臺灣人、敘臺灣事、繪臺灣景、抒臺灣情」。[11]他的詩作大都根源於現實生活，和臺灣社會脈動息息相關，許多詩篇是歷史的影子，絕對可以視之為詩史。例如：〈若是〉（1979）寫於臺美斷交時，眼見各行政機關發動一連串抗議示威，指責美國背信忘義，他藉著「向孩子說」：「若是和你最親密的小朋友／拒絕和你在一起／孩子呀！不要懊惱的哭鬧／更不要怨嘆別人／你要認真檢討自己」，抒發個人的看法。而寫於一九八〇年的〈不要忘記〉，則反映在「美麗島事件」風聲鶴唳的氣氛下，吳晟積鬱多日的悲憤心情，以兄弟相處做比喻，訓誡大哥要有包容異己、接受批評的胸襟，不要將怨恨的種子，撒播在裂開的傷口上。他透過隱喻為「因義受難」的人士，發出正義的聲音。

　　他的創作題材根源於土地，反映社會現實，所以能釋放強烈的鄉土情懷。為了搭配題材，加入不少臺語，這種國臺語靈活的運用，不僅增加鄉土人情味，也展現親和力。他追求的風格是「樸素、單純而

---

[10] 吳晟：《一首詩一個故事・詩集因緣之四──《吳晟詩選》》（臺北：聯合文學，2002 年），頁 159。

[11] 吳晟：《一首詩一個故事・未出世的詩選》（臺北：聯合文學，2002 年），頁 210。

真摯的詩情,不矯飾、不虛浮、更不耍弄。」⑫

　　吳晟初二開始迷戀新詩,經常在各報章雜誌發表詩作。但他與時俱進,面對臺灣社會的變遷,立足鄉土,深入庶民心靈,開始經營組詩「吾鄉印象」,以反映「時代變化中的愁緒」。二〇〇五年,他面對初老的歲月(退休、照顧孫女、守住家園、平地造林),「沉靜中讀讀書、唸唸詩,竟是每日最愜意的休閒。」⑬於是寫下「晚年冥想」組詩,以圓熟的智慧、豁達的胸襟去正視、思索人類共同的歸宿──死亡:以樹葬替代墓園。其終極關懷(Ultimate Concern)指向──自然生命觀,既肅穆又深遠。

　　從創作歷程來看,吳晟先後出版五冊詩集:即:《飄搖裏》(1966)、《吾鄉印象》(1976)、《向孩子說》(1985)、《再見吾鄉》(2000)、《他還年輕》(2014)。二〇二二年,他統整出版了《泥土──吳晟二十世紀詩集》與《他還年輕──吳晟二十一世紀詩集》兩種。至於散文,則有《農婦》(1982)、《店仔頭》(1985)、《無悔》(1992)、《不如相忘》(1994)、《筆記濁水溪》(2002)、《一首詩一個故事》(2002)、《我的愛戀　我的憂鬱》(2019)、《北農風雲──滿城盡是政治秀》(2020)、《文學一甲子₁:吳晟的詩情詩緣》(2022)、《文學一甲子₂:吳晟的文學情誼》(2022)等十種。

　　就吳晟詩文繫年可以看出,他的創作歷程大概可以分為四個時期,即:

　　1、一九五九年～一九七〇年:為前社會經驗時期,十五歲到

---

⑫　吳晟:《一首詩一個故事・詩情相思》(臺北:聯合文學,2002 年),頁 115。
⑬　吳晟:《一首詩一個故事・詩情相思》(臺北:聯合文學,2002 年),頁 114。

二十六歲，從中學、大專歲月到軍旅生涯，深受現代主義的影響。

2、一九七一年～一九九〇年：是社會經驗時期，二十七歲到四十六歲，從人子人師人夫人父，到教師農民的身體力行，以社會寫實文學的視角，於詩藝、人生、社會、教育、政治、農業、環保、土地、文化有更深刻的思考與批判。

3、一九九一～一九九九年：屬批判參與時期，四十七歲到五十五歲，從理想觀念到實際行動，由幕後走到臺上，展現了知識分子的本色。

4、二〇〇〇～迄今：生命反思——維護自然環境、揭示終極關懷，五十六歲迄今，他平地造林，積極搶救自然生態，反思生命，為土地倫理善盡「大地公民」的責任。

三、吳晟研究面向

　　吳晟詩文創作，為斯土斯民發聲，深獲讀者的共鳴與學界的矚目。而有關吳晟的研究，與時俱增，散論專著並出，特別是一九七五年，獲頒吳望堯第二屆中國現代詩獎，一時成為詩壇的亮點；同年余光中（1928～2018）從民族性與社會感的觀點闡述「只有等吳晟這樣的作者出現，鄉土詩才算有了明確的面目。」[14]一九七六年，詩集《吾鄉印象》出版；一九七七年，鄉土文學論戰爆發；一九八〇年，詩作〈負荷〉選入國立編譯館編定的國民中學國文教科書；一九九七

---

[14] 余光中：《青青邊愁‧從天真到自覺——我們需要什麼樣的詩？》（臺北：純文學出版社，1977年11月），頁123～131。

年，散文〈不驚田水冷霜霜〉取代〈負荷〉選入國立編譯館編定的國民中學國文教科書，後來，〈水稻〉、〈土〉、〈蕃薯地圖〉等詩被選入「三民版」、「南一版」、「龍騰版」高中國文教科書；其他作品被選入國小、中學當教材的有詩——〈雀鳥〉、〈泥土〉、〈我不和你談論〉；散文——〈遺物〉、〈秋收後的田野〉、〈小池裡較大一尾魚〉、〈採花生〉。因此，吳晟永不落架，論述不斷，迄今近八百種，堪稱臺灣現代文學的奇觀。在眾多研究裡，大概可以歸納出六個面向，即：

（一）詩派類型的討論

余光中是最早將吳晟「吾鄉印象」組詩定調為鄉土詩的人（1975），不過，顏炳華的吳晟《泥土·代序》（1979）[15]卻以為「詩人的美名、桂冠，……應歸於那些反映現實、抓住時代感覺的詩人——真正的詩人。」並辨析：「吳晟的詩，處處可見源於對鄉土、對生命真摯的熱愛，不是即興的隨即忘卻的感觸，也非技巧與主義派別等格局下的表現，而是醞釀再醞釀後的深情流露。因此，我們不能將吳晟限定為鄉土詩人，而誤解他的成就。……這位對生命、對社會充滿了忍抑不住的關切，對泥土執著而深情的詩人，實實在在投身在農村中，沒有一般『知識分子』虛矯的尊貴和飄逸，也不叫喊什麼口號，不宣揚什麼理論，……吳晟的詩誠然不是流行性的，也不光彩奪目，但在他如泥土般真摯厚重的作品中，我們卻可從平實中見深情，

---

[15] 顏炳華：〈《泥土》代序〉，收入吳晟《泥土》（臺北：遠景，1979年），頁1～28。

從平淡中見深刻。」

　　宋田水〈「吾鄉印象」的鄉土美學——論吳晟〉說吳晟詩作為憫農詩（1991）[16]；莫渝〈真誠與泥土——記吳晟〉（1995）[17] 稱之為農村詩人，劉梓潔（2006）、呂正惠（2007）則援例；施懿琳〈稻作文化蘊育下的農民詩人——試析吳晟新詩的性格特質與批判精神〉（1996）逕稱農民詩人，或「農民作家」[18]；蕭蕭〈吳晟所驗證的現實主義新詩美學〉（2007）[19]，稱吳晟為現實主義詩人；陳義芝〈自然主義者——吳晟詩創作的歷程〉（2017）[20] 則稱之為自然主義者；其他有現代山水詩、田園詩人、泥土詩人、種樹的詩人……等等，不一而足。

　　一九七七年，王拓〈鄉土文學與現代主義〉[21] 在鄉土文學論戰中，揭櫫「真正『鄉土文學』是關心自己所賴以生長的土地，關心大多數與我們共同生活在同一環境下的人的文學，這種文學我主張用『現實主義文學』，而不用『鄉土文學』……」；同年，蔣勳〈臺灣寫實文學中新起的道德力量——序王拓《望君早歸》〉[22]，顯然呼應

---

[16] 宋田水：〈「吾鄉印象」的鄉土美學——論吳晟〉（上、中、下）發表於《臺灣文藝127～129期》（1991年10、12月、1992年2月），頁42～106、78～97、42～73。
[17] 莫渝：〈真誠與泥土——記吳晟〉（1995），收入《愛與和平的禮讚》（臺北：草根出版公司，1997年），頁149～161。
[18] 施懿琳：〈臺灣最重要的「農民作家」——《吳晟散文選》序〉，（臺中：臺灣日報，2006年4月17～18日），21版。
[19] 蕭蕭：〈吳晟所驗證的現實主義新詩美學〉，收入林明德編《鄉間子弟鄉間老——吳晟新詩評論》（臺中：晨星，2008年），頁170～190。按2007年，改寫自《臺灣新詩美學》。
[20] 陳義芝：〈自然主義者——吳晟詩創作的歷程〉（聯合報・副刊，2017年10月10日）。
[21] 王拓：〈鄉土文學與現代主義〉發表於《夏潮第3卷第2期》（1977年8月1日），頁8～10。
[22] 蔣勳：〈臺灣寫實文學中新起的道德力量——序王拓《望君早歸》〉，收入王拓《望君早歸》（臺北：遠景，1977年），頁1～13。

王拓的主張,並闡述這類文學的嚴肅意義。

在眾多詩派類型中,吳晟曾思考在社會參與與藝術完成如何取得平衡:「關切現實當然不是唯一的文學題材,但絕對是重要的題材;或者說,詩可以處理『超現實』的題材,當然也可以『關切社會』『介入現實』。只是不但要顧及普遍性,更要通過『藝術性』的嚴苛檢驗。這是社會寫實文學的創作者,必須面對,並一再反省自己的共同嚴肅課題吧!」(〈詩名〉)他自述:「我的詩作當然不只局限在農村、鄉土,即使同樣題材,也會深入觸及普遍的人性情感。」(〈也許,最後一冊詩集(後記)〉)可視為對眾多詩派類型論述的一種回應。

(二)文本的研究

吳晟創作的詩、文自從被選入國民小學中學高中國文教材(香港與新加坡,也是如此)以來,深受學界的注意,專著散論繽紛,迄今專著六種(1995～2017)、學位論文二十種(2002～2017);散論:綜論270篇(1979～2017)、分論320篇(1967～2015)。當中,顏炳華《泥土‧代序》(1979)最先發聲,並連續為吳晟詩文集寫了六篇序,既是讀者也是導讀人,能入乎其中又出乎其外,觀點頗為獨奇。陳映真〈試論吳晟的詩〉(1983)[23],貼近吳晟經驗世界,指出詩人「動人之處,正好是他那種憂煩不可自抑,獨自向不平、不公苦口婆心的聲音。而吳晟的缺點,也正好是他過分自抑和自制,使

---

[23] 許南村(陳映真):〈試論吳晟的詩〉(文季第1卷第2期,1983年6月),頁16～44。

他有時無法發出更為昂揚、更為解放的聲音，使他的詩的音域，受到一時的限制。」

組詩一向是吳晟詩歌的主要特色，也成為學者論述的焦點，但能長期追蹤，累篇成書的，如曾潔明自二〇〇五年，從「禽畜篇」組詩、《農婦》進行研究，並出版《吳晟詩文中的人物研究》（2006）[24]。

二〇〇三年，林廣根據吳晟詩作（1972～1999）中的土地與海洋兩大主題，評析吳晟四十首，並於二〇〇五年結集出版。[25]

而單篇作品的討論，則有〈負荷〉、〈泥土〉、〈手〉、〈我不和你談論〉、〈沉默〉、〈蕃藷地圖〉、〈過客〉、〈黑色土壤〉、〈落葉〉……等。其中，李豐楙的〈〈負荷〉賞析〉（1987）依據結構、意象、修辭學觀點，鞭闢入裡，直指「最沉重／更是最甜蜜的負荷」矛盾而又真實的感受。並評述：「吳晟運用極平淡的語言，抒寫『平凡的人的平凡的思想』，卻能達到平淡而實腴的境界。……臺灣的現代詩壇曾墜入密碼式的惡夢中，以為非驚人之語、非晦澀之語，不能成為『現代詩』；非向潛意識挖、非表現現代感，不能成為『現代詩』。吳晟的詩，是詩壇中的一種自覺，也是值得開拓的一條民族的、大眾的道路。」[26]

專著六種，宋田水開風氣之先，於一九九五年推出《「吾鄉印象」的鄉土美學——論吳晟》，論述吳晟詩作具有的特質、時代背

---

[24] 曾潔明：《吳晟詩文中的人物研究》（臺北：萬卷樓圖書公司，2006年1月），頁536。

[25] 林廣：《尋訪詩的田野：評析吳晟的四十首詩作》（臺北：聯合文學出版社，2005年12月），330頁。

[26] 李豐楙：〈〈負荷〉賞析〉，收入林明德等編著《中國新詩賞析三》（臺北：長安出版社，1981年4月初版），頁300～306。

景，以及詩作的地位，同時討論《農婦》、《店仔頭》兩種散文。曾潔明《吳晟詩文中的人物研究》（2006），以詩文中的人物為研究中心，包括父母、妻子、兒女、兄弟姊妹與親朋好友，可視為吳晟的家庭倫理之研究。

　　至於學位論文二十種，大概多與在職進修教師有關，由於吳晟詩文被選入國小、中學國文教材，因此，自二〇〇二年陳秀琴《吳晟詩研究及教學實務》[27]以來，吳晟研究逐漸成為顯學。接著，許倪瑛《吳晟及其詩文研究》（2005）[28]、賀萬財《吳晟詩文詞彙風格研究——以重疊詞為例》（2009）[29]、施詩俞《吳晟詩文中的農村意象與環保意識之研究》（2011）[30]、吳建樑《吳晟的土地書寫與社會實踐》（2012）[31]、陳美娟《吳晟及其現代詩研究》（2016）[32]。其他研究面向還有社會學、以詩入樂現象、農村文學、鄉土意識、生命觀等。

（三）詩文美學的探索

　　有關吳晟詩文美學的探索，宋田水為第一人，一九九五年，在

---

[27] 陳秀琴：《吳晟詩研究及教學實務》（高雄師範大學國文學系碩士論文，李若鶯教授指導，2002年），頁354。
[28] 許倪瑛：《吳晟及其詩文研究》（雲林科技大學漢學資料整理研究所碩士論文，林明德教授指導，2005年6月），頁216。
[29] 賀萬財：《吳晟詩文詞彙風格研究——以重疊詞為例》（彰化師範大學國文學系碩士論文，張慧美教授指導，2009年），頁621。
[30] 施詩俞：《吳晟詩文中的農村意象與環保意識之研究》（高雄師範大學國文學系碩士論文，林文欽教授指導，2011年），頁241。
[31] 吳建樑：《吳晟的土地書寫與社會實踐》（臺北教育大學臺灣文化研究所碩士論文，林淇瀁教授指導，2012年），頁199。
[32] 陳美娟：《吳晟及其現代詩研究》（屏東大學中國語文學系碩士班碩士論文，林秀蓉教授指導，2016年），頁234。

《「吾鄉印象」的鄉土美學——論吳晟》[33]曾指出：如果再考量他三本詩作（《吾鄉印象》、《飄搖裏》、《向孩子說》）的內容和同時代詩壇的一般現象比較，還可以看出吳晟詩作所包含的三種特色和精神：1. 寫近在眼前的現實；2. 相信生活而不迷信理論；3. 以無力者的立場替無力者說話。他強調吳晟詩的特質「是以拙對巧、以寬厚對狹窄、以懷抱代替口號、以直爽代替彆腳。」並分析這些特質，「可能得自於農人坦蕩明快的說話風格」，因此形之於外，成為樸素的詩篇，「它寫實中有言志，言志中有著抒情；而濃厚的社會懷抱，使得民間疾苦在他的字裡行間，都化成了筆底波瀾！」

因為吳晟長年與勞動者為伍，「他在詩作中流露出的勞動美學，自然生動，有條有理。」加上吳晟不追隨晦澀難懂的詩潮，也沒成為掉書袋型的詩人，獨自抱持社會寫實主義，「和廣大的臺灣百姓同體共悲」，書寫庶民情懷，所以說他的詩篇「是土地深處開出來的，有根有葉的生命之花。」

宋田水在書中還特別討論吳晟的兩本記錄性的散文：《農婦》與《店仔頭》。大概反映了農村的精神與現實五個面向，即：1. 悲涼的命運；2. 勞動的苦樂；3. 農業官員的腐敗；4. 農村的掙扎；5. 工商文明對農鄉的傷害。他綜觀吳晟的散文輕鬆自在、親切散漫，寫作手法屬札記和隨筆，而非精心的傑作，「藝術的提煉不夠」。

一九九六年，宋澤萊〈臺灣農村生活記實文學的顛峰——論吳晟散文的重大價值〉[34]，則提出兼顧微觀宏觀的論述。他簡述臺灣農

---

[33] 宋田水：《「吾鄉印象」的鄉土美學——論吳晟》（臺北：前衛出版社，1995年2月），頁155。
[34] 宋澤萊：〈臺灣農村生活記實文學的顛峰——論吳晟散文的重大價值〉（臺中：臺灣日報，1996年11月10～13日），23版。

〔導論〕
解讀吳晟的多重視野

村文學的發展史,指出吳晟的散文《農婦》(1982)、《店仔頭》(1985)、《不如相忘》(1994)三種二十萬字為農村生活記實,作者依據親身的生活經驗來寫作,「他彷彿忌諱去寫到不曾親自經由感官認知到的實在東西,就是自己的夢他都很少寫到,⋯⋯他的農村散文變成極端的寫實(被自己五官所把捉的純真實)。」吳晟的農村描寫是「全面的、仔細地、完整的呈現一個農村的生活景觀」,在整個臺灣農村文學中,「吳晟算是第一人」。吳晟在人物描述上貫穿三代,涉及吳家、親戚朋友、左鄰右舍、同窗夥伴,從而構成一個農村家族史。

　　吳晟世居溪州,閱歷農村的滄桑,深入其境,動態的考察,因此「變遷」這個主題極為顯著,但他也兼顧農村變與不變的兩面性,「能持平地看待農村現象而不流於過分的情緒化。」作者反覆訴說做人的根本、人和泥土接觸的重要性,馴至如何去愛護鄉土,可說是「把文學性與教育性結合在一起的一個範例」。

　　宋澤萊指出,吳晟散文語言別具一格,包括:口語化與素樸性,充分發揮寫實文學的文字本色。就吳晟農村散文的質與量來看,「他實在是戰後這五十年來對農村景觀、人物、問題描寫得最全盤、最精密的作家,⋯⋯做更明晰、更全盤的認識與省察。」

　　二〇〇四年,蕭蕭《臺灣新詩美學・第四章現實主義美學——土地守護者驗證的現實主義美學———一、土地:從腳下出發》[35]接受宋田水的看法,並揭示現實主義美學的意涵:「現實主義是文學最基

---

[35] 蕭蕭:〈現實主義美學——土地守護者驗證的現實主義美學——土地:從腳下出發〉,《臺灣新詩美學》(臺北:爾雅出版社,2004年2月),頁213〜217。本文改寫為〈吳晟所驗證的現實主義新詩美學〉。

本的底流,自我、土地、人民、自然與人類共生共榮的生物群,這些就是生活中的現實。」並歸納臺灣現實主義的詩作,吳晟的作品呈現了四大特質,即:1.真型——不避刪削的「典型」美學,如農婦的型塑;2.真誠——不避醜惡,如實呈現;3.真切——不避繁瑣,重視個性鮮明,具體反映生活,強調細節真實;4.真知——不避焦慮,展現文學良心。[36]

二〇〇九年,張瑞芬〈泥土的詩學——二〇〇九年訪溪州詩人吳晟〉[37],透過比較文學的觀點,將楊牧、吳晟相提並論,「吳晟與楊牧同樣出自本土,因生活背景與知識環境不同,終於走上兩條反向道路。」楊牧扣問性靈,以美文書寫奇萊前、後二書;吳晟具強烈的社會關懷,以素樸語言作為詩文的載體。「若說余光中和楊牧是優美的池蓮,許達然、吳晟就是粗礪而帶著芒刺了。……愈讀吳晟的詩文,愈覺得溫和謙卑俱皆表象,內裡蘊涵的頑抗精神是頗令人頭皮發麻的。」施懿琳早已指出吳晟詩作的政治關懷,從隱抑到激越;此一心路歷程,丁旭輝申述,是吳晟從孤獨的歌者到歌者的孤獨的歷程。

一直以來,學界研究吳晟大多集中於一九七一年以後,對於一九七〇年以前的詩作,較少論述,或多予負面評價。丁旭輝〈璞玉生輝:一九七〇年以前的吳晟詩作〉[38],透過論述、例證,「突顯吳晟現代主義風格詩作的動人丰采」。吳晟關懷政治,其詩作常採用隱喻手法暗藏諷刺寓意,陳映真認為始於〈月橘〉(1975),施懿琳追

---

[36] 蕭蕭:〈吳晟所驗證的現實主義新詩美學〉,收入林明德編:《鄉間子弟鄉間老——吳晟新詩評論》(臺中:晨星出版公司,2008年2月),頁170~190。
[37] 張瑞芬:〈泥土的詩學——二〇〇九年訪溪州詩人吳晟〉,《鳶尾盛開:文學評論與作家印象》(臺北:聯合文學出版社,2009年6月),頁190~208。
[38] 丁旭輝:〈璞玉生輝:一九七〇年以前的吳晟詩作〉,《現代詩的風景與路程》(高雄:春暉出版社,2009年7月),頁219~242。

溯到〈一張木訥的口〉（1972）。丁旭輝則確認〈角色〉（1966）為第一首，透過索隱，配合〈仰望〉（1970）印證，前者的賢者顯然直指蔣中正，後者苦讀的你，應屬孫中山先生。當時詩壇瀰漫現代主義，但吳晟並沒有迷失自己，而「以現代主義的手法，寫下深刻真誠、至情至性而又技巧精湛、游刃有餘的詩作。」這毋寧也是後續書寫的珍貴經驗。

（四）詩文雙重奏

　　吳晟曾說：「詩的含蓄性、詩的隱喻性，固然超越了事件本身，而有更開闊的想像意義，若不做某種程度的解說，讀者往往難以察覺寓意。」為了能引起讀者共鳴，擴大影響力，他在一九八〇年代改以散文形式來創作，並從一九九二年開始將他的新詩與散文進行對話，形成詩、文雙重奏的文學景觀。一九九六年，我曾指出這種現象。後來陳秀琴《吳晟詩研究及教學實務》（2002）、曾潔明〈論吳晟「植物篇」組詩〉（2010）[39]均涉及詩文對應，而李桂媚〈吳晟詩文對應〉，則分家人篇、事件篇、記憶篇，並詳細列出詩文的對應關係（2019）。[40]

　　吳晟詩、文雙重奏，大概有十五個案例[41]：

1. 〈店仔頭〉（1972，《泥土・卷二、吾鄉印象》）／〈店仔

---

[39] 曾潔明：〈論吳晟「植物篇」組詩〉，《第三屆通識教育——傳統學術與當代人文精神論文集》（新北：景文科技大學通識教育中心，2010 年）。
[40] 李桂媚：〈吳晟詩文對應〉（未刊稿，2019 年 2 月 10 日）。
[41] 林明德：〈吳晟新詩與散文的雙重奏〉，《國立彰化師範大學文學院學報》（第十九期，2019 年 3 月），頁 1～34。

頭〉（1983，《店仔頭》）

2. 〈手〉（1974，《吾鄉印象・輯一、泥土篇》）／〈一本厚厚的大書〉（1979，《農婦》）

3. 〈牽牛花〉（1975，《泥土・卷二、吾鄉印象》）／〈詩與歌〉（1996，《一首詩一個故事》）

4. 〈苦笑〉（1976，《吾鄉印象・輯二、吾鄉印象》）／〈農藥〉（1982，《農婦》）、〈溪州尚水米〉（2016年9月6～7日，《聯合報・聯合副刊》）

5. 〈負荷〉（1977，《泥土・卷三、向孩子說》）／〈不可暴露身分〉（1992，《一首詩一個故事》）、〈試題〉（1997，《一首詩一個故事》）、〈負荷綿綿〉（2012年4月11日，《聯合報・聯合副刊》）

6. 〈例如〉（1977，《泥土・卷三、向孩子說》）／〈我不久就要回去〉（1998，《一首詩一個故事》）

7. 〈寒夜〉（1978，《泥土・卷三、向孩子說》）／〈詩集因緣之三──《向孩子說》〉（1998，《一首詩一個故事》）

8. 〈過客〉（1978，《泥土・卷一、一般的故事》）／〈過客〉（1998，《一首詩一個故事》）

9. 〈獸魂碑〉（1978，《泥土・卷二、吾鄉印象》）／〈撿起一張垃圾〉（1993，《一首詩一個故事》）

10. 〈不要忘記〉（1980，《向孩子說》）／〈軟弱的詩〉（1996，《一首詩一個故事》）

11. 〈制止他們〉（1981，《吾鄉印象・輯五、愚直書簡》）／〈富裕〉（1990，《無悔》）、〈思考與行動〉（2000，

《一首詩一個故事》）

12.〈我不和你談論〉（1982年5月，《中外文學》；1985，《飄搖裏‧序詩》）／〈一首詩一個故事：仿作〉（2017年9月，《鹽分地帶文學70》）

13.〈黑色土壤〉（1996，《吳晟詩選（1963～1999）》）／〈黑色土壤的故鄉〉（2005，《新活水雜誌》第一期）

14.〈我們也有自己的鄉愁〉（1999，《吳晟詩選‧再見吾鄉》）／〈我們也有自己的鄉愁〉（2005，《新臺灣人週刊》）

15〈森林墓園〉（2005，《他還年輕‧卷二、晚年冥想（一）》）／〈森林墓園〉（2013，《聯合報‧聯合副刊》）、〈化荒蕪為綠蔭〉（2014，《聯合報‧聯合副刊》）

這些案例，大多創作一九七〇～一九八〇年代，正反映了威權、白色恐怖的統治與知識分子的憂患背景。詩作涉及的面向與呈現的主題，包括：倫理觀念、政治與環保、農業與稻作，以及生命的反思等。

吳晟從一九九二年開始以輕鬆、詼諧的散文，與詩作對話，互文詮釋詩作文本蘊涵的訊息。十五個案例因詩、文雙重奏所帶出的意義，大概可以歸納為三個面向：（一）、關於創作背景的交代，有1.〈店仔頭〉、2.〈苦笑〉、3.〈例如〉、4.〈寒夜〉、5.〈制止他們〉、6.〈我不和你談論〉等六首；（二）、主題意識的探索，有1.〈手〉、2.〈牽牛花〉、3.〈黑色土壤〉、4.〈負荷〉、5.〈森林

墓園〉等五首；（三）、反諷嘲弄的美學，有1.〈過客〉、2.〈獸魂碑〉、3.〈不要忘記〉、4.〈我們也有自己的鄉愁〉等四首。

詩、文雙重奏並非詩歌翻譯或答案揭曉，而是藉著訊息的發現，擴大想像世界，挖掘主題意識，以延伸詩歌的語境與意境。這是吳晟獨有的文學景觀，也是臺灣文學的特殊風景。

（五）倫理意識

吳晟詩作釋放的多元主題面向中，以倫理意識最為突出，它不僅貫穿其他面向，更成為文本的深層結構。歷來論述，包括：曾潔明《吳晟詩文中的人物研究》（2006）、陳美瑤《吳晟文學思想研究》（2012）[42]、黃世勳《吳晟詩中的家人研究》（2014）[43]等專著，大概可以歸為家庭倫理的研究；而陳文彬《從《吾鄉印象》到〈再見吾鄉〉——以臺灣農村社會發展論吳晟詩寫作》（2003）[44]部分涉及農村土地倫理、施詩俞《吳晟詩文中的農村意象與環保意識之研究》（2011）與吳建樑《吳晟的土地書寫與社會實踐》（2012）則兼攝社會、土地等倫理。而莊芳華〈與自然修好——《筆記濁水溪》增訂為《守護母親之河》再版序〉（2014）充分顯示自然倫理的面向。[45]

二〇〇五年，林明德〈鄉間子弟鄉間老——論吳晟新詩的主題意

---

[42] 陳美瑤：《吳晟文學思想研究》（彰化師範大學臺灣文學研究所碩士論文，黃文吉教授指導，2012年），頁213。
[43] 黃世勳：《吳晟詩中的家人研究》（高雄師範大學國文教學碩士班碩士論文，林文欽教授指導，2014年），頁159。
[44] 陳文彬：《從《吾鄉印象》到〈再見吾鄉〉——以臺灣農村社會發展論吳晟詩寫作》（世新大學社會發展研究所碩士論文，陳信行教授指導，2003年6月），頁123。
[45] 莊芳華：〈與自然修好——《筆記濁水溪》增訂為《守護母親之河》再版序〉，收入《守護母親之河》（臺北：聯合文學出版社，2014年4月），頁Xii～XXV。

識〉[46]，正式提出倫理意識的新視角進行研究。倫理即人類道德的原理，是人類和諧與秩序的依據，其範疇概括家庭倫理、社會倫理與土地（自然）倫理三個層面，構成同心圓的關係。吳晟信奉家庭倫理、關懷社會倫理、堅持土地倫理，其核心價值指向是愛與悲憫情懷。他在鄉間扮演「大地公民」，守護土地；根深蒂固的倫理觀念，由核心的家庭倫理，往外擴散推衍，形成社會倫理與土地（自然）倫理的同心圓，這是他新詩的深層結構──極致價值之所在，也是他詩作耐人尋味的地方。並藉著李奧帕德（Aldo Leopold，1887～1948）《沙郡年記》（A Sand County Almanac）的觀點──「土地倫理」，探索吳晟詩作的深層訊息。這是李奧帕德的自然沉思後，所建構的智慧與理論。可以用來檢視吳晟的「土地愛戀」，而「生態良知」似乎是吳晟信奉的觀念，至於「大地公民」可以說是吳晟的身分證。三者聚集一身，從而為臺灣發出「愛深責切」的聲音。

之後，曾潔明〈論吳晟詩文中的生命教育──以環保教育為例〉（2011）[47]、〈吳晟「四時歌詠」組詩初探〉（2015）[48]，也運用李奧帕德的觀點，探討「大地公民」吳晟的土地倫理意識、環保思維，與師法自然等面向；黃炳彰〈水・土・米・樹：吳晟作品中的地方書寫與環境意識〉（2017）[49]，則針對自然環境。

這個議題深具意義，仍有發揮的空間。

---

[46] 林明德：〈鄉間子弟鄉間老──論吳晟新詩的主題意識〉，《鄉間子弟鄉間老──吳晟新詩評論》（臺中：晨星，2008 年 2 月），頁 228～258。
[47] 曾潔明：〈論吳晟詩文中的生命教育──以環保教育為例〉，《第四屆通識教育──傳統學術與當代人文精神論文集》（新北：景文科技大學通識教育中心，2011 年）。
[48] 曾潔明：〈吳晟「四時歌詠」組詩初探〉，《第八屆通識教育──傳統學術與當代人文精神論文集》（新北：景文科技大學通識教育中心，2015 年）。
[49] 黃炳彰〈水・土・米・樹：吳晟作品中的地方書寫與環境意識〉，《吳晟文學學術研討會論文集》（新北：真理大學，2017 年 10 月 21 日），頁 201～219。

（六）終極關懷

吳晟住家毗鄰公墓，童年即接觸到生死問題，也常形諸詩文，例如〈清明〉（1972）、〈輓歌〉（1973）、〈十年〉（1976）等。

二〇〇一年，吳晟、莊芳華夫婦響應「平地造林」計畫，在二公頃多的黑色土壤種植原生樹種，包括烏心石、毛柿、櫸木、黃連木、牛樟樹等三千棵。二〇〇五年，他發表「晚年冥想」組詩十首，當中如：〈告別式〉、〈落葉〉、〈火葬場〉、〈森林墓園〉，與〈凝視死亡〉（2007）均聚焦於初老、死亡的思考。多年後樹木成林，為了疏理樹距，他們開始送樹，把樹園夢想延伸到公共領域，或大專院校，以營造境教效果，或公墓以建構森林墓園。

「晚年冥想」組詩發表後，曾引起詩壇的注意，紛紛論述，例如：曾潔明〈吳晟「晚年冥想」組詩的意義〉（2011）[50]、李欣倫〈鄉間老去，化身為葉──讀吳晟詩文中的老死冥思〉（2017）[51]、蔡明諺〈從「再見吾鄉」到「晚年冥想」：論吳晟詩作的晚期風格〉（2017）[52]、陳文成〈吳晟詩中的生死觀照〉（2017）[53]等散論。而施玉修專著《吳晟詩文作品中生命觀之研究》（2013）[54]，特從「死亡」議題追蹤吳晟的生命觀。

---

[50] 曾潔明：〈吳晟「晚年冥想」組詩的意義〉（臺北：國文天地第308期，2011年1月），頁50～56。
[51] 李欣倫：〈鄉間老去，化身為葉──讀吳晟詩文中的老死冥思〉，《吳晟文學學術研討會論文集》（新北：真理大學，2017年10月21日），頁155～169。
[52] 蔡明諺：〈從「再見吾鄉」到「晚年冥想」：論吳晟詩作的晚期風格〉，《吳晟文學學術研討會論文集》（新北：真理大學，2017年10月21日），頁305～318。
[53] 陳文成：〈吳晟詩中的生死觀照〉（當代詩學第12期，2017年12月），頁77～102。
[54] 施玉修：《吳晟詩文作品中生命觀之研究》（南華大學生死學系碩士論文，廖俊裕教授指導，2013年），頁285。

〔導論〕
解讀吳晟的多重視野

張瑞芬〈泥土的詩學——二〇〇九年訪溪州詩人吳晟〉曾說，吳晟寫了「晚年冥想」——〈告別式〉、〈落葉〉、〈墓園〉、〈晚年〉，「生命看似脆弱，卻又如此頑強，像大樹無數的根鬚牢牢抓住地底，不肯輕易放手。」並指出：「直到『晚年冥想』抽離現實，省思生命，又開創出一個新局面來，倒真的有點梭羅（Henry David Thoreau，1817～1862）或華茲華斯（William Wordsworth，1770～1850）的味道了。」

吳晟種樹、送樹，化墓仔埔為清幽怡人的綠公園，既可提升生活環境品質，又可減緩地球暖化。然而，其終極關懷（Ultimate Concern）指向卻是樹葬，這種回歸自然——自然生命觀的反思，毋寧是森林墓園的深層訊息。墓園有一方石碑刻著詩人〈新生〉的詩句：「每一截枯枝／是新芽萌發的預告／每一片落葉，輕輕鬆手／都是為了讓位給新生」。可作為例證。四公頃、三百棵烏心石的溪州森林墓園，儼然是改造墓仔埔的範例。[55]

四、結論：未來研究方向

吳晟立足彰化，創作生涯六十年，自我要求藝術表現與臺灣現實密切結合。在教、耕、讀之餘，不停的寫作，主要動力大概來自生命的熱愛、社會的關懷，以及文學的興趣。他熱愛鄉土，深具強烈的批判精神。在生命不同階段的進程中，往往以憨直的性格、冷靜的思考、良心的議論，或詩寫臺灣或文論社會，略盡知識分子的責任。他

---

[55] 林明德：〈種樹詩人的終極關懷〉（人間福報・人間百年筆陣，2019年5月10日）。

四十七歲以前，大概扮演消極的觀念人，面對大地的創傷、人世的劫難，祇能以詩作來控訴、對抗。一九九一年，他化消極為積極，從幕後走到臺上，結合觀念與行動於一身，成為道地的知識分子，也活出吳晟的真本色。從白色恐怖年代（1949）、解嚴（1987）、政黨輪替（2000），迄今，他經歷曲折的歲月，也經驗艱辛的臺灣，曾寫下許多慷慨激昂、充滿無力又無悔的心聲；面臨初老，他寫下圓熟觀照的「晚年冥想」組詩，以反思生命。他的新詩二八七首是人生歷程的見證與詮釋，特別是，以詩篇記錄歷史，使得詩作具有詩史的特質。

近年來，有關吳晟詩文的研究，蔚為趨勢，散論專著輩出，迄今近八百種，堪稱臺灣現代文學的奇觀。我們將之歸納為六個面向，即：（一）詩派類型的討論、（二）文本的研究、（三）詩文美學的探索、（四）詩文雙重奏、（五）倫理意識、（六）終極關懷。

這些批評指向無非是發現吳晟文學的底蘊。不過，我們認為當中還有可以進一步去研究的空間，特別提出六點供大家參考：

（一）目前吳晟詩、文大多僅作階段性的論述，宜進行全部文本的研究。

（二）吳晟詩文見證六十年來臺灣社會、歷史的發展，宜考慮科際整合（如：歷史、社會、政治、農業、環保、語言、文化等領域），進行與文本的對話。

（三）詩、文雙重奏是吳晟獨有的文學景觀，也是臺灣文學的特殊風景，還有待進一步研究。

（四）倫理意識與終極關懷兩面向為新嘗試，宜結合相關理論展開深刻的論述。

（五）吳晟散文兼攝報導文學，如《筆記濁水溪》、〈誰可以決定一條水圳的命運？〉、〈溪州尚水・米——水田溼地復育計畫〉……等，宜針對文類特性，加以研究。

（六）有關吳晟詩文的語境與美學，就目前的論述，還有發展的空間。

1.
吳晟印象

顏炳華

一、

  一代又一代,無數無數堅忍而固執的稻種,曾默默地孕育過亞洲大陸的五千年文化,腳印落處的泥土,稻種便滋繁,榮枯復榮枯。

  有那麼一顆稻種,蘊含著詩經泥土的質樸、離騷的憂國、靖節的恬靜、杜工部的悲憫,以及五四以後的口語,隨著腳印,落土在這海島中部不太肥沃的泥土上。也曾經歷幾番海島氣候的風雨飄搖,終於尋著了那片不顯貴的苗床,像祖先們一樣,默默地固守著,將根困苦地伸入泥土中,終於而芽而苗而果實纍纍。

  不是霓虹燈的血紅,不是咖啡杯的濁褐,不是彩虹飄渺的七彩,更不是都市臉孔的漠然和蒼白。而是大地的綠,樸拙的、偶爾夾點牛糞味的綠,固守泥土的綠。在大部分稻種因經不起幾番風雨的飄搖而離開泥土而變種的今天,這顆在歐風美雨不斷侵襲下,仍保存純種的稻種,不可不謂值得稱讚。這顆稻種,就是因「詩風樸實、自然有力、以鄉土性的語言,表現時代變化中的愁緒,真摯感人。」而獲第二屆中國現代新詩獎的吳晟。雖無洪通一夜成名,萬人傳頌的美譽與幸運,寫了十幾年詩的「年輕的老詩人」,終於在臺灣詩壇有了確定

的評價。

　　吾人經常於欣賞山川景色時，禁不住感嘆它的秀麗與幽靜，特別是對於一個來自終日喧嚷的都市人，常使其興葬身於此地亦無憾事之感。事實上，山川景色並不絕對靜肅，我們真正感動的是那份安祥。正如吾人欣賞海景，除感於它的浩瀚，亦感於浪濤聲響的澎湃；欣賞瀑布，除感於它的一瀉千里，亦震於它千軍萬馬俱奔騰的聲響。欣賞山景時更需鳥聲、蟲聲、風過原野樹林聲。沒有聲音的世界，是一幅不能想像的可怖畫面，除了永恆的死亡感覺，興不出任何激情。同樣的，一個變動的時代裡，亦應有各類聲音，始能證實這個社會確實是活生生的，而非是已遭扼殺的。因此，詩人的美名、桂冠，不應屬於那些「即興」式的，除了詠嘆私己情感之外，別無所指的詩人。而應歸於那些反映現實、抓住時代感覺的詩人。

▼ 吳晟、顏炳華與陳映真合照。

根據上述判斷詩人價值的原則，環顧今日臺灣詩壇，我們發現吳晟這位寫鄉土詩的詩人，是最具代表性的一位。

■

　　綜觀吳晟詩的表現與發展，是溫和而非暴戾，細緻而非粗惡，保守而非激進，苦味而非疏外的。一言一語都是對社會現象的反應、讚美、批判與呼叫。

　　吳晟的詩能不能走進歷史，當然我們尚無法斷言，但至少已引起一般人的注意。如余光中在中華日報所發表的〈從天真到自覺〉一篇文章中所談到的：「……等到像吳晟這樣的詩人出現，鄉土詩才有了明確的面貌。」

　　吳晟的所謂的鄉土詩，並非僅限於用鄉土語言表現情感，更重要的是他用鄉土情感來描繪鄉民的生態，為週遭的人群發言。吳晟的詩，處處可見源於對鄉土、對生命真摯的熱愛，不是即興的隨即忘卻的感觸，也非技巧與主義派別等格局下的表現，而是醞釀再醞釀後的深情流露。因此，我們不能將吳晟限定為鄉土派詩人，而誤解他的成就。即使不用所謂的鄉土語言，我們相信，吳晟詩中所蘊藏的熾熱情感，仍能打動我們的心脈，震撼我們的心靈。

■

　　初二開始寫詩，並在報章雜誌發表作品，說明吳晟的早熟。在眾多學子裡，他彷彿是一株已經泛黃的稻種，懂得如何將成串的稻穗逼

出體外。他的觸角像一隻蝸牛般四處伸張探索。由於內心年少情感的時而澎湃、氾濫，以及外在環境的變遷，早期的吳晟揮就了不少欠缺成熟的作品。

一瀉千里般的濫成，似是詩人成長的必然過程。吳晟初三時，曾因而誤信自己是寫詩天才，疏忽節制，大量製造作品，使得功課每況愈下，甚至高中聯考逼在眼前，他仍推開教科書，沉迷不悟，與繆思終日廝守。同學們手中捧的是一本一本教科書、參考書，他手中握的卻是一冊一冊的文學書籍。

「初三那年，一個下雨天，我父親專程趕來八卦山下的學生宿舍找我，父子兩人在泥濘的路上一面走著、一面討論升學問題。父親幾乎下跪了般苦勸我能及時回頭。講到最後，一直低著頭的我，感覺父親的聲音有點異樣，抬起頭望他，才發現父親的臉面，不知何時已是滿滿的淚水。那是一張多麼愁苦的臉，一張對兒子的前途近乎絕望的臉。他的痛心，正預知了寫詩將會遭遇一連串不順遂的現實折磨，也預言了我將在艱苦的心路歷程中，受盡永無休止的折騰。」

一個晴朗的三月天，太陽已略偏西，吳晟家門前，雞鴨鵝犬團團轉的曬穀場上，詩人如此述說。詩人的臉，彷彿是一株突然枯萎的向日葵，不忍回顧。

這種孝與不孝難以辨明的壓力，使身為農家子弟，從小即需幫忙農事，嘗盡辛勞的吳晟，在他大部分的作品中，每每離不開過於執著過於自責的悲苦。也許他可以成為一隻飛離水田嚮往悠遊的白鷺鷥，然而他卻是一株已經將根深深扎入泥土中的稻種。

吳晟寫詩的歷程確已很長久了，初中即離鄉求學，也踏上他浩瀚而艱苦的文學旅途。十幾年的寫詩歲月不可謂不長。

「可是，更重要的，應是如何交出良知，接續數千年的民族命脈，並將這個時代真實的聲音留下來。」詩人的眼神，一下子黯淡，一下子則神光爍爍。

　　「競相追逐虛華，崇尚物質文明的今日，詩人不可能『出脫』幾乎是註定，即使真擁有些許物質文明的牙慧，亦抵不過內心種種對決的愁緒。」

　　「詩人不是技工，不能專談技巧；更不是政治家，說什麼主義派別；詩人只是較常人易於受感動，也是生活在此時此地的社會中的一份子，怎能逃避這個社會諸般現象的衝激。」

　　「今日我們的詩壇，不乏矯意的田園詩人，他們寫農人荷鋤高歌，寫炙人的太陽多麼溫煦，寫水田彷似柔柔的地毯，而不識鋤重累人，烈日灼人，穀芒刺人，不識天災與蟲害。水田更是走也走不盡的艱辛路程。」

　　「變化節奏急劇的現代社會裡，各種現象的激烈對立，互相矛盾、互相衝突，性向揚善隱惡的民族性，又使我們不忍注目醜惡的一面，甚至連發出聲音來的勇氣，亦因慣於沉默而喪失。年輕的詩人們，如何騰越這種危機，如何在這充滿私心，追逐私慾的時代，忍過諸種精神拷問的困境，將身軀推入真實的現實社會，去了解，去關愛，將這一代的聲音，真切的烙印於歷史的一頁，應是今日詩人的最大課題。」

　　說著說著，詩人純真的臉譜，突然激昂起來，彷彿一盞突然光亮起來的燈。

■

「泥土的穩實、厚重、博大,農民的不矯飾、不故作姿態,真真誠誠對己對人對事的敦厚品性,始終深深引我嚮往和企慕。」

帶著這種省悟,吳晟從省立屏東農專畢業,走入社會──走回農家。許多好友常善意的建議他「投入文明」,他也曾和「文明」的「引誘」做過激烈的交戰,但歸屬於泥土的,仍歸於泥土。

從此,我將消逝
辭別寂寥的掌聲
辭別嚷嚷滿京華的冠蓋
我將悄悄消逝

──〈辭(答友人)〉

帶著自我省察的自覺,吳晟靜靜的回到鄉間,再度投身那片較任何文明都親切的鄉土,一再放棄爭逐榮華的機會。

返鄉任教,並於課後和假日,跟隨母親從事耕作。和鄰里的農民接觸日多,他也由「讀書人」而被視為道道地地的「農友」。而後,吳晟的詩創作,果然有了轉變的契機,首先完稿了「鄉居日記鈔」詩輯,以日記方式作著告白,完全是一片抉擇的足跡。詩輯中有瘂弦的語調,也有佛洛斯特的影子搖曳其中,種種不甚可喜的跡象,不能不令人擔憂。但是,我們隱隱的可以覺察出,他開始在揚棄一些不是自己的語言和世界,掙扎脫身的痕跡頗為顯著。

「也許它自非常遙遠、非常遙遠,活著的我們一丁點兒也不認識的遠古以來,就如是流著,流盡了歲月的無情,流盡了人世無奈的滄桑和淒涼,流盡了許許多多命定的、人為的悲劇。」「文學創作,

尤其寫詩,只是對生命最最無可奈何的關愛方式。」從這一路歷練和自省之後,確認了自己的本來面貌,擁抱如母親般孕育我們的泥土,如是便決定了他現在已經牢牢掌握的語言,樸拙、平實、真誠而不虛飾,寫出了一系列的「吾鄉印象」詩輯。呈現出來的,未必是鄉土的語言,但終於是吳晟自己的詩的語言。在《幼獅文藝》發表之後,逐漸引起有識之士的讚賞。

二、

吳晟寫詩的歷程,依次大致可分為下記幾個階段。

(A) 初期《飄搖裏》的迷惑與憂悒,時而激昂,時而低徊

「也有過昂揚的豪情,也有過纏綿的激情,也有過淒苦的愛戀。」這時期的作品,大都發表於早期的《幼獅文藝》、《藍星詩頁》,和現已絕刊的《文星》、《野風》、《海鷗詩頁》等。這些詩,「抽象名詞的揉砌時嫌過度,映現情感的方式也欠缺創意,若干他人的影響仍頗顯著。」(張健序),但對一個高中生實不能過苛求,若干詩句仍很可取。收集在《飄搖裏》這冊沒有對外發行的小詩集中的三十餘首詩,容或過於生澀,但吳晟對生命的熱愛、對生活和感情的執著,以及有心用世的年輕人的熱烈情懷,已在這些作品中明顯的表現出來,為他以後的發展,透露出端倪。

滿天每一道彩虹的絢爛

是我沸騰的血液

——〈噴泉〉

自你迤邐而去的足印之中
必有一虹,昂然升起
昂然舉起滿空晴碧

——〈渡〉

(B)「不知名的海岸」時期的清冷、凝聚和用世意念之舒展

　　一九六五年八月,吳晟度過了一波三折的高中生涯,終於掙開了升學壓力的桎梏,考入省立屏東農專。這一顆漂泊歸來的稻種,雖然漸漸厚實地垂向農田,映現自己的投影,明日仍遙不可知,完全屬於吳晟自己的聲音還未出現。

　　南下的夜快車是寂寥的,吳晟懷著年少的憧憬,趕赴屏東太陽的盛筵。烈日映現他年輕銳亮的額角,炙熱欲熔的柏油路面,承印他方向錯雜的腳步,黃昏的椰影,下淡水溪的落日,隱隱撼動著觸鬚四處伸張的吳晟。

■

　　此時(一九六六年前後數年)的詩壇頗為熱鬧,吳晟卻從此銷聲隱遁了一段時期,不為紛呈的光彩所惑,不為諸多亂嚷嚷的風尚所淹沒。他並沒有停筆,在困苦中,他不斷的尋索,不斷的嚴厲逼問自

己。在惶恐中,他開始有了執著,覺察到自己歸屬的,實在是泥土的族類,不是冠蓋滿京華的族類。身為詩人,還有比堅守自己的本質,實實在在的生活,更重要更清醒的課題嗎?年輕的吳晟,並不年輕,他已有了超乎本身年齡的自覺,不追隨潮流,不趨尚時髦,不逞一時之能「爭強鬥勝」,沉默的、踏實的探求。

　　一年級寒假,吳晟的父親不幸因車禍而喪生。失怙之餘,在醫院裡留下母親的悲影和他滿身的泥濘——田間操作的泥濘。盤旋於腦中的是血跡,奔告噩耗的計程車剎車聲、塵土、狗吠、雞叫,弟妹的學費、家計、債務……,形成一道密網,淒苦的籠罩著吳晟。墳場就在水田間,生活、農作、祭祀,抉擇的矛盾糾結等,從此不可能再從他心中割離。

　　暑假,滿懷沉痛的吳晟,赴臺東沿海的農場實習。在太陽昇起的地方尋找方向。在太陽沉落的地方苦思默想。一生克勤克儉,熱心地方公益,多方為鄉民奔走的父親的影像,逐漸明晰、逐漸擴大。也許是父親的逝世,使吳晟開始真正關懷他的家鄉,這種懺悔心情的轉移,導致他用世意念的更加舒展。

　　甚至在他近期的作品〈土〉一詩中,亦如此傾露他獻身用世的悲情。

　　　不掛刀,不佩劍
　　　也不談經論道說賢話聖
　　　安安分分握鋤荷犁的行程
　　　有一天,被迫停下來
　　　也願躺成一大片

寬厚的土地

——〈土〉

■

　　農專畢業前一年,吳晟必須在印刷廠打工維持生活,諸種壓力下,吳晟的詩有了凝縮的趨向。

　　雙手觸摸著機械,也深深探入生活的底層,益發體驗了生存的艱苦與意義。在〈工人手記〉中,吳晟如此寫著:「有陰沉的臉色壓迫而至,有咆哮灌向耳膜,有家人焦灼地索求接濟的限時信,淒冷的刺激著我淌血的心。惶惶然,戚戚然,但一切終究必須忍耐,忍耐啊!這個民族傳頌了數千年的苦難的美德。」

　　這樣的日子,吳晟不得不跨越肉體的辛勞,在實際生活的磨練中,邁向成熟。尤其,拋開「高級知識分子」的身分,和工人一起生活,一起工作,他的悲憫情懷,促使他對一般基層的人物,有了更深的了解,對他們努力工作,不妄談夢想,安於平凡的生活,有了更深的體悟和尊敬。每當他送貨去給學校、機關,挨受到一些職員無來由的官腔和指使,他都默默承受下來,也曾經「意氣飛揚」的吳晟,在一連串生活的歷練中,顯露了難得的沉穩。

(C) 近期的《吾鄉印象》的厚重、悲憫和愁緒

　　《吾鄉印象》詩輯,不同於一般浮泛的「田園詩」,或閒適的農村參觀訪問記,當然不可能是童騃式的農村組曲。因為吳晟踏臨的地

面,既不是艾略特的荒原,不是陶潛的歸隱田園,也不是齊瓦哥的滿眼黃花,而是厚重樸拙的泥土。從對泥土這樣源遠流長的摯愛中,深切的體驗中,吳晟的愛與詩,乃破土而出,並溯向比鄉土更為遼闊的歷史。這樣的歷史河源,既包含了遠古以來的掙扎和堅忍,也瀰融了文明與鄉土。

∎

描述農村生態的第一筆,吳晟帶著些許無奈的筆調,展開《吾鄉印象》的序幕,但也展示了以今含古的歷史感。

> 古早古早的古早以前
> 開始懂得向上仰望
> 吾鄉的天空
> 就是那一付無所謂的模樣
> 無所謂的陰著或藍著
>
> ——〈序說〉

> 鳥仔無關快樂不快樂的歌聲
> 還未醒來
> 吾鄉的婦女
> 已環坐古井邊
> 勤快地浣洗陳舊或不陳舊的流言
>
> ——〈晨景〉

▲ 吳晟與顏炳華合照。

　　這樣的情景描述，最易使客居都會的遊子，在不容易仰望天空，不容易踏著泥土，日日呼吸著濃濁塵埃的文明生活中，興起緬懷鄉土的愁緒。

　　如是，吳晟筆下的野花野草野菜，不傲慢也不靦腆，自自然然的在我們的呼吸中生長。「泥土篇」、「植物篇」、「禽畜篇」，這一系列《吾鄉印象》的詩，自自然然的吸引著我們，撼動著我們。

■

　　又要上講堂，又得下田畝，吳晟的鄉居日子，是一場又一場勞苦的搏鬥，甚至最起碼的現代生活工具，亦得接受母親的排拒。我們幾個友人，都很清楚吳晟母親如何堅持拒絕電視機、洗衣機、機車等文

明產物的侵入。但我們也深為敬佩她對泥土的愛戀，對農事的認真，便不再覺得她有任何愚昧和頑固，也不以為她「不近情理」或故作姿態。對鄉土的親愛逐漸淪喪的今日，她的「固執」毋寧是可貴可敬的。正如偌大的文壇上，代表「知識分子」心態的作品，比比皆是，隨處可見，吳晟「卑微」的「固執」，也毋寧是可貴可感的。這使我想起《飄》中赫思佳的父親無比愛戀的說：「泥土才是真正永遠的東西」。我們可以依吳晟母親的形象，來描繪原始的初民，他們在自然中怎樣生活，怎樣工作，怎樣歌唱。請看吳晟在「泥土篇」中如何描述他母親──

　　母親的雙手，是一層厚似一層的
　　繭，密密縫織而成

　　沒有握過鉛筆、鋼筆或毛筆的
　　母親的雙手，一攤開
　　便展現一頁一頁最美麗的文字
　　那是讀不完的情思
　　那是解不盡的哲理

──〈手〉

　　不了解疲倦的母親，這樣講──
　　清涼的風，是最好的電扇
　　稻田，是最好看的風景
　　水聲和鳥聲，是最好聽的歌

——〈泥土〉

　　沒有華麗的詞藻，沒有「深奧」的意境，沒有「飄逸」的詩情，也沒有變化多端、炫人奪目的意象，但是，在真實而深刻的描述中，吳晟的詩，每一行一句，無不可感受到他的深情。在這冷漠凌佔優勢的時代，樸實的深情，正是吳晟最可貴、最感人的特性。

■

　　工業經濟發達，所謂的文明，在鄉村外圍展開豪華的盛宴，引誘著鄉村不經事的年少，一批一批離開農村，湧向都市。

入夜之後，遠方城市的萬千燈火
便一一亮起
亮起萬千媚惑的姿態
寥落著吾鄉的少年家

——〈入夜之後〉

　　然而媚惑儘管媚惑，農民先天執著的淳厚，吳晟未曾絲毫改變。因為「簡樸刻苦的環境，冲淡自律的生活培育下，在在不容我有絲毫放任。」因為「生存的蒼涼和艱困，較之一些輝煌的哲理，我體驗得更深刻。在我周遭的人們卑微的情懷，實更令我關心，更接近我的心靈。因為，我也只是非常平庸，甚至非常卑微的農家子弟。」吳晟的詩，其大動脈即在於這種莊嚴的卑微之體認。

雖然機械文明的聲音,隆隆的逼近鄉村。鄉民們的臉,禁不住流進來的繁華而漸成模糊,但是安分守己、仰望天色的性格,依然支配著農民生活的運營。生於斯、長於斯,亦準備葬身於斯。走出泥土,進入繁華,復回歸於泥土的吳晟,眼見文明不斷侵入「吾鄉」,而又固守著傳統農民的個性,這種交戰頓挫與無奈的愁懷,加上對泥土、對鄉民的摯愛,使得吳晟近期的詩作,有很濃重的宿命色彩。

　　店仔頭的木板櫈上
　　盤膝開講,泥土般灰黯的我們
　　長長的一生,再怎麼走
　　也是店仔頭前面這幾條
　　短短的牛車路
　　　　　　　　　　　　——〈店仔頭〉

　　一束稻草的過程和終局
　　是吾鄉人人的年譜
　　　　　　　　　　　　——〈稻草〉

　　吾鄉的人們,祭拜著祖先
　　總是清清楚楚地望見
　　每一座碑面上,清清楚楚地
　　刻著自己的名姓
　　　　　　　　　　　　——〈完結篇〉

這種因都市與鄉村間的物質文明、生活姿態的落差,所造成的宿命思想的擴張,亦曾使吳晟受傷得不得不向現實認命,而藉寫給他女兒的詩抒發悲懷,並對教育我們子女的「機巧的文明」,提出無奈的批判。

> 既然不能阻止你嚮慕
> 那些光采的場面和人物
> 孩子,不要哭
> 為了你,阿爸決心向機巧的文明
> 認真學習
>
> ——〈不要哭〉

或許,因這些過於深情,過於「在意」而流露出來的無奈感,很容易使人誤解吳晟頗有卑微的無望傾向。其實,吳晟心中的熱情並未冷滅,依然熊熊的燃燒,依然有默默的、悲憫的獻身情懷,前述的〈土〉詩即是一例。在他所有的作品中,表現得最多的,是對生命的頌揚和熱愛,對生命歷程的激昂或淒涼,永無休止的關懷和執著。在《吾鄉印象》這一系列的詩作品,除了安分守己的認命色彩而外,傳統農民刻苦、樸拙

▶ 吳晟的母親是他詩和散文的主角之一。

的本性,以及不管生活的擔子如何沉重,仍然「不悲不怨」默默擔負起來的堅忍,表現得更為深刻。

  該來不來,不該來
  偏偏下個沒完的雨
  要怎麼嘩啦就怎麼嘩啦吧
  伊娘——總是要活下去

——〈雨季〉

三、

  韓國詩人金芝河在其詩集《黃土》的後記中說:「從泥中長出的蓮花,必須忍受無盡的彷徨和折磨,且破出深厚的泥層始能綻放。一任拋棄,仍擁抱強烈的愛意,始能感知突出高地的價值。唯愛的喪失,對各種人、事、物的倦怠和冷漠,才是我們真正的墳場。」

  吳晟,這位對生命、對社會充滿了忍抑不住的關切,對泥土執著而深情的詩人,實實在在投身在農村中,沒有一般「知識分子」虛矯的尊貴和飄逸,也不叫喊什麼口號,不宣揚什麼理論,「不談經論道說賢話聖」,只是以他「野草」生命的強韌,不斷接受生活的錘鍊,不斷接受環境的刺激,不斷接受熱烈情感的煎熬和激發,誠懇的走著「安安分分握鋤荷犁的行程」,教學耕作之餘,夜晚有限的時間,仍默默的繼續寫他的《吾鄉印象》。

  吳晟的詩誠然不是流行性的,也不光采奪目,但在他如泥土般真摯厚重的作品中,我們卻可從平實中見深情,從平淡中見深刻。雖

然，從無詩人「姿態」，從不以詩炫人的謙沖的吳晟，並不自認已為現代詩壇確定了鄉土詩的面貌、已為現代詩壇開拓了一片多麼可親可感的領域；雖然，普遍存在著虛浮現象的詩壇，並未對這位無意「輝煌」，誠摯而「卑微」的詩人，引起廣泛的注意和討論，然而，我們深信，吳晟的努力是正確的，吳晟這系列至真至性至情的作品，必將受到更多有識之士的喜愛。

{後記}
　　一九七六年三月回臺歸省，與舊日《南風》諸位摯友歡聚了數日，深感有必要為吳晟畫像，並闡釋他鄉土詩風演變之由來，以為喜歡吳晟作品的人士，提供一些線索。文中大量引用凱濤、朝立、健民等《南風》諸友的語言，特此致謝。

　　　　　　　　　——《幼獅文藝》雜誌，274期（1976.10）

2
鄉土詩的扎根者──
吳晟訪問記

黃武忠

■

　一個亮麗的下午,我帶著訪友的心情來到溪州,這裡住著一位詩人──吳晟。

　從溪州至圳寮吳晟的家,車子行駛在水圳堤岸上,一路所見是金黃稻田、散居農家,以及呼吸到一股濃濃的泥土味,未見詩人,卻已先領略到詩人詩中的情境。

　記得詩人有一首詩──〈堤上〉,敘述詩人父親牽著他的手,而他現在牽著兒子的手,在堤岸上散步,這種薪火相傳、默默承襲的象徵,宛如堤岸下濁濁的水流,綿延不絕,靜靜地流過幾個世代。

　車子在一座廟旁停下,這裡有詩人常描繪的「店仔頭」,很輕易就問到詩人的住處。

　當我步入吳晟家,詩人正彎著腰,與家人將大埕上的穀子裝入麻袋,我內心受到搖撼──我自小在農村長大,見過多少人在大太陽底下裝穀子的事,但就不曾有過像今天的感覺──突然有所感觸,也可以說是一種領悟,原來吳晟是這般的生活,難怪他的詩會動人。因為

▲ 吳晟、莊芳華在家中大埕的曬穀場。

他以左手撫摸大地脈搏,而以右手寫出萬物靈魂躍動的情感。

吳晟是屬於泥土的,正如泥土屬於他。

他生活於鄉土的領域裡,而以鄉土的語言,樸素的描繪周遭事物,寫出親切自然、真情流露的詩篇,他是個雙腳踩著鄉土,雙手寫鄉土詩的詩人,因此,他可以說是一位鄉土詩的扎根者。

詩人並未因我造訪而停下工作,因為稻穀必須趕在日落前裝好,於是我拿著掃把在一旁幫忙,把散置的穀子掃成堆,好讓吳晟裝入袋中,我們就這樣一邊工作一邊閒聊。另外,我帶來一位會攝影的朋友,藉機拍幾張照片,吳晟卻顯出極端不自然。

在沒有掌聲的環境中
默默成長的孩子
長大後,才不會使盡手段搶鏡頭
不習慣遭受冷落

——〈成長〉

這不正是吳晟此刻的最佳寫照嗎？連鏡頭靜靜地在他面前，他都低頭工作，不想搶一個鏡頭，而且還一直拒絕哩！

　　日落，工作告一段落，我們急梳洗，吳晟的媽媽——這位詩人散文中的「農婦」——還勤勞地收拾最後的工作。她慇懃、親切、好客，心胸寬厚，宛如一片舒坦的土地，吳晟寫她媽媽，刻畫真實自然，入木三分。吳晟眼中的這位「農婦」，是一首詩，也是寫不盡的散文，在我看來，她的臉上正呈顯著一本厚厚的小說。

　　洗淨後，在主人的盛情之下晚餐。

　　菜是自己種的，米也是自己收成的，不是盛宴，卻很新鮮，並非山珍海味，竟令人胃口大開，我向同行的朋友戲稱——「我在吞食鄉土」。

■

　　餐後，我們品茶詳談，對詩人寫作的背景加以了解。

　　吳晟，本名吳勝雄，一九四四年生，彰化溪州圳寮人，著有《飄搖裏》、《吾鄉印象》，《泥土》等詩集，近有《農婦》等一系列散文，除了在國中任教之外，兼做農夫與作家。

　　吳晟與文藝接觸很早，於初中一年級時就看《新生文藝》，喜愛上面的新詩，而後接觸更多的文藝刊物，此時的他，不管懂不懂詩，只要自己喜歡的，便認真的去背，因此初中時便大量的吸收新詩。也由於對文藝的狂熱，荒廢了一般人所謂的正當課業，所以初中未能拿到畢業證書，留下可資回憶的苦澀滋味。

　　高中時，他持續狂熱寫詩，這時寫些年輕人的感情生活，以及

▲ 吳晟家,有著大埕的三合院。

少年不識愁滋味的人生,當然有歌頌,也有感嘆!由於個性偏向社會關注,有一顆熱騰騰的愛心,又有機會閱讀《自由中國》、《文星》等思想性雜誌,於是作品表現出關照社會的意味,此時吳晟已在沉穩中,走著踏實的路。

大專一年級(一九六六年)的寒假,吳晟父親在一次車禍中不幸去世,在悲傷之外,給吳晟帶來了家庭負擔與生活的重大壓力。他開始感覺知識分子的蒼白與無力,甚至於覺得「文學無用」,畢竟光靠寫詩無法過活,也無法挑起家庭的重擔,內心起了很大的矛盾與衝突,給他的文學創作心靈帶來很大的撞擊。於是正當詩壇百花爭妍,頗為熱鬧的當兒,吳晟卻停頓了下來。

他沒有發表詩作的欲望,但他雖然停頓發表,並沒有就此封筆。

在這幾年當中,吳晟一面工作一面就學,所以屏東農專讀了四年半才畢業(他讀三專制),此一階段,正是現代詩傾向晦澀虛無的時代,雖然有許多詩作吳晟看不懂,但他並不排斥,一一的讀了,只是自己並不受外界的影響,仍然寫屬於自己風格的詩。顏炳華說:

「年輕的吳晟,並不年輕,他已有了超乎本身年齡的自覺,不追隨潮流,不趨尚時髦,不逞一時之能『爭強鬥勝』,沉默的、踏實的探求。」(〈吳晟印象〉,顏炳華,《幼獅文藝》,1976.10。)

這股不追隨潮流的堅強定力,是使他的詩具有獨特風格的主因。

農專畢業後,他也有到臺北闖蕩求發展的機會,但他感覺到自己是屬於鄉村的人,應該回到鄉村去。再加上父親早已過世,田事全由母親種作,自己實在沒有理由再漂泊於外,於是他選擇回到自己的家鄉。在詩中他寫著:

和你們一樣,我歸來
以盤錯交結的根,深深伸入
厚厚的土壤中
以疏疏朗朗的葉,朗朗舉向
遼闊的天空

——〈檳榔樹〉

吳晟的毅然回鄉,使他的詩風有了轉變,也可以說使鄉土詩的面貌,更為鮮明確立。

■

吳晟是一個有廣大包容性的人,正當詩壇蓬勃熱鬧,詩社林立之時,他沒有參加任何詩社,他讀各種派別的詩,而讀詩僅在欣賞,他並不發表意見,一直保持沉默的態度。由於他冷靜、理智,與堅持自己的想法,所以他沒有特別喜歡某一個詩人的作品,因此在他的作品中,看不出別人的影子。他的作品是屬於鄉土的,屬於吳晟自己的。

不過值得一提的是,吳晟受到詩人瘂弦的鼓勵很大。

原來在吳晟停頓發表詩作五、六年之後,他遇到瘂弦,當時瘂弦主編《幼獅文藝》,問吳晟有沒有詩作,吳晟表明他寫了一些描寫家鄉事物的詩,記在日記中,瘂弦要吳晟寄給他看看,就這樣,吳晟把日記中的詩整理出來──就是〈吾鄉印象〉,寄給瘂弦後,竟然在《幼獅文藝》上大幅刊登。吳晟說:「沉默了如許久,而吾鄉印象被大幅刊登,我覺得給我相當大的鼓勵,於是我繼續寫作。」

所以,在〈吾鄉印象〉之後,又有〈向孩子說〉、〈愚直書簡〉等詩作出現。

以二十幾年的寫作年齡來說,吳晟的作品並不算多,可是儘管他的詩作不多,但他已確立了鄉土詩的面貌,形成了特殊風格,至於他的風格如何呢?周浩正說:

「吳晟的成就之一,是他的詩伸入了鄉土豐富的語言中攝取養料,適切而忠實地反映了周圍的人們。他不僅捉住了面貌,並且深入他們的精神、信仰以及情感的內層,真摯地描繪出那些拙樸的臉孔及一幅幅動人的圖畫,打動著每一顆熱誠的心靈。」(〈一張木訥的口〉,周浩正《書評書目》,1976.6。)

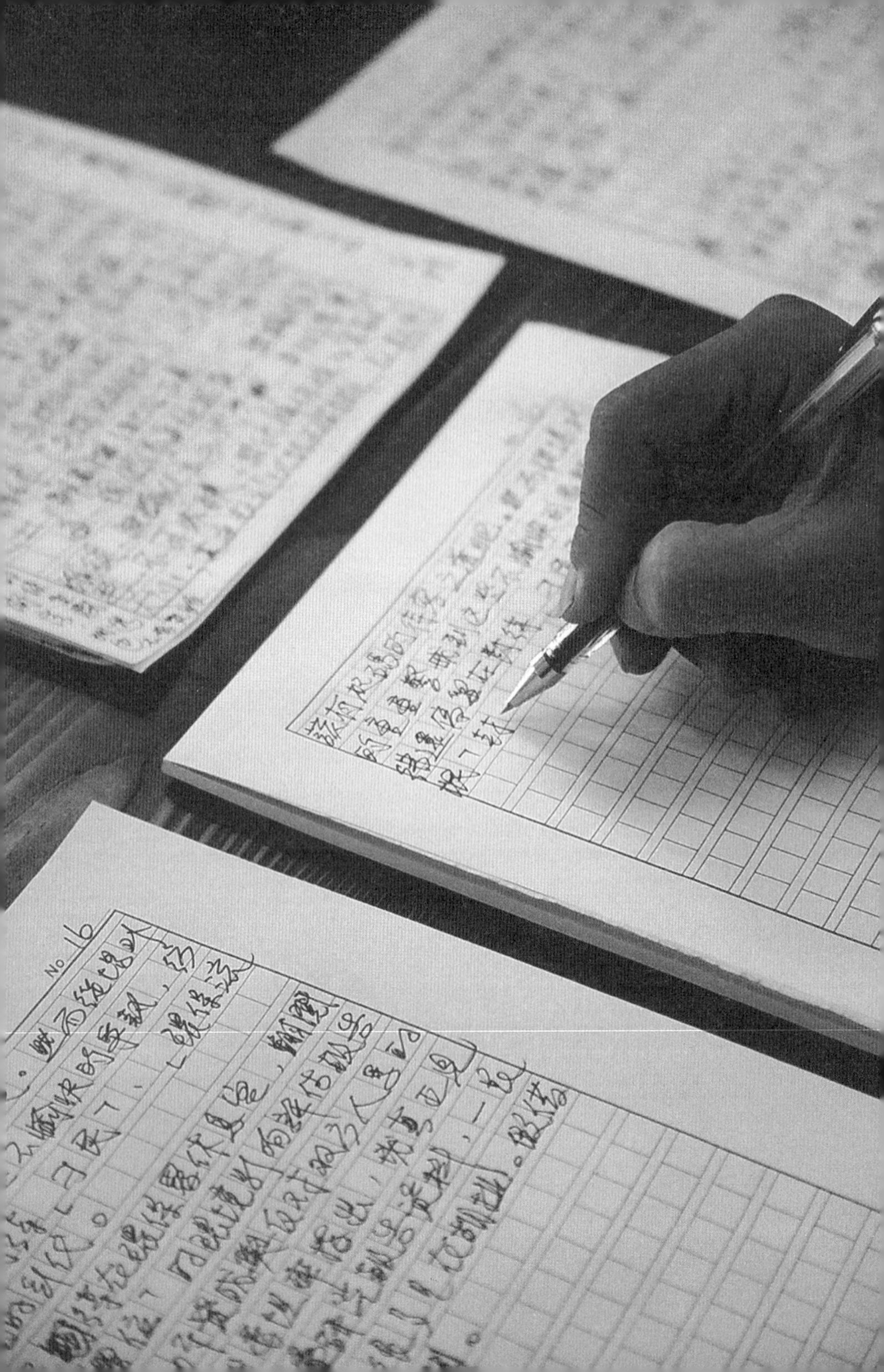
No. 16

一般作家描寫家鄉事物，大多是回憶童年的生活，描寫過去鄉愁的一些記掛，而吳晟他本身就生活於鄉村，尤其是他到外面做過事，再回到家鄉，重新感受家鄉的一切，自然覺得感受更為深刻，也因此他的詩作真實動人。顏炳華說：

　　「吳晟的所謂的鄉土詩，並非僅限於用鄉土語言表現情感，更重要的是他用鄉土情感來描繪鄉民的生態。吳晟的詩，處處可見源於對鄉土、對生命真摯的熱愛，不是即興的隨即忘卻的感觸，也非技巧與主義派別等格局下的表現，而是醞釀後的深情流露。」（〈吳晟印象〉，顏炳華。）

　　吳晟的詩和他的人一樣，憨厚木訥而耐人尋味，無奇異的外表和誇張的動作，竟能以率性真情而讓人喜歡。其實吳晟詩的風格，在他的詩中，已明白的點出。

　　　阿爸偶爾寫的詩
　　　沒有繽紛耀眼的光采
　　　也沒有華麗迷人的詞句
　　　只是一些些
　　　安分而無甜味的汗水

　　　　　　　　　　　——〈阿爸偶爾寫的詩〉

　　所以吳晟的詩，沒有浪漫豔麗的詞句，他的詩都建立在以鄉土的語言敘述鄉村的事物，而其動人之處，卻在於樸拙之中，見其真情流露。

◀ 吳晟習慣在家人入睡後才寫作。

■

　　談到這裡，往窗外看，夜更靜了。

　　在吳晟的書房中，我們品著茶，無視於孩子們的嬉戲，繼續聊著我們的問題。

　　「你要教書，也要下田工作，平常利用什麼時間寫作？」我問。

　　「通常是家人都去睡了之後，我才寫作。」

　　「能否談一下，完成一首詩的心路歷程？」

　　「我是讓感情自然發展，感受深了，直到有一種非寫不可的衝動時，就提筆寫。所以有時一首詩會在心中，醞釀好幾年之後才寫出來。」

　　「你的詩已被公認有鄉土詩的特殊風格，你是否曾想過，形成這種風格的主因？」

　　「我倒沒有特別去想，不過形成這個風格，可能有兩個因素：①我就讀農業科系，非文學系出身，又有農作經驗。②我長年在鄉下生活，所接觸的都是農民鄉親，思考方式大多以臺語進行。也許與這兩個原因有關。」

　　「你寫詩這麼久，能否談談你的詩觀？」

　　「我寫詩是己身自然的感情紀錄，無特別的所謂詩觀。不過，我常想：我愛我的小孩，我也希望別人愛我的小孩，因此，我是不是更要去愛別人的小孩；我愛自己的媽媽，希望別人尊敬我的媽媽，當然我更要去尊敬別人的媽媽。」

　　吳晟的這個觀念，不就是「老吾老以及人之老，幼吾幼以及人之幼」的觀念嗎？雖然吳晟沒有說明這就是他的詩觀，但在他心裡的這

個觀念，已足於彰顯他的創作態度。

　　夜更深了，我結束訪談，離開溪州圳寮吳晟的家。

　　車行在寬闊豐饒的田野上，濃濃的夜霧使車窗朦朧，我突然有所感悟：

　　夜霧是明日的朝露，朝露滋潤大地萬物，使之欣欣向榮，而日以滋長的萬物，也將溫潤詩人的創作心靈，我相信吳晟在創作的園地裡不斷耕耘，將會有更大的豐收。

──《自立副刊》（1982.7.20）

3
吾鄉詩詞入歌聲——
羅大佑・吳晟對談錄

王宣一

詩人是文字的歌者,歌者是音符的詩人。黑衣歌手羅大佑走訪詩人吳晟,他們將譜出何種曲子?

歐巴桑,今年幾歲?
「七十一啦!多活多做。」
歐巴桑,你為什麼那麼樂天?
「了解,了解。」

車子沿著高速公路南下。

出發的時候,臺北還下著不小的雨,車過新竹,天,便整個的亮麗了起來了。

「我說吧!南部的天氣一定會好的。」羅大佑邊開車,邊高興的說。

為著這次的「溪州之旅」,羅大佑暫時擱下了新唱片的錄音工作,專程南下,去拜訪居住在彰化溪州鄉下的詩人吳晟。

羅大佑在他的第三張專輯唱片中,有一首歌詞,採用的是吳晟的

系列組詩〈吾鄉印象〉之中的一首。早先，羅大佑曾以電話徵求吳晟的同意，將他的詩譜成歌，收錄在他的唱片中，已獲得吳晟同意。

這一次，羅大佑帶著已經錄製好的母帶，請吳晟先聽一聽，並向他請教。

車子從員林交流道下來，經過永靖、田尾、北斗到溪州，從溪州轉入省道支線，進入圳寮村。

到了村子口，才發現村子遠比想像的要大，因為每一戶人家，都有大大的三合院，都有大大的稻埕，而房子的四周，則是大片大片的稻田。

「請問吳老師家在哪裡？」

要來之前，吳晟在電話中說：「鄉下沒有人認地址的，你們來，先走到圳寮，到了圳寮只要問別人『吳老師』大家都知道的。」

果然，一路上問到：「吳老師」，每個人都知道，有人熱心的畫地圖，有人雙手比劃著，可是鄉下的岔路太多，轉來轉去，折騰了半天。

就快到了的時候，有一位婦人，騎著五十CC機車迎面而來，看到我們，便招招手，停下車來問著：「你們是找吳勝雄老師嗎？」

「是啊！」

「就在前面的大廟旁邊。」

不到一百公尺，已經看到吳晟站在路口了。

「吳老師！」羅大佑跳下車，兩個人熱情的握握手。

「把車子開進來吧！裡面很大的。」

吳晟邊說著，邊把擋在路口的腳踏車、掃帚、水桶等東西移開。

> 吳晟說：我沒有想到你是那麼隨和，我以為你是很嚴肅的。

待羅大佑把車子在稻埕停好，已經傳來廚房的炒菜聲了。

滿滿的一桌子，吳晟和他太太忙著在一邊勸菜，「這是剛從田裡摘起來的空心菜，」「這是我們自己種的絲瓜。」

「有客自遠方來，在鄉下，這是大事啊！」吳晟笑著說：「我今天向學校請了假。」

吳晟，目前在溪州國中教生物。

「今天下午學校有合唱比賽，我是評審，不能請假，所以請二姊來幫忙做菜。」吳晟的妻子，目前也在國中教書，知道羅大佑要來，

▼ 羅大佑於1984年拜訪吳晟，兩人合影。

趁著午休時間,特地趕回家來招呼。

原來,剛才在路上碰到的那個騎機車的婦人,就是吳晟的二姊,他們等得急了,怕羅大佑找不到路,就騎車出來找。

一餐午飯,羅大佑「狠狠的」吃了三碗飯,吃完了,還喝了一大碗甜南瓜湯。

「一到鄉下,精神自然好起來了。」羅大佑笑著說。

吃飯的時候,羅大佑沒戴眼鏡,吳晟讀國小四年級的兒子在旁邊直說:「和電視上一點也不像嘛!」

「是啊!我也沒有想到你是那麼隨和的,我以為你很嚴肅。」吳晟笑著說:「更沒有想到,你又抽菸、又喝酒。」

「抽菸、喝酒對唱歌很不好,可是我要創作,一寫歌、寫曲就非抽菸不可,這是壞習慣,不過很不容易改掉,我很羨慕你單純的田園生活,可是我做不到,我寫歌,一定要在深夜,白天我靜不下來寫。」羅大佑說。

午餐之後,吳晟和羅大佑把桌子搬到稻埕前的一棵大樹下喝茶,吳晟的兩個兒子也一直人前人後的跟在旁邊。

吳晟的太太推著她那輛五十CC機車要出門去上課了,臨走,一再叮嚀羅大佑:「你一定要等到我女兒放學回來再走啊!我女兒很想見你。」

在鄉下,羅大佑來訪,是個大事,尤其是孩子們,早兩天就開始念著了。

吳晟又說,在這裡,就算拿了諾貝爾獎,但是他們還是當你是吳老師,他們不知道諾貝爾獎的意義,對鄉下人而言,這是太遙遠的事。

「因此,」吳晟對羅大佑說:「你要珍惜你的影響力,一首歌幾

天之內可以從都市唱到鄉下,每個人都在唱著,也都在學著,歌詞中的任何意義都會讓人思考。」

「不要這麼說!」羅大佑有些靦腆:「你的作品,收在國中課本裡,這才是有影響力啊!我覺得你的作品,才是真正從泥土裡出來的東西,我的歌,虛浮而不實在。」

吳老太太說:做醫師有什麼不好,你們年輕人就是那麼愛飄流。

下午的農村,除了偶爾傳來孩童的嘻笑聲,相當安靜。

一會兒,門口走來一位壯健的歐巴桑,一看便知,他是吳晟的母親,也就是吳晟的散文集《農婦》的封面人物。

歐巴桑一路笑著走來,吳晟為她介紹羅大佑。

「你看這個人像醫生嗎?」

「醫生?哪一個?」

「他啊!」

「好啊!做醫生好!」歐巴桑說。

「可是他現在不做醫生,他去唱歌了。」吳晟又為他母親解釋。

「現在還在電視上搖嗎?」歐巴桑問。

「是啊!」羅大佑大笑。

「做醫生有什麼不好,你們年輕人就是那麼愛飄流。」歐巴桑又說。

羅大佑笑笑,答不上話來。

吳晟說,「我母親希望我們當醫生。在鄉下,還是醫生最大,即

使你是唱歌的，還是要說是個醫生。」

「年輕人就是愛飄流。」歐巴桑一路嘀嘀咕咕著走到一邊，穿上農人下田的黑色膠鞋、戴上斗笠，並用一塊花布頭巾紮好，坐上吳晟二姊的五十CC到田裡去了。

「母親今年七十一歲了，可是還天天下田，她數十年都這樣做，每天天未亮就起床了，到現在，她還保持一餐吃三碗飯。」吳晟向羅大佑說。

「她好像很樂天？」羅大佑問。

「是啊！她沒有抱怨，每天盡責的工作。」

喝過了茶，羅大佑想要出去走走。

吳晟領著頭，往房子後面的大片田地走去。

一路上，有許多村民對羅大佑指指點點，不過，也許是農村居民保守的性格，沒有人上前問一句，「這個沒有戴墨鏡的人，到底是不是羅大佑。」

倒是一路上都有人喊「吳老師」。

走到一處荒地的時候，碰上了正在演習的軍隊。

阿兵哥們遠遠的就叫著「羅大佑，羅大佑！」還有人唱著「亞細亞的孤兒，在風中哭泣……」，羅大佑笑著和他們打招呼，阿兵哥們都很高興，也許，這午后，在單調的軍旅生活中，在這鄉下的小地方，乍然看到超級巨星，可以令他們興奮上好一陣子。

從一片片蔗田間穿梭而過，接著又是青翠青翠的稻田，間而還參雜著一些茗花和葫蘆瓜。

羅大佑說：沒有看過那麼真切的大自然的變化。

　　吳晟一一的為羅大佑解說田事，羅大佑很有興趣的聽著。

　　走過吳晟家的那塊田，歐巴桑正站在田中忙著些什麼，四周是一片綠得發亮的稻子。

　　再下去，還是一塊又一塊的田，「還要走過去嗎？」吳晟問羅大佑。

　　「好啊！」羅大佑興致高得很。

　　「我們走到濁水溪那邊好了。」吳晟又補充了一句，「很遠的喲！」

　　「沒關係。」羅大佑踩著他的白球鞋，快步的走著。

　　吳晟的小兒子赤著腳也跟前跟後的，一會兒在田埂邊採酢漿草，和羅大佑勾著玩，一會兒又和羅大佑在田埂上比賽做伏地挺身，羅大佑竟然差點做不過他。

　　走在初秋的田野上，有一股清香的草味飄散在空中，說不出的舒暢，都市的羅大佑終於嚐到了許久未有的青草的甘味。

　　於是一些童年生活的回憶都湧上心頭，田邊釣青蛙、用竹竿黏知了⋯⋯。

　　爬上斜坡，上了堤岸，腳下潺潺的濁水溪流過，溪的那岸，就是大片大片的嘉南平原了。

　　幾乎是一望無際的田原景色，羅大佑坐在堤岸上，黑色的衣服在此刻和翠綠的田野構成一幅美麗的圖畫。

　　一隻深褐色的老牛走過來，當然還有皮膚曬成褐色的主人。

　　午后的堤岸，如果這時傳來手提錄音機的樂音，也許就是噪音

了。

天色有些變了,風也有些涼意。

吳晟說:「回去吧!也許會下雨呢!」

經過一排葫蘆棚的時候,碰到一位農人,吳晟問他的收成,他說,收成不錯,但是卻賣不到好價錢。「一公斤才賣三元哪,一個葫蘆不到一塊錢,請人運到市場去賣,賣得的錢剛夠運費。」

儘管賣不到本,那個農夫還是很認真的在照顧他的葫蘆。

回程走了一半,天色突地轉暗,大塊大塊的烏雲襲捲過來,在空曠的田野間,這樣的景色實在有些詭異的氣氛。

▼羅大佑到訪時,贈與吳晟兩捲音樂錄音帶,影響吳志寧(左)走向音樂創作之路。

羅大佑開始跑步,大雨就要下來了,放眼之處,是沒有任何可以遮風避雨的地方的。

快步跑了一陣子,烏雲在空中大翻大滾了幾下,雨卻一直沒有下來。

「沒有看過那麼真切的大自然的變化。」羅大佑說。

吳晟說:我們農民很認命,但不悲觀,也不怨天尤人。

回到吳晟的家,晚餐又已在桌上擺好了。

還是滿滿的一桌子,吳晟還破例的開了一瓶珍藏多年的酒。

晚餐後,羅大佑拿出錄好的試聽帶請吳晟指教,那首〈吾鄉印象〉中,因為音韻的關係,必須加一句歌詞,羅大佑暫時加了一句「滴下滴滴的淚珠」,吳晟則認為不妥。

吳晟告訴羅大佑,「我們農民很認命,但不悲觀,也絕不怨天尤人。」

吳晟並舉他母親為例,他說:「我母親種田種了幾十年,一季收成不好,她總是寄望下一季,她有一般農人的想法『收成不好望下冬』,她不會像我們,讀了點書,也就想得多了,我們會想不知何時才能翻身,會想一些好高騖遠的事,但是她才是實在的,她的希望在下一季,還是在田裡。」

「我的母親不願住洋房,她一定要住泥地,她說屋子要有土氣才行。」

「臺灣的農民是不會對抗命運的,有一些描寫農民『歹命』、『艱苦』的字眼,這是知識分子的心情,不是農民的心情,農民是沒

有淚水的,基本上,是相當認命的,因此,我反對你用『淚珠』這二個字,你應該會發現,在我描寫農民生活的詩裡,絕對沒有『淚』這個字,我反對別人想像農民的可憐,這個你了解嗎?」

「是!」羅大佑說,「你的作品是真正從泥土中生出來的,我們的想法都太虛幻了,你這樣一說,我明白你的意思了,這一句歌詞是否請你改一下呢?」

「好啊!我們一起來研究一下。」吳晟說著,便沉思起來。

歐巴桑這時端了一大壺茶走進來,聽到錄音機裡羅大佑的歌,還是說著那句話,「愛飄流啊!」

「歐巴桑,今年幾歲?」羅大佑問她。

「七十一啦!多活多做。」歐巴桑笑嘻嘻的。

「歐巴桑,妳為什麼那麼樂天?」羅大佑又問。

「了解、了解。」歐巴桑用臺語回答。

臨行,羅大佑拿了一張一萬元的支票給吳晟,這是〈吾鄉印象〉的版權費。

吳晟堅持不收,二人推拉了好久,羅大佑說,「這是唱片公司付的。」吳晟才不再推辭。

打開支票一看,吳晟嚇了一跳,說,「怎麼那麼多啊?」羅大佑說,「應該的,應該的。」

吳晟說:「這是我所收到最高的稿酬呢!」

告別的時候,吳晟的一家大小都出來和羅大佑合照,吳晟又重複的說:「我沒有想到你是那麼親切的人,下次還要來玩啊!」

回程的路上,羅大佑一再回想歐巴桑的那句話,「了解、了解。」

——《時報週刊》,352期(1984.11.25)

對談者小檔案

羅大佑

一九五四年生,出版專輯唱片有〔鹿港小鎮〕、〔未來的主人翁〕、〔家〕。

吳晟主編的《一九八三臺灣詩選》(前衛)一書中,曾收錄有羅大佑的作品〈亞細亞的孤兒〉。

4
訪吳晟，談〈負荷〉

陳益源

【題解】

〈負荷〉這首詩是從《泥土》詩集中選錄出來的。作者寫他對兒女的親情。

對於名詩人吳晟，想必有許多人心儀已久。他有一首詩〈負荷〉被編入國中教科書，可是單憑國文課本上寥寥兩行的【作者】與【題解】，大家實在很難認識吳晟是誰？更無法深入了解負荷一詩的寫作的背景為何？為此，我特地造訪吳晟先生，請他談談自己及作品。

鄉土詩有了明確的風貌

吳晟雖然住在鄉下，教書、種田、寫作，可是要找到他一點也不難，「你只要到溪州，搭輛計程車，告訴司機往圳寮吳老師家就可以了。」這話絲毫都不誇張，因為那兒沒有人不互相熟識。

那天我一踏進吳老師書房，看見桌上已泡好一杯熱茶等著我，既感動又訝異，甚至還在心裡提出質疑：「難道他就那麼確定我不可能遲到嗎？」而他就是這般溫柔敦厚，一如腳下的泥土。

《泥土》是吳晟於一九七九年出版的代表詩集,但在此之前,他即因「詩風樸實、自然有力,以鄉土性的語言,表現時代變化中的愁緒,真摯感人。」(第二屆「中國現代詩獎」贊語)而聲名大噪,並獲得詩壇一致的認定,如余光中就在〈從天真到自覺〉一文中提及:「等到像吳晟這樣的詩人出現,鄉土詩才有了明確的面貌。」

　　他從初二開始寫詩,「彷彿是一株已經泛黃的稻種,懂得如何將成串的稻穗逼出體外。他的觸角像一隻蝸牛般四處伸張探索。」(顏炳華《泥土》代序)但自稱「愚鈍、粗俗」實則「謙抑、淳樸」的他,並不為當時擾攘的現代主義風尚所惑,毅然回歸孕育人類的泥土,關懷起自己的家鄉。

　　「我的詩都是一組一組寫成的,很少單獨一篇出現,而且經常要醞釀上好幾年的工夫。」這種「系列」性的創作方式,正是詩人對人、對物、對生活、對環境、對社會的長期關注與深刻體悟的表現,不同於即興的感觸或偶發的詠嘆。

　　「吾鄉印象」系列是他樹立自己獨特風格的第一個詩組,其中沒有無病的呻吟,也沒有虛偽的謳歌,有的只是一份對吾鄉「深深潛藏的矜持與固執」,因此當一九八四年民歌手羅大佑把「吾鄉印象」之〈序說〉改編為歌詞,考慮加上一句「滴下滴滴的淚珠」時,詩人並不以為然。

溫柔而敦厚,真摯而近人

　　「向孩子說」系列,「沒有英雄式的宣言／也沒有輝煌的歌頌」,「只是一些些／對生命忍抑不住的感激與掛慮」,與其說是詩人寫給自己的孩子,毋寧說是對所有下一代的殷切期許,甚至它亦帶

給「大人」們無限的悸動與深思,就像讀《伊索寓言》時強烈的震撼一樣。

「愚直書簡」和「愛荷華家書」兩個系列,則是他對離鄉背井遠渡重洋的「過客」、「歸人」的諫言,以及本身赴愛荷華大學擔任訪問作家期間對故鄉妻兒的懷念,讀來無不教人低低唏嘆,深深感動。

吳晟不但是位詩人,同時也是知名的散文家,他以一貫專注、集中且深刻的精神,寫下四十篇精彩的短文,結集成《農婦》一書。一九八二年甫問世,即廣受文壇注目,一九八三年六月號《讀者文摘》便將之收入該期書摘,作如下的推介:

——一部描寫農村生活表揚母德的佳作。書中那位倔強勤勉的慈母,是中國婦女活生生的寫照。是她獨立挑起重擔,辛苦撫養子女,使家庭能一代一代傳下去。

另外前衛出版社也把它列為「改變中學生的書」之一。

其後,吳晟又以他實際的生活體驗和對鄉土的濃厚感情,再寫了一本《店仔頭》,真實地反映出當前臺灣農村的各種面貌,溫和地提供其對現代文明的反省與批判,引發廣大讀者「痛徹肺腑的嘆息」。

總之,無論新詩或散文,吳晟無不「筆觸堅實而富於感情,直接認同大地,關懷農村,以大自然

▶ 吳晟與陳益源教授合照。

和現實社會為文學的依歸。」而且人如其文,始終是那般溫柔而敦厚、真摯而近人,讀者如果想對作者有一番更深入的認識,我建議您不妨直接去看他的作品:

一、《泥土》(新詩)遠景出版社
二、《農婦》(散文)洪範書局
三、《店仔頭》(散文)洪範書局
四、《飄搖裏》(新詩)洪範書局
五、《吾鄉印象》(新詩)洪範書局
六、《向孩子說》(新詩)洪範書局

關於〈負荷〉這首詩

關於〈負荷〉一詩被選人國中國文課本的經過,吳晟並不清楚,還是作家林雙不告訴他之後才知道的。詢及他的感受,他說:

「自己的作品有人欣賞,當然是很高興。不過,起初【作者】介紹把我的籍貫和出生年次印錯了,經我寫信要求訂正才改了過來。」

然而我們拿發表在一九七七年十一月二十八日《聯合副刊》的原作,與課文一比對,又發現有不少差異:

「有關這些分段和修辭上的優劣比較,文曉村先生在《新詩評析一百首》中有詳細的探討,可供參考。」

「淺人」寫「淺詩」給大多數的「淺人」看

「可否談談當初〈負荷〉這首詩的寫作背景?」

「〈負荷〉是我一系列詩作『向孩子說』這組詩中的一首，要談〈負荷〉這首詩的寫作背景，應當從『向孩子說』這組詩說起。我為什麼要寫？又是如何寫的呢？回想一九七二年，我初為人父，心情非常興奮、得意且緊張，我總喜歡抱著孩子玩。有個週末，一位同事來訪，看我正在抱孩子，就問我有沒有想把孩子摟得緊緊的激動，我點點頭，他說：『你既然是個詩人，為什麼不嘗試寫出這類感受的詩呢？』我想也是；加上當年國內充斥著艱深奧妙的『高人寫給高人看』的詩，而我自己是個『淺人』，倒不如就寫這種『淺詩』給大多數的『淺人』看，這是我創作意念的觸發。」

「同時我覺得父愛並不亞於母愛呀！可是每年的父親節比起母親節那要冷淡多了，我對孩子的感情既然那麼深，又喜愛寫詩，何不把它形之於詩句呢？於是我開始醞釀。」

「通常每天晚上孩子都是由我來揹，偏偏孩子這時的精神反而特別好，不時哭鬧，我往往一邊搖呀搖，一邊喃喃地向孩子說話，一邊把靈感記錄下來。揹過

▶ 吳晟與陳益源教授合照。

第一個孩子之後又揹第二個、第三個,直到一九七七年才把其中一部分整理出來,寄給瘂弦先生在《聯合報》發表,而〈負荷〉這首詩就是其中的第一篇。」

「爾後陸陸續續地,這組『向孩子說』由我對自己子女的關切,延伸到對自己學生的愛護,繼而擴及對所有下一代的期待。因此這組『向孩子說』從一九七二年直到現在還在寫,畢竟我們對民族明日棟樑的關切、愛護和期待是無止無盡的,那麼我想這一組詩也永遠沒有寫得完的時候。」

原來詩人內心對「孩子」用情是如此之深、期盼是如此之切,這就難怪他說這是生命中「最沉重/也是最甜密的負荷」了。而吳晟的

▼ 吳晟一家人:左起母親、大兒子吳賢寧、妻子莊芳華、小兒子吳志寧、女兒吳音寧及吳晟。

作品之所以會受到學生和社會各界的熱愛，也的確其來有自。

適度而恰當地使用方言

吳晟的溫文謙沖根於天性，他不是那種望之儼然的「先知」型作家，其流露於作品中的關懷、抗議或批判，都是他醞釀再醞釀、忍抑又忍抑，而不得不爆發出來的憂心與掛慮；他並非沒有自己的主張，可是每每陳述看法，總習慣加上「淺見」二字。

在他的詩文裡，方言的使用是一大特色，譬如〈負荷〉中「阿爸」、「阿公」、「阿媽」之類的特殊語彙，偶爾便出現在字裡行間，關於這點，他有他掌握的原則：

「鄉土語言之使用，其來已久，不必刻意提倡，但也無須『另眼看待』。適度而恰當地使用地方語言，正足以促使整個民族的共同語言和文學更豐富、更活潑。當然，我反對那種胡亂『拼音』的作法。」

誰說這等「淺見」不高明呢？

當我請教他：「高中國文是否也應考慮將新詩編列為教材？」他說：「大概是新詩比較『淺』吧？」又問：「中學教師應如何成功地讓學生欣賞、進而創作新詩？」他說：「這我也不懂，只是現在好像不是每位國文老師都具有這方面的素養⋯⋯。」想想也是，不然初二的時候，他也不會因為寫一首新詩作為歡送畢業生的獻詞，而遭到老師指為抄襲，嚴加叱責。

一九八四年八月在南鯤鯓鹽分地帶文藝營，我首度得知吳先生近來罹患暈旋症；這令我想起《農婦》中〈感心〉一文中作者曾寫道：

「天下最反對我寫文章的人,大概莫過於母親了。……母親極反對我寫文章,最主要的原因,是因為我通常只有在家人入睡後,才能靜下來看看書、寫寫字,稍一耽擱,便已深夜,常磨到三更半暝,隔天又要早起上班,母親擔心我會因此而損害了健康。……我感覺得出來,母親不高興我寫文章,不只擔心我的健康,還懷有深深的憂慮。知子莫若母,母親了解我個性坦率愚直,不夠聰明靈巧,深怕我會為了寫文章,惹來意想不到的麻煩。……什麼時候啊!我們社會上的父母,才能無所顧慮,理得而且心安的教導子女:坦蕩蕩的做人、坦蕩蕩的說話、坦蕩蕩的寫文章。」

不過事實證明吳晟仍一再違背母親的教訓,暗地裡偷偷地琢磨著他的每一篇文章,苦吟著他的每一首詩。是什麼力量令他這般執著呢?我瞥見他的書桌上擺著一份改了四、五遍的文稿,題目一直沒變,名曰:「無悔」。

——《國文天地》雜誌,09 期(1986.2)

作者小檔案

陳益源

現任國立成功大學中文系特聘教授。

5
當代成名作家訪談錄——訪吳晟

劉原君、涂亞鳳

　　吳晟的文學風格，真誠樸實，筆調親切敦厚，直接認同大地、關懷農村，以大自然為依歸。無論是親情的描述、鄉土情感的刻畫、人文發展的省思，每一系列文學作品，皆能在平淡中見深意，平實中不失深刻，有其獨特的理念和文采，篇篇真摯動人。被文藝界許為當前最有潛力、有風格、自成文采理念的名家。尤其吳晟之詩，一向以人物貼切和景觀鮮活著稱，文字活潑生動，略無陳腔濫調，足以證明鄉土文學在藝術上的正面價值和人性體認上的廣泛意義。

問：請問為什麼用「吳晟」這個筆名？它代表什麼意義呢？
答：我從初中開始，就在報刊雜誌發表詩作和小文章，臺灣那時發表文章，好像都有一個風氣，就是要取一個筆名才好。我當然也不例外，也受到影響。而且我的名字很普通：吳勝雄。同名同姓的算都算不完，所以我就取筆名。在學生時代我曾經使用很多種筆名，結果都很快就發覺不太滿意。後來使用了「吳晟」這個筆名，才固定下來，就不再更改了。

我當初用「吳晟」這個筆名的構想是很簡單的。第一個理由是我要保留本姓。「行不改名，坐不改姓」嘛！總歸是祖先和父親的姓！第二個希望能與本名音近。因此我就去查原典了。這一查呢，查到了「晟」這個字。「晟」與「勝」同音。「吳晟」唸起來與「吳勝雄」很像。「雄」唸小聲一點就是「吳晟」了。（作者笑，同學一起笑！）「晟」有光明之意。我當時就把它解釋作「正大光明」。用它來鼓勵我這一生呢都要正大光明。所以它蠻符合我的心意，因此就用了。用了以後，就愈用愈順，也就延用下來了。

問：請問這輩子影響您寫作最重要的人、事或物為何？

答：我認為影響一個人人生的發展因素很多，而且錯綜複雜，很難確定哪些人、事、物是最重要的影響因素。就我而言，我倒是比較相信點點滴滴的影響大於某些事件。也就是說我的文學風格的改變和寫作方向是累積式、漸進式的。譬如繞山，從山腳慢慢一圈一圈繞上去。而不是一下子用繩索吊上去的。所以，很難有明顯的分水嶺。也很難確定哪些是最重要的影響因素。不過，生活背景應該是很有決定性的影響。

問：請問您最滿意自己的作品是哪一篇？為什麼？

答：事實上，我對自己每一階段的作品，畢竟都是竭盡心力去完成的，所以大致上都還滿意，或許我可以將作品比喻成自己的子女，其實都很喜愛。但是喜愛之外，總是希望他

們能夠更好、更理想。

問：請問您對「靈感」的看法？
答：「靈感」並非憑空而來的，而是自生活經驗而來的。平日自己對生活體驗、人生思考及社會、生命有一番見解，才會觸發靈感。也就是先要有踏破鐵鞋，才會有得來全不費功夫。亦即「眾裡尋它千百度，驀然回首，那人卻在燈火闌珊處。」先要有「尋」的功夫，才有「那人」。

問：試述您對「文學」的看法？
答：我早年就很喜愛文學，也很關心社會問題，想做一名社會改革者。因條件不足而作罷。於是專注投入很多心血的文學創作、由文學來反映對人生、生命及生活的熱愛，並反映其真實現況。藉由文學來關心社會，希望做改革社會的橋樑。

問：請問何謂「臺灣文學」？如何去研究、發展呢？
答：我認為「臺灣文學」就是：寫臺灣景、敘臺灣事、抒臺灣情者才是臺灣文學。而且要「真實」呈現臺灣社會，才是好的臺灣文學。也就是要站在臺灣人的立場來思考人、事、物者才好。
目前研究臺灣文學要突破很多障礙。譬如臺灣歷史背景、社會變遷及政治演變等皆是。而國民政府最大的罪過，乃在把所有的文化傳承全部切斷。我們應該趕緊設法將傳承

連接起來。我認為一定要先認同臺灣,才能認同臺灣文學及臺灣文學的發展,要靠社會全體一起來努力,非少數人能夠左右的。

問:是什麼原因使您由現代詩的創作走向散文的寫作?並且近幾年來幾乎都只寫散文不寫詩了?

答:其實我在學生時代就陸陸續續寫不少散文,只是沒有像寫詩那麼注重。我比較正式有系統的經營散文,是從《農婦》這本散文集開始。沒想到《農婦》這本散文集一出版呢,居然大受好評。最明顯的是《讀者文摘》立即選為書摘。很多選集、雜誌也都收入轉載。我寫散文和寫詩一樣,都是一系列一系列的。有了開頭,就捨不得放棄。所以《農婦》出版了之後,就繼續寫《店仔頭》,寫了幾篇之後,覺得還可以發展,然後又捨不得放棄,又想把它寫成一本。原本寫完《店仔頭》之後就寫詩,可是又想到寫《無悔》;《無悔》寫完原本也就想寫詩了,結果《無悔》寫完,又寫了《不如相忘》。反正有了開頭,就想整本的完成。而且散文思考和詩的思考有很大的不同,這個妳們都知道。我的能力是很有限的,只能選擇其中一項來做。當我寫詩的時候,我就沒有辦法去寫散文;當我寫詩時,就無法用散文來思考。所以這十多年,寫了這四本散文,就只好放棄寫詩,對我來說,是很不甘心啦!(作者笑)

問：所以現在又開始想回來寫詩？

答：對！所以像這次《不如相忘》出版以後，我就下定決心了。本來還有很多散文的題材，可是我這次真的下定決心要暫停了。

問：老師，您是否沒有辦法有散文題材的，先完成一篇；有詩的題材時，再完成一篇？

答：沒有辦法。因為我的詩是系列性的發展，散文也是。整體的題材是連貫性的，沒有辦法分開。譬如我的散文《農婦》是以我母親為主，呈現農村生活。而《店仔頭》是抬槓，寫農村的議論；《無悔》是比較社會批判，是我的社會觀，如政治體制、社會現象、人文思考啊，這比較批判性的都是同一系列。那《不如相忘》都是比較抒情的、大自然的，還有農作。所以一本一本，都沒有辦法說暫時這篇寫完以後放著再寫詩。我現在要寫的這組詩，也是早就構思很多年，想要寫的。

問：那您能否透露它是怎麼樣的主題？
答：基本上還是以農村為主，加上作為知識分子對社會問題的思考。還是以農村為主啦！

問：可是，關於前面提到只能專注寫詩或散文一事，我們在您的作品中看到〈店仔頭〉一題，也是有詩也有散文呀！
答：對！有人說：我的散文是詩的延伸。其實，一個人關心的題材是一樣的。像賴和他的小說和他的詩，也都有關連。只是有時候他用詩來表現；有時用散文來表現。

問：老師，我意思是說，您不是詩寫一寫，再順便寫散文？還是一定要一整本詩寫完再寫散文？
答：我剛才講過，我在寫散文時，很難寫詩；寫詩時，就很難寫散文。就是必須全付精神，很專注的先做一件事情。沒有辦法同時做兩件事。這沒辦法，個人才能有限啦！

問：詩和散文的表達有何不同？
答：詩比較注重意象的捕捉；那散文的創作比較多的敘述和鋪陳，起承轉合的結構等等。所以它們思考方式的結構是絕對不一樣的。在我的經驗，我覺得詩的創作可遇不可求，而散文只要設定一個題材，就一定能完成。我現在要寫什麼散文，一定有啦，好壞是另一回事。如果你想要寫詩，不一定有，寫了也不一定好。也就是說：散文一定有，詩則可遇不可求。甚至守候多年，也不可見，不一定寫得出來。

問：這麼來說，寫散文比較容易囉？

答：當然散文是比較可以預期的。假如我想寫散文，那可以預期我一定能完成。好壞是另一回事。可是寫詩就不一定哦，寫詩若找不到很真切的意象，那就沒辦法了。你總不能用概念式來陳述。所以詩就比較不能預期。

問：那詩就是需要靈感囉？

答：對對對！詩需要費更大的心思去「眾裡尋它千百度」啦！

問：詩和散文是否適合某些特定題材？譬如說社會批判是否比較適合用散文來表達。

答：那不一定，要看你的心情。看你起先一開始的意象、決定。也就是你認為要用什麼方式表達比較好。譬如剛才我舉例的《吾鄉印象》〈稻草〉，如果寫成散文要怎麼寫？那只是個意象。如：「一束稻草的過程，是吾鄉人人的年譜。」這樣要寫成散文，你要怎樣去鋪陳？去經營？主要還是決定於思考方式。

問：臺灣目前著名的散文家，大部分都很注重文字的精鍊與修飾，有時甚至轉移了讀者對文章思想內容的注意力。您對此有何看法？

答：散文的風格有很多種。因為每個文章創作者的個性、學養、文學見解，尤其是生活背景，都有很大的差異。這些差異就決定了不同的風格。當然有人非常重視文字的錘

鍊、語言文字的修飾；有人比較重視思想內容的傳達。

問：我覺得目前大家覺得好的，比較被注意、重視的散文，大都是雕琢文字的類型。

答：其實詩也是一樣！

問：我是覺得太過了啦。

答：太過當然是不好。不過，基本的文學修飾能力還是要有，才能更適切地表達。

問：在《無悔》一書中，您曾說自己的作品「不是美文」，這是您作品的一貫風格，還是完全改寫散文後的轉變？

答：我本來就是比較傾向那種樸實無華的風格，這跟我的生活背景有很大的關連，我如果用那種很雕琢的文字來寫農村，不曉得是什麼樣子，我說「不是美文」，就是表示我的風格傾向樸實無華。這也回應前一個問題。

問：我前一個問題是，您贊成散文需要如此的修飾嗎？

答：文字修飾是起碼的表達能力，但不能將之當作作家最高的要求。我們當然要表達順暢，把文學的功能發揮出來。事實上，這是一個起碼的要求，不能當作最高標準，最高標準仍是在於你講了什麼？你的思想、你的內容，所以如果是一篇空洞無物的文字，雕琢到很美，那很「美」是什麼？是我們傳統上、習慣上以為那樣叫做很美的文字的堆

砌，而沒有給你真正美的感受、美的經驗。

問：像現在徵文比賽也是這樣。得第一名的並不是他的文章內容比較好，而是因為他比較會修飾文字。

答：文字修飾是一項基本能力。再過來就要看思想內容。我並非不重視文字修飾，若文字不修飾、太草率，也是會破壞感受力。因為文字畢竟是表達工具，若不善用，意思都會被破壞掉。也就是說我也很重視。只是譬如你看一篇樸實無華的文章，並不是他不重視文字修飾，而是在他樸實的內涵背後，其實他花了很多功夫在釀造。只是最後呈現出來的面貌是樸實無華、不著痕跡的，是很自然的。而你會以為那個很簡單。

問：其實那個功力很深厚，所謂「繁華落盡見真淳」，就是這樣吧？

答：對！那是花了很多的功夫在那裡。

問：您的作品就是這樣。

答：哪裡，我還有很多不足。（笑）

問：一九八〇年，您是在怎樣的機緣下去美國愛荷華大學國際作家寫作坊？這樣的經驗帶給您什麼影響？

答：愛荷華大學國際作家工作坊是美國國務院委託愛荷華大學主辦。它已有數十年的歷史。這個工作坊每年從世界各國

各邀請一位作家去參加。他們會主動收集世界各國作家的資料,來決定邀請人選。跟我們這裡的政治無關。當然他們也接受推薦。我會去參加這個寫作坊,當然是因為他們有注意到我的作品啦,有符合他們的要求。不過另外和詩人瘂弦的推薦應該也有很大的關係。至於這樣的經驗帶給我什麼影響?老實說我自己並不很清楚的評定。不過可以談的有兩個。一是因為和世界各國作家聚在一起,視野開闊不少,這是可以肯定的。因為那時各國的作家,如非洲、美洲、中南美,各國的都有,我們可以發現世界各國作家的不同,我們的視野可以變得較開闊。第二就是我與中國大陸作家的接觸。那年一九八〇年,中國大陸剛開放不久。可以說臺灣大概是我最早跟中國大陸作家正式交流,公開在一起參加演講、活動啦,而且都住在一起。那時跟我同一期的中國大陸作家有老詩人艾青、小說家王蒙。

問:哇!好棒!我們大一時老師也有叫我們研究艾青的作品,並寫成報告。那時候我們就去找資料,發覺艾青的書在臺灣好少哦。後來找到一本,看到老師和艾青合照的照片,我們都覺得好羨慕。

答:對,我們還天天在一起,感情很好。

問:艾青也是對農民感情深厚。

答:所以他對我很好。一直邀我去中國大陸,但我有一些因

素，所以就避免了。

另外一位是後來擔任文化部長的王蒙，是一個小說家，我還接觸很多作家，像沈從文、卞之琳。我們都在一起。那個時候我還很年輕，真正接觸了中國大陸作家，那種感覺很真實。更大的感受就是真正認識了中國大陸的現況。哇！那時我的衝擊真的很大。因為我在一九八〇年以前，有很強烈的祖國意識。而這次接觸，是對我的思想衝擊很大，虛幻的祖國意識，幾乎完全破滅。我想以上這兩個影響，是我自己比較了解的。

問：我們對您能在教書之餘，還勤於農事，而且每日還能讀書、寫作，感到非常佩服。是否能請您談談您一天乃至一星期的作息安排？

答：我們家是典型的農村家庭，生活很單純。白天就是上班或做農事。我們家比較特別的就是，除了星期六，晚上幾乎不看電視。

問：那全家大概幾點就睡了？

答：我們大概吃過飯就讀書。小孩子讀書，我跟我太太也讀書。農村家庭嘛，也很少交際應酬，平常晚上時間既然不看電視，那就只有讀書啦。所以沒什麼特別的安排，反正就是讀書寫作。

問：那您大概都讀到幾點？

答：我比較不一定，看我的情況。

問：可是農村生活不是都要早起嗎？
答：對！我以前體力很好，可以熬夜，第二天早上去上課，精神還很旺盛。最主要是我對文學的信念很強烈。那時候我對生活的熱愛、對教育的熱情也很執著。有這三種力量來支持，所以就不會感到疲倦。可是現在就比較感到困難啦。（作者笑）

問：那您目前接受的資訊是靠報紙囉？
答：大部分啦。但偶爾也看一下電視新聞、廣播。我們這種年齡對社會資訊比較容易找啦。報紙、雜誌翻一下、電視看一下，我們就知道大概。就能比較準確的捉住社會的脈動。好像宋澤萊先生他說：一份報紙只需兩分鐘，唰唰唰唰就過去了。（作者笑）

問：您在學校教了一天的課，回家還要忙些農事。要是一般人恨不得早點上床睡覺。是什麼力量支持著您，使您堅持寫作不輟？
答：我剛才講過，我們晚上不看電視，也很少交際應酬，所以讀書寫作就變成一個很自然的工作。那堅持寫作的力量就是教育的熱情、生命的熱愛及文學的信念，這剛才我已講過了。

問：在《農婦》一書中，我們知道您常有與母親意見相左的時候。雖然您不忍違逆母親，但您心中是否仍有不平之感？您都如何自處？

答：我母親可以說是個性很強的人，在家裡是強勢而有威權。基本上，我們的日常生活大都順著母親的意思，不過有些時候我們也是裝皮皮的（臺語）。唯一最好的方法就是皮皮，不去理她。就是我做我的，她在說，我就說：好哇！好哇！（臺語）基本上還是順她啦！至於有沒有不平？這是難免啦，但還是盡量順應啦。

問：老師您們現在還跟母親住在一起嗎？

答：是呀！每天她還是一直管。像剛才我們出門時，她也是在管我們。

問：那您母親蠻健康的。

答：對！她體魄還不錯。

問：我們非常敬佩您的妻子莊芳華女士，以一個都市人到鄉下，能夠適應，生活得這樣快樂。能否請您談談夫妻生活的相處之道？

答：我太太並非一直都很快樂，她難免也會有抱怨。結婚以來，她確實吃了很多苦，很辛苦。很難把細節都講清楚。農村社會嘛，瑣瑣碎碎的事情很多。以前的設備又不好，沒有現代化設備。一個主婦，又要照料整個家庭，又要上

班,還要照顧小孩,幫做農事,又要順應媽媽,這個實在是很辛苦啦。她都不想談了。她說:「你不要再跟我談以前的事情。」(笑)她真的是很辛苦啦,她都逐漸的適應下來。而我事實上也不是一個理想的丈夫。不過,我也是不斷的學習夫妻相處之道。不斷的學習、不斷的適應、不斷的成長。不是說一結婚,兩個人馬上就長大了。夫妻生活的相處還是要相互的學習。以我的經驗,最主要的是要相互的尊重。這尊重呢還有更重要的一點,就是相互的欣賞。這比較少人能做到,不過,這點是很重要的。就是欣賞對方的優點,而不要記她的缺點。

問:老師,我們就是看到〈期望〉那篇文章,所以才對師母更加的崇敬。

答:是!我對莊老師是發自內心的尊敬。不只是愛,更是尊敬。有了尊敬做基礎,愛才是完整的;沒有尊敬做基礎,那愛是不穩定的,不完美的。這一點,提供給你們參考。(笑)

問:在《農婦》及《不如相忘》書中,我們深深體會農民生活的艱辛。是不是農民的生活仍然必定要過得那麼辛苦,毫無選擇的餘地?

答:農民的問題很複雜,和整個農業政策、社會型態的演變,都有密不可分的關連。這不是三言兩語可以回答的,必須另闢專論來探討。

▲ 正在從事農作,一身農婦打扮的師母莊芳華。

問：可是老師,譬如現在市面上有水耕、有機蔬菜,農民是不是可以轉作這種類型的蔬菜,來改善生活。

答：因為這牽涉的問題很多,不是隨便就可以講的啦。也不是很單純的說,哦!農民生活很辛苦,或農民生活很好那麼簡單。這是一個問題牽連一個問題,涉及很多面。譬如像現在的蒜頭,它還牽涉到黑道、地方政治人物的介入、把持、商人的囤積等等,然後才要求進口怎麼樣。這個問題不是一般人想像的那麼單純。它背後都有很複雜的經濟運作,大部分都是商人和政策來左右啦!

問：在農村中有些觀念真的較落伍,如重男輕女、休閒觀的否定、教養子女的方式等,您的看法如何?

答：現在臺灣的農村社會問題當然很多啦。就是舊有好的價值觀迅速在解體。例如：勤儉啦、樸實啦、誠實、真誠等等,這些都迅速在解體,現代化的比較新的價值觀卻沒有建立。所以臺灣現在的農村會變成這樣子,就是文明社會的壞習氣一直帶進來,而傳統優良的美德又逐漸在消失,以致好的價值觀無法建立。例如環境汙染、公共道德、公眾利益,農民都不太懂。但是現代社會功利主義又不斷入侵,所以這是十分嚴重的問題。

問：以您教書多年的經驗,您認為現代青年對鄉土的認同感如何?應如何加強、改進?

答：我剛才講過,臺灣整體文史教育內容設計有大缺失,最

▲吳晟與文友宋澤萊、曾明財合照。

◀瘂弦及女兒鹿苹與吳晟、莊芳華合照。

嚴重的錯誤就是完全背離臺灣的現實，完全跟臺灣社會脫節。現行教材與臺灣社會無關，臺灣的歷史、地理、人文，少之又少。這樣臺灣的子弟當然就欠缺歷史情感。歷史情感沒有，當然臺灣文化的素養也沒有。因此大家所接受、所認知的只是臺灣很粗俗的一部分，多數人就把臺灣很粗俗的這部分，認定是臺灣的主要文化，或本土文化的代表，這是一種很大的扭曲。而真正臺灣本土文化的精神、內涵根本就沒有人知道，這樣反而變成一種扭曲，這樣更嚴重。甚至對我們臺灣本土的自然觀、對本土自然環境的認識都沒有，那麼當然就沒有強烈維護臺灣自然的那種心了。當然就很容易去破壞。所以，我想最最重要的，就是要建立臺灣本土立場的教育，就是本土的人文觀、自然觀和社會觀。以臺灣本土立場為準，才能加強現代青年對鄉土的認同感。

問：據宋澤萊先生說，您較欣賞自己的散文，而宋田水先生卻認為，您對散文的經營掉以輕心，藝術提煉不夠。您自己以為如何？

答：我對自己的作品，無論是詩或是散文，都還喜愛。但是也都覺得不夠滿意。總是希望能夠寫得更圓熟、更博大、更豐富、更深刻，能有更好的表現。這是對自我的期許啦。

問：那詩跟散文比較起來，老師是對什麼比較滿意呢？

答：其實我真正比較滿意的是我的詩啦。因為我真正花比較多

功夫的、最大心力的,也寫得用力的還是詩作。所以剛才我會講說這十年來我出了那四本散文書,我覺得真不甘願(臺語)。但是這些散文如果沒寫出來,我也會很遺憾。可是和詩比起來,我還是覺得比較偏愛詩啦。

問:最後仍要請問老師您未來的寫作方向?
答:我仍會多寫詩少寫散文。畢竟我的個性傾向,比較喜歡寫詩。而且我平常就有做札記的習慣,常將有靈感的三兩句記下,現在已經有足夠的題材可以寫詩,未來我是希望可以再出一些詩集,就這樣啦。

——《臺灣新文學》,秋冬季號,第6期(1996.11)

6
從吾鄉印象到再見吾鄉

許碧純

阿爸每日每日的上下班
有如自你們手中使勁拋出的陀螺
繞著你們轉呀轉
將阿爸激越的豪情
逐一轉為綿長而細密的柔情（第三段）

就像阿公和阿媽
為阿爸織就了一生
綿長而細密的呵護
孩子呀！阿爸也沒有任何怨言
只因這是生命中
最沉重
也是最甜蜜的負荷（第四段）

——〈負荷〉

這一篇名為〈負荷〉的詩，對那些自一九八〇年起就讀國中的

▲ 孩子是吳晟最甜蜜的負荷。

人,應該不陌生。我尤其記得那時在我的同學當中,對國文課本上這首意象清楚,明朗易懂的詩作,莫不朗朗上口,或背誦數句,並且,腦中同時浮現了一個疲憊、被生活重擔壓得喘不過氣,卻甘之如飴的父親的形象。在還體會不出什麼感覺、什麼情感才是「最沉重、也是最甜蜜的負荷」的年紀,它已被我們大大方方地引用在作文上。

而熟悉流行音樂或校園歌曲的人應該也還記得,八〇年代歌手羅大佑在錄製專輯〔家〕後,隨即開了一場告別演唱會,也告別了臺灣。當時,他在〔家〕中,以長達八分十四秒的音樂,吟哦了一首吳晟《吾鄉印象》系列詩中短短不過百來字的〈序說〉(註1):

　　古早古早的古早以前
　　吾鄉的人們
　　就懂得開始向上仰望
　　吾鄉的天空傳說就是一片
　　無所謂的陰天和無所謂的藍天

古早的古早的古早以前
自吾鄉左側綿延而近的山影
就是一大片潑墨畫
緊緊貼在吾鄉的人們的臉上

古早的古早的古早以前
世世代代的祖先，就在這片
長不出榮華富貴
長不出奇蹟的土地上
揮灑鹹鹹的汗水
繁衍他們那無所謂而認命的子孫

──〈序說〉

安安靜靜很大聲

　　遠在七〇年代初鄉土論戰鳴鼓之前，擁有實際農耕經驗的吳晟即先行發表了帶著濃厚的鄉土意識的詩作《吾鄉印象》。記錄農民的生活實況，刻畫數十年來在艱困環境中，地位卑微但不失尊嚴的農人，正直、勤勞，認命而知足的生活哲學。

　　二十多年來，教書、耕種、寫作是吳晟生活的全部，他的筆桿、他的鋤頭總是專注的對著他所關切的土地耕耘。

　　在現今臺灣社會亂象四起，每個人話講得越多越急，心也愈不安愈浮動，紛紛對外求取安定的力量之際，讓人特別想念這一位居住在濁水溪北畔沉默的詩人，同時也是一位踏實的農人：吳晟。

吳晟不屬於滔滔雄辯之才，他的聲調低沉和緩，言語間因思考過深，也顯見他的謹慎和沉穩，而他的詩作或散文雖有他一貫溫和內斂的批判精神，但有時亦讓批評者認為他的苦口婆心、委婉相勸，稍嫌客氣、含蓄，且力量不足。

但我記得一九九四年核四公投千里苦行的活動中，作家林雙不在面對各界的質疑：既不舉辦演講活動、也沒有隨隊播音，更鮮少有媒體報導，核四公投促進會安安靜靜從白天走到黃昏再到黑夜，從都市走到鄉村甚至到荒郊野外，這樣的堅持究竟能發揮多大作用，有多少人聽得見這麼發聲微弱的理念時，他以一篇〈安安靜靜很大聲〉的文章作為回應：「大聲是什麼？大聲是講話有道理，有人聽，能夠發揮影響，可以凝聚力量。那麼宣傳車高分貝的廣播就是大聲嗎？演講座談就是大聲嗎？發行量大的報紙就是大聲嗎？掌控電視臺就是大聲嗎？」他說：「會不會，安安靜靜反而很大聲？提供另一種運動方式就是提供另一種刺激，刺激有可能引起思考，思考有可能產生懷疑，懷疑有可能導致全新價值觀念的建立，這不也是一種力量的凝聚嗎？」

辯才無礙又行動力特強的他這樣對吳晟說：並非每個人都適合拋頭露面，總要有良心的作家，像你這樣沉住氣，守住寂寞，默默繼續文學創作，替時代留下見證。

當然，這不意味每個人都適宜或都應該回歸到鄉間，但每個人都必須有自己的位置，並稱職地扮演好自己的角色。而吳晟雋永動人的詩作，相信亦唯有在真誠、實在的生活觀裡才能創作出來。

於是，我們南下彰化到濁水溪畔去尋找這位從田野裡走出來的農人、詩人。

行前，電話裡吳晟熱誠的說他很願意談談土地，土地與自己的關

係,當然,還有鄉土文學。

一九九六年十月,我們坐在吳晟家中,翻閱剛從美國寄來設計高雅不俗的英文詩集,這是美國一位喜愛吳晟的詩的教授,主動挑選數十首詩,譯為英文,出版發行。詩集的第一首詩就是被譯為「long long⋯⋯」的〈序說〉。

出版了《泥土》、《飄搖裏》、《吾鄉印象》、《向孩子說》[註2],吳晟其實有很久的時間沒有再發表他為人稱頌極為出色的詩集。倒是散文有二本,分別是一九九二年的《無悔》及一九九四年底緬懷父親之作《不如相忘》。

詩人因何而停筆不得而知,但壓在這些英文詩集下,是一疊未定稿的新詩手稿,從後來的談話中猜測或許是諸如因 GATT 帶來對農民的衝擊,及農地萎縮、炒作、汙染等問題嚴重化所帶來的憂慮,讓安身立命在農村的詩人不堪負荷,無法沉默,又再提筆為詩罷!

對照二十年前的《吾鄉印象》,諷刺的是這些詩稿未來可能通通被收錄在一本已有書名的詩集:《再見吾鄉》中。土地改變了,因為人心變得更快。

「再見」意味著一種終結?還是一份期待?

後來,我問詩人。

濁水溪吾鄉鄉民的生命依歸

橫跨臺灣南投、彰化、雲林三縣,濁水溪是臺灣的第一長河,約一百七十八公里,整個流域四千多平方公里的面積,沿岸的居民大都務農為主。

吳晟生於彰化縣溪州鄉圳寮村，一個世代務農的家庭。溪州鄉位於濁水溪下游北岸，是著名的濁水米產地。據《彰化縣誌》記載，溪州原是東、西螺溪之間的浮洲，因東螺溪阻塞，時遭水患，居民於是築堤引溪水合匯於西螺溪，也就是目前的濁水溪。

　　大約自十七世紀起，遷移至此的居民辛勤開墾貧瘠的溪埔地，他們首先將大塊大塊的石頭一一撿起、搬走，種植花生、蕃薯等適宜砂質地的耐旱作物，再一邊堆肥，一邊繼續撿拾小石塊。大部分的時間，濁水溪的河床呈現乾涸的部分居多，但一做大水，原有的土堤抵擋不住強大的水勢，洶湧的水流挾帶著大量的淤泥砂土，覆蓋了整個河床，也淹沒了農人辛苦栽種的作物，農人在還來不及拭去汗水及淚水，就又投入了重新整地的工作，如此重複一代又一代，費盡心血人力和時間，荒蕪的土地才被改良為可種植水稻蔬菜的良田。

　　吳晟的〈溪埔良田〉一文寫道：「農民生活看似純樸平靜而安定，實則充滿了與颱風與豪雨與乾旱蟲害等天災搏鬥的辛苦，而且作為社會底層階級，一直被操縱、被支配、被榨取，毫無自主能力的生存方式，充滿了艱辛。」

　　每一回，只要有城市的友人或學生來訪，吳晟總是帶著他們走向田野，走上堤岸看看家鄉、也是臺灣第一大河域濁水溪，他說：如此來回走一趟，應該可以大致了解吾鄉鄉民的生命依歸。

強烈的農民性格

　　吳晟的母親長於農事，父親則在農會上班。他從小跟在母親身旁，看到母親因種田油然而生的喜悅。那些滴在田裡的汗水、因長期

彎腰而挺不直的腰桿引來的酸疼，似乎全自收成中得到了補償，化為滿足的笑容，「我媽媽對種田，很有成就感，很得意，她覺得自己種得比別人好。她常常說讀書的事我不懂，我只知道種田，各人盡各人的本分，種田人認真種田，讀書人認真讀書。」

老人家並且堅持不論時代怎麼改變，人必須勞動，勞動才有飯吃。吳晟說自己強烈的農民性格以及對自然、農業方面的喜好，大概就是在這樣的家庭環境裡培養而成的。

他還記得讀彰化中學住校時，每逢週末日，自己常跑回家下田幫忙，而雖然自十六歲就開始寫詩，高中時代也陸續在《文星》、《藍星》及《野風》等雜誌發表詩作，對文學創作頗為喜愛，他還是選擇就讀屏東農專。

吳晟說自己從小的農民性格，說自己後來的捨文就農，但他其實有著一段讓他不停悔恨的狂妄的年少。

國中一年級時，吳晟因接觸了《新生文藝》，自此瘋狂耽溺於文學世界中，無心課業，使得原本名列前茅的成績一落千丈，求學過程一波三折，中學換過五所學校，初中、高中接連沒有畢業，即使在他離家前往臺北補習，大部分時間他也都流連在牯嶺街舊書攤上，在詩人周夢蝶的書攤前。他用功讀詩集、做筆記、不停地寫詩。

這期間他的父親嚴厲斥責他，委婉規勸他，甚至痛心流眼淚。後來吳晟以同等學力考取農專的不久後，他的父親卻因車禍而去世。

父親的去世，是他悔恨的開始，愈來愈頻繁地，吳晟從記憶裡，在父親的眼淚中，不停地追悔自己，在〈詩緣〉一文中，他甚至寫著：「我的文學成績，即使多麼傑出，永遠無法彌補這麼大的抱憾。」

父親的去世也讓他初嚐到現實生活的壓力與苦澀。那時，他的家中

只剩母親一人,大哥在國外,二個姊姊出嫁。原有的債務,各項待繳的稅金及吳晟弟妹等人的學費、生活費,就全落在不識字的吳母身上。

每一次吳晟自學校回到家中,對著空盪盪的屋子,不禁想像母親每天就是這樣孤單一個人,帶個便當和茶壺,一大早下田,天黑才從田裡回來,面對空屋準備自己的晚餐⋯⋯他數度要求休學分擔家計,但都不獲母親的允准。

依賴土地的生活

畢業後,吳晟面臨二份工作的選擇,他掙扎在興趣與責任之間。當時,家鄉有一份教職等著他,而十分欣賞他的寫作才情的瘂弦,也推薦他到《幼獅文藝》擔任編輯,這份工作既符合吳晟的興趣,也能讓他的創作有發揮的機會,而且對方已通知他去報到。

幾經考慮後,他心裡已有明確答案,由於家中情況特殊,個性重情義的他告訴自己:不能再離開了。不過他仍然告訴當時他的女友莊芳華,並要她「做決定」。

莊芳華回想自己收到吳晟的來信:「他把他們家的情況通通告訴我,包括欠了人家多少債,還有他必須負擔弟妹的學費,而且農家工作忙碌⋯⋯如果我不怕,我們就結婚。」她告訴吳晟:「你決定就好。」吳晟沒有猶豫立刻

▶ 吳晟一家的全家福照。

說：「好，那我們就回鄉下。」

二人選擇了回鄉教書，與母親下田耕種的路，莊芳華從宜蘭的學校請調至溪州鄉的國中教書。結婚時，吳晟向親友借了一點金飾重新打造，回鄉教書的第一年，他們就面對家中貼滿法院封條的傢俱……。

對於從小在都市生活，極少做家事的莊芳華而言，隨著吳晟回到溪州，除了和他共同承擔起龐大債務外，最直接面對的問題是，加入一個傳統的農村家庭，適應她過往生活經驗中全然陌生的環境：鄉間房子簡陋而破舊，沒有電視、沒有浴室、煮飯得燒柴，連廁所都是茅坑式……。在教書之餘，她還得擔負起繁重的家事、教養孩子及擔挑供二十餘人食用的點心至田裡等等工作。

對吳晟來說，生活裡除了教書，就是接踵而來的犁田、育苗、插秧、除草、施肥、收割、曬穀、收稻草……。

農家的工作多如牛毛，農人沒有假日，更沒有寒暑假，吳晟的假日充滿了泥土味、糞味，而他的寒暑假，曾經在凌晨二、三點起床，將前日下午採收回來，連夜發動全家將菜葉莖分好裝成一籮筐一籮筐的蔬菜，運至果菜市場等待販仔開價的日子中度過，並在討價還價的買賣裡，從不習慣漸漸學得其中的要領竅門。

每晚他總要忙到十點多，待家人入睡後，才看書、寫作，直到深夜，然後隔天一大早起床到學校上課。

夫婦二人如此辛勤耕種，所得依然微薄，雖然各自擁有固定薪資，也並未減輕生活的壓力，他們靠著標會，舉債還債。為了增加收入來源，吳晟嘗試與人合夥開漁牧場，他養過豬，也養雞，但都因不景氣，使得投入的資金全泡湯，反而背負更鉅大的債務。

歌頌土地的文學

這段時間來自生活的真實體驗,吳晟以詩的方式在日記裡記下了他的感觸,他的思考與批判,並整理為數十首詩集結成《吾鄉印象》,分為泥土篇、植物篇和禽畜篇等系列。

這些帶著濃厚鄉土意識的詩,陳映真認為它顯示了,詩是可以描寫、和關心、和歌頌人和他動人的生活的。他評論「就整個臺灣新詩發展的歷史說,吳晟的詩,標誌著一個新的歷史時期⋯⋯從此,詩開始抒寫詩人真正的情感,開始關懷人和人的生活。」

吳晟回溯《吾鄉印象》的創作風格時,表示它的醞釀可從他讀農專時所寫的〈雨季〉一詩,而返鄉教書後,他才真正自故鄉、土地找到創作原點,他強調自己的創作來自實際的體驗,生活的感動。

《吾鄉印象》發表後,吳晟繼續專注且深入於他最關懷也最了解的題材。

他為二二八事件寫〈獸魂碑〉,為高雄事件寫〈紛爭〉。

他寫〈蕃藷地圖〉要孩子不要忘記先民開墾土地時,一步步走來的艱難辛苦:

阿爸從阿公粗糙的手中
就如阿公從阿祖
默默接下堅硬的鋤頭
鋤呀鋤!千鋤萬鋤
鋤上這一張蕃藷地圖
深厚的泥土中(第一段)

> 阿爸從阿公石造的肩膀
> 就如阿公從阿祖
> 默默接下堅韌的扁擔
> 挑呀挑！千挑萬挑
> 挑起這一張蕃藷地圖
> 所有的悲苦和榮耀（第二段）
>
> ——〈蕃藷地圖〉

寫〈過客〉、〈我忘了問起你〉、〈美國籍〉，問問他的朋友、他在美國取得博士取得綠卡的大哥，以及那些移民他國的臺灣人：

> 什麼時候
> 到了什麼地方
> 你們才是歸人
> 才不再是過客
>
> ——〈過客〉

> 我竟忘了問起你
> 你在多櫻花的島國
> 每一個夢中
> 怎樣拒絕樸實的家鄉和親人
>
> ——〈我忘了問起你〉

> 是的，我們都令你很失望

甚至令你感到羞恥
正如艱苦地養育我們長大的
這塊蕃薯土地
不能帶給你光榮和榮耀
因為我們不願親近
驕傲的 ABC
只願在自己的家鄉
默默地工作,勤奮地流汗(第三段)

聽說,你也入了美國籍
生活非常忙碌
你一定有不得已的苦衷吧
不知道,你可曾像母親這樣惦念你
惦念著逐漸衰老的母親
不知道,我們從小吃慣的
又好吃又便宜的蕃薯
可曾在你的記憶中出現
不知道,你在遙遠的異國
為誰而忙碌,為什麼而忙碌(第四段)

——〈美國籍〉

　　寫對妻子的思念,一首很美、質樸卻真摯的情詩:〈從未料想過〉。它是一九八〇年九月,吳晟以詩人身分接受美國愛荷華大學國際寫作計畫的邀請,在赴美約四個月裡所寫《愛荷華家書》中的一首詩:

又從夢見你的睡夢中醒來
睜著雙眼，繼續想你
床頭的小燈，竟這樣刺眼
悠悠忽忽地亮了一整夜
直到親情和鄉情
佔滿了我們的心胸
直到忙碌而恬靜的生活
平淡了功名
天涯作客的浪漫情懷
也曾在年少的時光
和你日夜編織

從未料想過
早已習慣了
在你佈置的溫柔燈光下入睡
又特別容易牽掛的中年
獨自遠離家鄉
夜夜，在客居的小房間
輾轉反側，換來消瘦

是為了學習詩藝而來嗎
最美好的詩
就寫在孩子們和你

紅潤的笑臉上
是為了尋找什麼夢想嗎
最可親的希望
就在我們的家鄉

又從夢見你的睡夢中醒來
睜著雙眼,繼續想你
不是漂泊,不是流放
只是短暫的遊歷
日子竟過得如此遲緩

──〈從未料想過〉

他也寫對亡父的懷念〈堤上〉:

父親牽著我的小手,在堤上散步
堤的左方,是吾鄉的稻田
堤的右方,是濁濁滾滾的水流
吾鄉人們的歲月那樣
閃閃流逝的水流

父親說:阿公也常在這種時候
放下握了一天的農具
牽著我的小手……
我頻頻追問:阿公在哪裡呢

父親茫然望著逐漸沉淪的夕陽
不說甚麼

我牽著兒子的小手,在堤上散步
堤的左方,是吾鄉的稻田
堤的右方,是濁濁滾滾的水流
吾鄉人們的歲月那樣
悶悶流逝的水流

我說:阿公也常在這種時候
放下握了一天的農具
牽著我的小手……
兒子頻頻追問:阿公在哪裡呢
我茫然望著逐漸沉淪的夕陽
不說甚麼

而今,再寫詩時,他寫的是工商文明入侵農村,帶來土地的炒作、汙染,寫的是再見吾鄉的憂心忡忡。

消逝中的家園

除了離鄉背井的學生時代,及受邀到愛荷華做訪問作家的數個月,吳晟在溪州鄉住了近半個世紀。

每天,他沿著河岸邊的鄉間道路,也是他父親生前必經的道路上

下班,因為他教書的溪州國中就在農會旁。

每天,他在這條路上紀念父親,也在這條路上憑弔家鄉的快速變遷、土地日漸消失、及傳統農村價值觀的崩潰。

「第一是勤勞,第二個是現在人已消失的誠實,加上負責及珍惜,這就是老一輩人優良的特質,也正是臺灣的精神。就像我們以前從來沒有聽過什麼是惡性倒閉,向別人借錢,即使傾家蕩產賣田地想盡辦法都會還。」吳晟感慨美好良善的傳統全沒承傳給下一代,連先民前輩為子孫開墾耕耘的良田,也都在這一代人手中敗光了家產,交給下一代的是殘破不堪的田園。

站在河堤上,廣闊的視野,雖然一眼就可以瞧見對比的景象,一邊是布滿石礫的乾涸河床,一邊是農人栽種綠油油的農田。但不等吳晟夫婦的說明,我們也看見了濁水溪河床上一部又一部的怪手,無視法令,對著土地的心臟伸出侵略的魔掌,那真是一幅突兀的畫面!

尤其就在我們打算到對岸,看看當年號稱遠東第一大橋的西螺大橋的路上,一部部橫衝直撞車速極快的砂石車,自我們車旁呼嘯而過,飛沙四起,揚起的塵埃附著在車窗上,也附著在植物、作物上,放眼看去,那是一個灰濛濛的世界。

沿途,我們也看見另一個怪異的現象,像三明治一樣,夾在兩座砂石「山」中是一塊農田,類似這樣的畫面不少。吳晟表示小時候他曾經跟著大人們一起撿拾田裡的大小石塊,如今他被迫看著自己這一代人反將砂石一車一車傾倒屯積在農地上,「以前我們是必須彎著腰,一塊一塊的石頭撿起來,要成就一塊良田,必須要花多少時間?要撿多久的石頭?」他接著說:「現在呢?砂石車要填農地太輕易了,那些想盡辦法侵略農地的人,從來沒有想到,這樣一填上去,就

永遠沒有機會再成為耕地。」

他尤其氣憤的是，日前發布的農地釋放政策，只是徒然圖利財團，造成農地萎縮。吳晟代替母親發出質疑：「你實在無從想像，田地的價值，並非為了耕作，而是用來炒作。」

「一旦農地萎縮終至消失，仰賴進口糧食的臺灣，是否就要任人宰割、從糧食安全的角度來看，我們可以忽視有朝一日可能出現的糧荒嗎？」

五十年來農業一直被當做經濟發展的犧牲者，早期剝削重點是農民，現在被剝削的則是農地，吳晟認為以往農民再辛苦，認命的他們總是抱著過得去的心態，即使餐餐蕃藷，他們仍然寄望於未來，如今侵害土地的行為無非是將他們的未來連根拔除，他說臺灣人民對土地情感的喪失，對農業的棄絕，將土地功利化、異質化，是臺灣農村面臨的最大隱憂，對於挽救土地，他也愈發顯得急切和焦慮：「政治生病了，我們可以治療，社會生病我們也有機會痊癒，但是土地一旦被破壞了，是永遠恢復不了的。」

不曉得有多少人聽見了吳晟一連串的喟嘆？還是，任由這位詩人對著家園徒呼負負，臺灣土地的困境依然回天乏術？就像沉痾已久的臺灣教育？

背離土地的教育

從事教學工作長達四分之一個世紀之久，吳晟對於臺灣教育只有八個字評語：「脫離現實、背離土地。」

「臺灣的社會，人民從來沒有作物、糧食的觀念，沒有土地教

育。甚至年輕一代已不知道他們每天所吃的食物是怎麼來的。連我教的學生，都不知道蕃藷怎麼種。」吳晟說：「而他們全是鄉下長大的孩子」。如果包括呼籲推廣本土教育的教育部長，都不知道臺灣的第一長河，吳晟的評語確是再中肯不過了。他有趣地引用母親一貫的訓誡：「你甭騙我那麼多，你沒關心，你若關心你就會曉，你就會想辦法去了解。」

是基於「脫離現實、背離土地」的體認，吳晟說這些年的教學，他只有盡力做彌補的工作。在他教的科目「生物」中，除了課本外，他設計了許多機會帶著學生親近土地、親近自然，教他們辨識各種植物、樹木，明白蕃藷、甘蔗、稻米等作物的耕種方式；了解濁水溪的歷史地理等鄉土教育，讓學生因了解而產生關懷，懂得愛護土地，也珍惜土地的資源。

對吳晟來說，教育工作從前是興趣，現在是責任，他對教育的制度、內容感到失望，不過他的熱情仍在，也不打算太早退休，他說：「我有種感覺，教這麼多年書，現在的我正成熟，我希望在我更成熟而還有力氣時，好好地教學生，我相信年輕一輩的老師，不一定有我這樣對土地、對作物、對自然的體驗與了解。」

恬淡的農耕歲月

二年前，吳晟將老家及農田留給因工作不順舉家回鄉的弟弟，他和妻子、兒女搬到附近的屋宅，除了寒暑假回老家幫忙外，他有更多的時間留給教學及寫作，不過他說：「退休之後還是要回去種田。」

當這句話同時出現在另一個時間、另一個地點的莊芳華的口中

時,我突然感性地想著這對從艱困中一路走來的夫妻的結局:他們也將一起度過恬淡的餘生,用他們堅實的情感,守著家鄉,守護土地。一如濁水溪,世世代代守護著依歸它的鄉民。

註1

〈序說〉一詩,羅大佑在〔家〕專輯中,直接名為〈吾鄉印象〉。歌詞為搭配旋律與詩略有差異。

原詩為:

古早古早的古早以前
吾鄉的人們
開始懂得向上仰頭
吾鄉的天空
就是那一副無所謂的模樣
無所謂的陰著或藍著

古早古早的古早以前
自吾鄉左側綿延而近的山影
就是一大幅
陰鬱的潑墨畫
緊聚貼在吾鄉人們的臉上

古早古早的古早以前
世世代代的祖先,就在這片
長不出榮華富貴
長不出奇蹟的土地上
揮灑鹹鹹的汗水
繁衍認命的子孫

註2

吳晟一九八〇年代尚出版散文集有:《農婦》、《店仔頭》。

——《新觀念》雜誌,第 97 期(1996.11)

7
吳晟——田埂上的詩人

莊紫蓉

莊紫蓉：您小時候在溪州生活，有很多特別的經驗吧？

吳　晟：每個人的成長一定和他的童年背景有很密切的關係。說到童年，其實也是有很多方面。第一方面，溪州是很偏僻的農村，我在這裡出生、長大，這一部分和一般的農村子弟沒什麼不同。我出生於半世紀以前的四○年代，那時候的生活，大家都差不多一樣——物質缺乏、要做很多事。我家是農村家庭，童年的生活和當時所有的農村子弟都一樣，有共同的經驗。這方面我沒什麼特別。

但是比較特別的就是我要講的第二方面。當時一般農村的人身體都不太好，而我母親身體卻很強壯，因此可以做很多的勞動。我父親是「吃頭路的」，日治時代當過警察、老師，戰後到公所、農會上班，總之都是吃頭路的。以前，吃頭路的是一種保障，一種穩定，一定比一般農村家庭在生活上更無慮。而且我父親很重視教育，因為他受過日本教育，知道教育水準對個人或是對整個民族都是很重要的。在這樣的情形

之下,我和一般的孩子不一樣,我吃得比較好,因為我母親強壯又很會經營。譬如一般來講,人家都吃蕃薯籤配菜脯,我們則一定有白飯,每天都有魚、肉、蛋。我能體會一般同學生活上的困苦,我常常會拿白飯去和人家換蕃薯籤飯吃。每天黃昏,端著飯和鄰居的孩子聚在一起吃,我就用自己的白飯換人家的蕃薯籤飯。我的理由是——我愛吃蕃薯籤。這是事實嗎?不錯,我也愛吃蕃薯籤,不過,其實我心裡想的是——他們都沒有白飯可以吃啊。在學校,我每天的便當裡面都有荷包蛋,大部分的同學都沒有,有些較

▼田埂上的詩人吳晟。

貧窮的同學，一個大大的便當裡面只有蕃薯籤和空心菜。那時的我只是小孩子也不是有什麼特別的想法，只是出於自然的同情，就會跟他說：「你有空心菜？給我一點，我喜歡吃。那，我的荷包蛋給你。」我常常會做這種事。其中有一個同學，跟我交換了幾次之後，一到午飯時間就找不到他。我想，可能其他的同學會笑他，而他自己也覺得不好意思。過去我們臺灣人很「古意」，再怎麼窮也不會想佔人家的便宜。很「認分」，我有蕃薯籤就吃蕃薯籤，有空心菜就吃空心菜，不會想別人的好東西。這是臺灣人的品質，窮得有尊嚴，不會忌妒別人。

莊紫蓉：您有一首詩〈野草〉裡面有「我們是驕傲的」、「我們是卑微的」這樣的詩句，是不是表現臺灣人窮得有尊嚴的精神？

吳　晟：嗯！雖然他很謙卑，不過在謙卑之中有自尊。從小我就體會到我們臺灣人有這種精神。譬如我家是開放式的，庭院寬廣乾淨，隨時都有一大群孩子在玩。我母親種的水果都是任意讓鄰居的孩子採摘，她如果到街上，常常會買一些炸果之類的吃食回去分給大家吃。而那些孩子，一方面愛吃，一方面很客氣。就是這種精神。

在物質生活上，我比起當時其他的孩子要好多了。做事方面，當然也要做，但是不像別人做得那麼多，有

的同學根本沒辦法讀書。在這種情況之下，我每年都拿第一名，演講、作文、畫圖等等，除了體育之外，每一項都是第一名。那時我參加演講比賽，得過全縣前幾名。我當老師之後，演講比賽也得過全國第三名。雖然小學時我各方面的成績都很好，但是我父親常常提醒我，並不是我真的比人家聰明，是我的機會較好而已。因為父親經常的提醒，使我不至於過於驕狂。

莊紫蓉：我覺得您小時候的經驗對您的成長很重要。您各方面的表現那麼好，可能讓您很有信心。

吳　晟：講到信心，這也是很難講的。其實，我是沒有信心的。我的經驗算是很特別，很多地方很有傳奇性。從小我就經常挨打，而且往往是很嚴重的責打。為什麼這樣？很重要的一點是，那個大環境、那個時代的教育方式就是打，父母打、老師也打，所以幾乎每個小孩子都免不了挨打，這是很普遍的現象。不過，我尤其被打得厲害，原因之一是，我父親受過日本教育，有那種「玉不琢不成器」的觀念，身為當地仕紳，孩子又都很會讀書——我哥哥、姊姊都是縣長獎，所以每個新學期換了一位新老師，他就到學校拜訪老師，請老師特別嚴加管教。原因之二是，我比較「九怪」。

現在我回想起來，所謂的「九怪」，是我喜歡當老大，好打抱不平。譬如看不慣大欺小而出手，或是當

班長而有強勢作風,甚至常常和老師頂撞。有時候我認為老師不對,就會抗議。例如三年級時,老師處罰男生沒有罰女生,當場我就說:「老師愛女生,老師偏心。」以前的老師哪能容許學生這樣?一頓打當然免不了。四年級時的老師對我很好,訓練我演講比賽。不過她剛從師範學校畢業,才十八歲,算起來還是個大孩子,好勝心強,班上的成績都是全校第一。有一次被誤會我們班上的成績都是作弊來的,她就把我們幾個成績較好的趕出去不讓我們上課,要我們去把那個說我們作弊的人找來。那人不肯來,我就去向校長投訴。類似這樣的事情很多,不勝枚舉。

還有一件非常特殊的事情,相信很少人有這樣的經驗。我五年級時碰到彰化縣縣長選舉,國民黨的陳錫卿和黨外的石錫勳兩人競選。學校老師教我們唱一首歌:「地方自治,初初實施⋯⋯」

莊紫蓉:是蔡培火作詞的那首歌嗎?

吳　晟:是,但是詞改為:「⋯⋯,縣長由咱來選舉。⋯⋯陳錫卿,百項能!」老師教我們唱,要我們放學時沿路唱回家。我心裡感覺這樣很不公平,我就改唱「陳錫卿,腹肚硬硬」。至於石錫勳,我記得他的宣傳車播送的都很激昂。我就向一些較有錢的同學,一個人募來一角錢去買鞭炮,等石錫勳的宣傳車來了,我們一群同學就衝出去放鞭炮,宣傳車上的人就喊:「囝仔

兄,真多謝!回去要跟你們家的大人講。」這樣平衡一下,我就覺得很高興。

在學校,有時中午老師要出去吃飯應酬,就交代身為班長的我要管好秩序,說他會慢一點回來。等到老師臉紅紅的回來後,發現全班亂糟糟的,就發脾氣說我為什麼沒管好。我回答說:「你都管不好了。」老師一聽,一巴掌就打下來,兩邊的臉頰紅腫得像紅龜粿。

回到家裡,父親發現我在學校被老師打,又打一次。以前我父母打孩子的方式很多種,用籐條、打巴掌都是很普遍的。還有一種是綁在柱子打,我母親經常這樣打我,我兒子也被我母親這樣打過。我母親身子肥胖跑不動,都是先把孩子叫過來,冷不防一把抓住綁在柱子上,一邊教訓一邊打,然後她繼續去做事。等一下又回來打。被綁在柱子上,最苦的是全身被蚊子叮咬。最近和兒子回憶這經驗,覺得很特別,有些好玩。

我經常挨打,除了因為自己比較「九怪」以外,有時候也因為欺負人家。所以,這種種情形之下,雖然小學時我都保持第一名,都當班長、大隊長。但是由於父母的要求和觀念、老師的教育方式,我挨打的次數特別多。不過,小時候我雖然挨了這麼多的打,但是我從來不會懷恨。老師們都對我很好,而我父親和我最要好,常常騎鐵馬載我,兩人一路談話聊天。該打的時候還是打,打完了仍然親密地聊天。

莊紫蓉：您有感受到責打背後的愛，所以您不會懷恨。可能是這樣吧？

吳　晟：嗯！我知道他們不是討厭我。這是那個時代普遍的管教方式，父母親非常嚴格的人格要求。

莊紫蓉：您剛才談到您小時候經常是因為「九怪」而挨打。譬如說您跟老師頂嘴，您應該知道後果，可是還是會這樣做……。

吳　晟：那都是雄雄舉起來（一下子發作出來）的，沒有想那麼多。出社會後我參與民主運動、政治運動、社會運動，其實就是從小這種打抱不平的個性使然。一個人的個性怎麼形成的我不知道，但是可以影響到他以後的行事。譬如我小時候會替石錫勳放鞭炮，就是覺得不公平，為什麼我們替一個候選人唱歌而不理另一個？當時我是不知道什麼黨，只知道這是一個不公平的競爭，所以會靠往弱勢的這一邊。後來我替黨外的助講，幫忙寫文宣，所有彰化縣從黨外到民進黨人士的選舉，大部分我都會幫忙。這種心情就是一種社會正義，是我從小個性的發展。

講回到我小時候經常挨打的影響，分成二部分。第一部分是，我本來的個性受到了壓抑。譬如說我從小就很大方，但是被打得變成很彆扭。《無悔》裡面有一篇〈病情〉寫我在八〇年代時，有一段時間，每次要演講就腳底發冷，面色發白，流冷汗，有時講到一半

就暈倒了。其實我從小就很會演講的,但是那時卻發生這樣的狀況。要演講的前一天,我就睡不著。當然生理問題也有,我本來就有這樣的毛病,好好的忽然發作,天旋地轉,要躺好幾天,什麼時候要發作也不曉得。不過,演講時經常發生這種狀況,不只是生理的因素,也是個性上的壓抑造成的。我原來的個性就像我在〈無悔〉裡寫的,高中時看到警察打一個小孩,我不自量力地上前去打抱不平,結果挨了警察一頓打。事後我馬上去找張健老師,他是個讀書人,也不知道怎麼辦,而且那個時代也沒辦法怎麼樣。這是我的本性。這樣的本性被壓住,但是三不五時又會發出來。個性上的壓抑,讓我有時候很彆扭,有時候老大——照顧人、疼惜人——的性格又會跑出來。

第二部分是,我變成很愛看書。到底我天生愛看書,或是經常被打才變成愛看書,我也不知道。壓抑的結果,原本很大方愛講話的個性,變成很孤獨,某些時候默默地不講話。那時我看了不少書,像《森林打獵記》、《森林之王》等等大自然、原野之類的書,我特別感興趣。我初中時最愛看的電影有兩種,一種是美國西部片,有一大片原野。對大自然的喜愛,跟我後來就讀畜牧也有關係。另一種是除暴安良、有俠義精神的電影,這可能是我個性的投射。

總之,我童年時代的大環境較為貧窮匱乏,不過,我家的經濟狀況較好,使得我有較好的機會,因而在學

校的成績很好。但是又因為我的個性強而經常挨打，本來的個性受到壓抑，轉而養成愛看書的習慣。

莊紫蓉：您父親是受日本教育的，他對您管教嚴格，不知道和所謂的日本精神有關係嗎？

吳　晟：我是不很清楚什麼是日本精神。我父親接受日本教育，之後又在公家機關工作，當然一定會受到日本教育或日本文化思維的影響。以做人來講，那個時代的序大人都是中規中矩，是非分得很清楚，當然有一些是非不一定是對的，但是不管如何，他們分得很清楚。所以他就根據他的認知去做。

莊紫蓉：您從小就愛打抱不平，那是否也就是作家的個性？

吳　晟：不一定，因為作家有很多種，不一定作家在個性上都有這種傾向。

莊紫蓉：基本上，作家會站在正義的一邊，為弱勢抱不平，或是較有批判性格。是不是這樣？

吳　晟：這也要看個性，不必然每個作家都這樣，我們看到的就有很多不同的典型。講白一點，每個時代依附權勢的也很多，畏畏縮縮的也有，有的較明顯，有的較不明顯。譬如以我來講，說是天生愛打抱不平，喜歡替人家出頭。但是，我也有沒表現出來的部分，也就是說還是有隱藏，沒有完全表現。相對的，有些作家

可能社會正義的部分較少，私利私心的部分較多。投機、私心的性格，每個人都有，並不是一個社會正義的作家，他的性格裡面就通通是社會正義。因為人是很複雜的，我們只能說他社會正義的部分較強；或是私心的部分較強。譬如說，我社會正義、社會關懷方面很強，我的文學裡面，社會議題占大部分。而我個人的心情、戀愛情事，很少去寫。我寫我的母親、妻子、孩子，其實都和整個社會相關連。社會關懷是我的大部分，不過，我也有私心、懦弱，那是我的小部分。而有些作家是私心的部分更強。我們社會，尤其大約十年前，畏縮，為自己考量的部分較強的作家很多，但是我們不能因為這樣就說他都沒有社會關懷、沒有社會正義，只不過是他這一部分退縮了。有人縮得多，有人縮得少；有人表現得多，有人表現得少，不能決然地說某人是社會正義，某人是依附權勢。我認為今天的臺灣文學研究者，不能這樣地來劃分。因為每個人都有很多面，我們自己也一樣，畏縮、懦弱、投機、虛榮的一面，一定都有，差別只是在於這些部分所占的比例是否掩蓋過社會正義；或是社會正義掩蓋過這些部分。是比例上的問題。

莊紫蓉：吳濁流說過「拍馬屁的文學不是文學」，您如何解讀這句話？

吳　晟：我認為拍馬屁應該解讀作「不真誠的」。拍馬屁是拍

▶ 關心鄉土和社會正義是吳晟一貫的堅持。

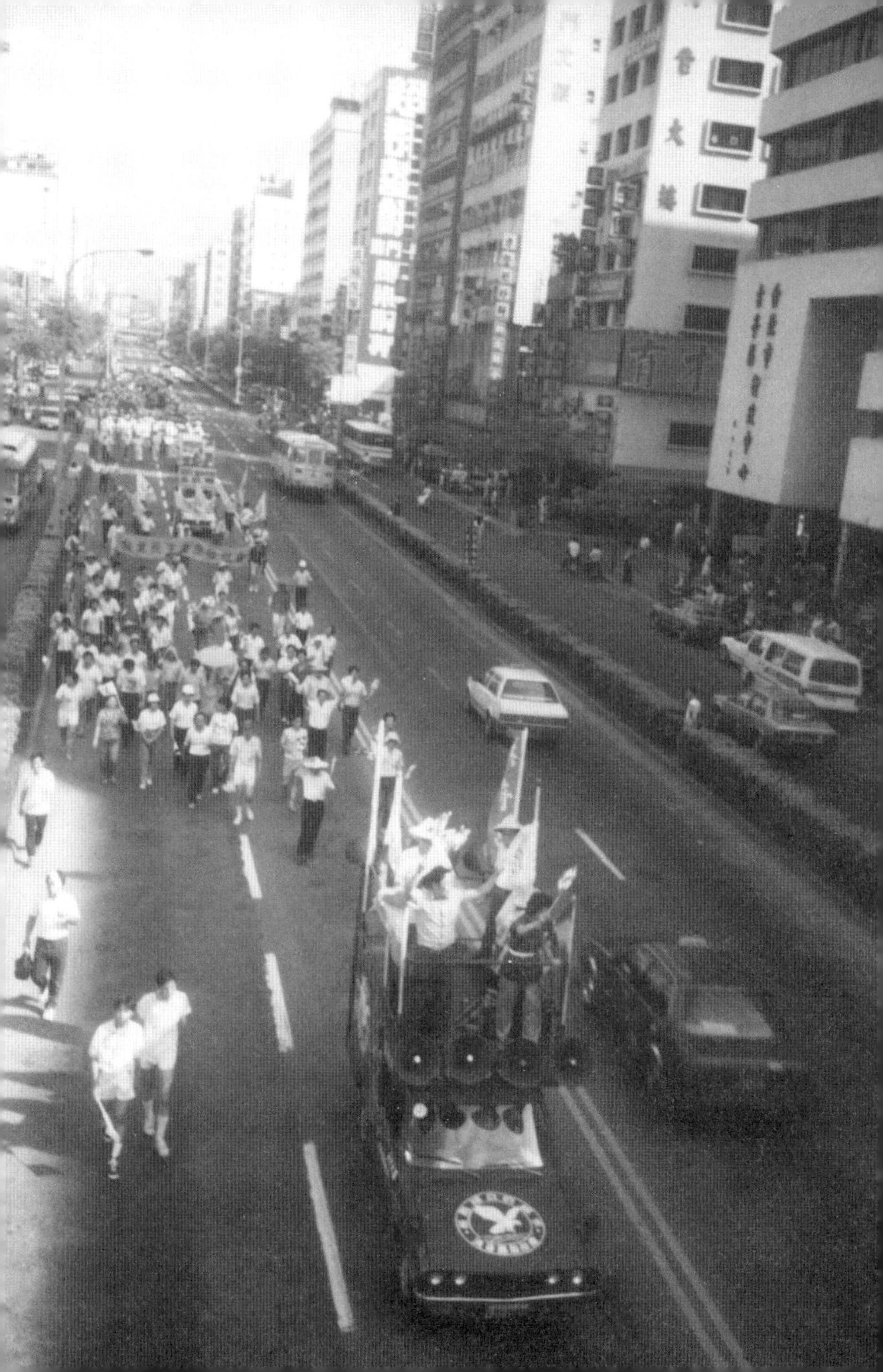

誰的馬屁？我認為是善良的,我去歌頌它,這也是拍馬屁。拍馬屁的意思是讚美、講好話。如果說是諂媚,也是要看是向誰諂媚。所以我們的思考應該活潑一點,不要只限定在一個方向的思考。譬如我們不要把前輩作家神化了,並不是每個前輩作家都很完美,一定也有畏縮、怯懦、投機、虛榮等等性格。吳濁流本身有他了不起的建樹和貢獻,這是無可否認的。但是在他的文學過程當中,也必須靠一些隱藏、迴避等等才得以生存。這些尚有爭議,我們不談。我要強調的是,每個作家都有各種個性上的比例。

至於吳濁流說拍馬屁的不是文學,因為這種講法大家都知道他的意思是指去諂媚當政者,當然就不對了。讚美不等於諂媚,所以,諂媚,無論如何都是不對的。但是,如果把他當作讚美,那就不一定了。讚美什麼,意思也就不一樣。我是把吳濁流這句話解讀為「不真誠的文學不是文學」。

莊紫蓉:可以請您談談愛情方面的經驗或是看法嗎?

吳　晟:有關戀愛,我童年時有滿特別的經驗。這一部分我從來沒有講過,也沒寫過。我童年的故事滿多的,也滿奇特的,所以我打算明年寫一本童年回憶。現在你問起了,我就來談談。我國小四年級時就有一個女生寫信給我,信的內容大約是「想跟你做朋友」之類的。那時我就會寫所謂的情書了。後來她們家搬走了,通

信了一段時日；六年級時又跟另一個女生交往。在這方面，跟一般鄉下孩子比起來，我算是有滿特別的經驗。臺大法律系教授黃宗樂是我學長，他常常說我國小時就很會談戀愛。其實就是寫寫信啦，這樣而已。

莊紫蓉：您國小時就跟女同學有書信往來，家長或老師知道嗎？他們有什麼反應？

吳　晟：這是很有趣的。我舉兩個例子，一個是我國小四年級的老師，她是太認真的老師，非常好勝，什麼都要求第一，因為她自己本身非常優秀，是全國演講比賽第一名，所以她教我時也是要求非常嚴格。她那時候才十八歲左右，有一次上課時發現我在寫信，她就說：「不要臉，又在寫情書了。」現在想想真是很好笑。

另一個是我父親的反應。以前我們寫信都會把信折成一個小方塊，每次我看完信之後，照樣折起來，用手巾把一疊信包起來放在褲袋裡。有一天早上，我換褲子時把那一包信拿出來放在桌上卻忘記放進新換的褲子的口袋裡面，等我到了學校才發現那包信不在褲袋裡，趕緊向人家借了鐵馬騎回家，卻找不到那包信了。我知道被我父親拿去了。隔兩天之後，我父親把那些信拿給我，問我：「這女孩子是誰？」我告訴他了，他說：「嗯！寫得不錯。」這事就這樣過去了，也沒怎樣。因為我父親知道都是小孩子，沒什麼，而我讀書都是第一名，也沒有影響功課。我父親和老師

的反應不同。

我這種事,當時大家都知道,也沒什麼。以前的孩子連牽手都沒有。就是寫寫信。

莊紫蓉:您可能比較早熟。

吳　晟:算起來是早熟。不過,應該說是那女生早熟,是她先寫信給我的。

莊紫蓉:那時候您的心情如何?

吳　晟:沒什麼啦。剛開始時有點不好意思。後來好像也沒有什麼特別的心情,不過難免會對這個女生比較注意,對她比較好,彼此會互送東西。譬如她父親是警察,有很漂亮的十行紙,紙質很韌,可以拿來做踢鍵子,她會拿來送我。

長大後,我們還有機會聯繫,但距離慢慢拉開了。雖然她還有意思來往,但是我的感覺已經不一樣了,不能合得來了。

莊紫蓉:沒有那種感覺了。

吳　晟:嗯!國小、初中、高中,有幾位有過來往的,都是這種狀況。那是年輕時的過程,我認識莊芳華以後才比較固定,過去小孩子時代的事就淡忘了。

莊紫蓉:從國小到高中,每個階段都有……?

吳　　晟：嘿嘿嘿！（帶點不好意思的笑）都有認識的。

莊紫蓉：雖然不一定有很深的交往，但是那種感覺有時候會留存在心裡面。不是這樣嗎？

吳　　晟：是有一些，但不會特別怎麼樣。因為接下來每個人有各自的際遇，各人過自己的生活。這方面我比較特別，我是屬於家庭生活的人，我每天都是歸人，是那種所謂的「愛家的男人」。所以，很自然的，我的家庭是我生活當中很大的部分。至於其他那些，我認為是年輕時候的故事，過去就過去了。現在想起來，也沒什麼不好，但是也不會特別去懷念。其實，是很坦蕩，把她當作一個曾經有過的還不錯的朋友。

日前我到臺北演講，有人問我接下來要寫什麼。我說有可能會寫一本情詩。大家就很好奇地問我對象是誰。我說：「要寫我太太啦！」他們聽了就覺得沒什麼趣味。所以，這方面我是比較單純，我盡量避免複雜化。簡單說，是很保守的農村的，可以說是農民性格。

接下來我想談的是我的農民性格。因為我的農民性格很重，我很固定不愛變動，我愛做稿，我愛土地，我愛農作物，我愛田、我愛家、我愛太太，都是固定的，不會說有了太太還想怎麼樣。

現在大家很喜歡旅遊，我跟芳華說，每天我們都到自己的田園旅遊。這個觀念很不錯呢。旅遊，就是在認知、欣賞。而田地每天都不一樣，都在變化，其實，

我每天都在我自己的田地旅遊。對太太也一樣,我每天都在跟她談戀愛,每個階段都有不同的情境。

我的農民性格,喜歡固定。固定不等於偏狹。一般人總認為固定就比較偏狹。其實是不一定的。走遍天下走馬看花又怎樣?對任何地方都沒有深入的了解,沒有情感。而我每天都在這個地方,我有我的情感,我對它的了解絕對不是來這裡晃一晃的人所能比的。同樣的,戀愛也是一樣,我的戀愛對象只有一個,我有每個階段不同的感受和體會。有人很多戀愛對象,可是沒有那個階段,他的體驗就不如我的深沉。不說深不深沉,起碼可以說這兩種體驗是不同的。因此,只能說體驗不同,不能說我的體驗比較偏狹。

很多人一說到寫農村寫土地,就認為偏狹,好像要走遍天下才開闊。我對這種看法很不以為然。走遍天下而都沒有深入的了解,那又怎樣?我對自己的家鄉一直參與其中,我看著它每個階段不同的變化。臺灣的農村,土地的改變,人民價值觀的改變,我都在其中,我對這方面很熟,我的感情完全投入。有這樣的體驗,我可以對臺灣農村有深入的描寫。

我的農民性格,會讓一般人解釋為偏狹、格局小。其實我覺得不能這樣講,頂多只能說不同,而不能說誰比誰偏狹。你寫紐約我寫溪州,你的紐約就比我的溪州廣闊嗎?廣闊與否是看胸襟,是我的胸懷而不是我的所在地。任何人的所在地都一樣,你在臺北市,你

的所在地就是臺北市,你不可能寫我的農村,那麼我也可以說你偏狹,臺灣住那麼久,不知道臺灣的農村,你怎麼那麼偏狹?我也可以這麼講。這是一樣的道理,你寫你的臺北,寫你的眷村,我不會說你偏狹。可是為什麼你寫眷村就不偏狹,我寫農村就偏狹呢?你的臺北市就是廣闊的,我的彰化就是偏狹的?這是簡單一想就清楚的道理。可是為什麼會變成大家很自然的講法。

▼田埂上的詩人吳晟。

莊紫蓉：可能是因為沒有去深思，一般人都是依照既定的想法……。

吳　晟：對！你不能說我的生活體驗就是偏狹，你的生活體驗就是有國際觀。但是你們這些有國際觀、世界觀的作家，有可能寫出臺灣農村嗎？你們不可能寫也不肯寫臺灣農村，我來寫，是因為我有這些體驗，我的生活背景就是這樣。你只能說我寫得好或不好，而不能說我寫農村就是偏狹。如果我不寫臺灣農村的詩，誰要寫？到目前為止，可以說我是寫得最多、最完整的。

事實上，文學是根據各人的生活經驗、環境、文化背景，發展各人獨特的風格。我有我的背景，有我的經驗、文化背景，總合起來，然後我發展我的獨特性。文學創作，一定是先在地的，才能發展成所謂世界的。因為每個人都有立足點，不管你的立足點是紐約、臺北或是溪州，這些立足點是不分大小的，都是立足點。任何一個文學家都是從他的立足點發展出來的。

莊紫蓉：您的詩，尤其是早期，常常會流露出一種孤獨感……。

吳　晟：我想，孤獨感是共同的經驗，以我所知，每個人都有很大的成分是孤獨的。不管夫妻或是父子感情多好，每個人是個別的生命體，有很大的部分是獨立的。這個獨立的部分也就是孤獨的。孤獨是生命的本質很重要的部分。這都是共通的。差別只在於，有人一直書寫他的孤獨。我算是寫得比較少的，可能我下一本詩

集會寫得多一些，因為比較老了，我會多寫一些生命本質的問題。我年輕時寫了很多孤獨方面的作品，可能那時候對社會上的事情沒有那麼了解。對社會事實了解越多，我的社會議題的詩就寫得越多，個人生命本質的就寫得少。社會議題的詩寫得多，就變成所謂的社會關懷。

其實，我們每個人都有很多面，只是你強化了哪一面，或者哪一面的比例比較大。我們生命中的孤獨、寂寞、悲傷都隱藏起來，在日常生活中將這些感情內化了，放在心裡深處。譬如說雖然你母親已經過世十年了，你還是常常會去觸動，但是平常你不去想它，不去面對。我們的孤獨、悲傷都隱藏在心裡面，有人少寫社會議題，就會去寫這些。這是生命本質的東西，也沒什麼不對。像我，社會議題寫得差不多了，接下來想寫一些我對生命的體驗，比較屬於內化的東西。例如〈雪景〉這首詩，天地間的孤獨凝聚而成，事實上我們常常會有「天地之悠悠」那種感覺。這是很自然的感覺，差別只在於你有沒有用心去表現，表現出多少來。

莊紫蓉：您《不如相忘》前面的幾篇以聲音為題的短文，是不是在探討生命的問題？

吳　晟：這是我年輕時所寫的散文的一部分。收在《不如相忘》的聲音小輯，我很喜歡，那是我年少的階段開

始探觸生命的作品。我年輕時也寫了很多散文,在這本書裡收錄這幾篇,其中一個意義,就是留下這個紀錄,在我的發展過程裡,並不是一開始就寫鄉土,其實也寫過很多這種所謂優美的文體,辭句很美,很有意象。第二個意義是,這些作品本身所表現的是我年輕時對生命的探觸。第三是,那些也有一點小傳的意思,譬如〈蟬聲〉寫我以前讀書時的情形,〈流浪的聲音〉寫出年輕時對流浪的追求。這些是較屬於對生命本質的探求。

莊紫蓉:很多人都會去探討生命的意義。對人生的看法,有人樂觀有人悲觀,或是其他種種不同的態度。從年輕時候到現在,您追求、探觸生命的過程,每個階段有什麼不同?

吳　晟:這是個大問題。其實我們剛才的談話已經有講到了。每個階段對生命的體會其實都差不多,也不能截然劃分,無法很具體地說明。事實上也是比例大小的問題。譬如說我高中的時候,改革社會的熱情幾乎佔滿了我生命的全部比例,那是我生命的動力,整個心思都是俠義精神。我高中時就被調查局詢問,大一時國家安全局來我家搜查。因為那時候社會議題佔了我生命的大部分,所以我不太會顧忌什麼。年紀漸大,開始對環境關注。回來教書、種田以後,對農村、土地、生態的議題特別關心。譬如我十幾年前寫的〈苦

笑〉這首詩——大家欣賞稻穗讚嘆說:「好美!」而稻穗卻在苦笑:「我吃農藥吃得好苦,你們卻說我好美。」一九七〇年代,我寫了很多植物,〈木麻黃〉是很典型的一首「我們是越來越瘦、越來越稀少的木麻黃」,那時我已經感覺到臺灣的環境一直在改變。七〇年代,臺灣的環境還沒有被破壞得這麼厲害,但是我已經感覺到農村的路樹一直減少。我關心的層面就放在這裡,我的心思大部分放在這裡。一直到現在,我對土地、植物、綠地等還是特別關心,甚至痛心。譬如我寫〈憂傷西海岸〉,整個海邊的木麻黃都被砍光了。有關山林、河川、土石流等等的作品,我也寫很多——「河川是你的血脈,山林是你的骨骼」,寫出了我的急切。一九八〇年的〈制止他們〉,明顯地表現出我的著急,呼籲要趕快制止他們對環境的破壞。

講起來,我整個生命裡面,對社會關懷過度急切。我相信很少作家像我這樣不時都在為這些事情操煩。這是因為我的生長環境,我每天看著它的變化,而所看到的都是不好的改變,心裡就很焦急,寫出來的作品就沒辦法很優雅。可悲的是,就像〈寫詩的最大悲哀〉裡說的,即使心頭淌血,也要壓縮再壓縮,為了完成作品,必須忍住。如果我太急切,人家會批評說:藝術不能太急切啊。但是,急切難道不能是藝術的一種嗎?優雅瀟灑才是藝術嗎?這是一個重要的思

辨。我沒有說你的雲淡風輕不是藝術,可是你不能說我的土地我的焦灼急切就不是藝術。不能說看不懂的才是藝術,清楚明白的就不是藝術。只能說是風格不同而已。

這些是目前臺灣文學觀點很重要的思辨。

莊紫蓉：講到文學美學的問題,我覺得很困難。以詩來講,什麼樣的詩藝術性比較高?我不了解。我讀詩只會覺得受到感動,其他的語言文字問題或是美學理論等等,就很難再進一步去分析了。您寫詩這麼久,對詩的美學方面有什麼看法?

吳　晟：簡單一點說,我覺得感動是第一個條件。有的詩一讀就會受到感動,有的是開始讀的時候沒有感覺,越讀越有感受越感動。至於實在看不懂的詩,那就沒辦法了。還有一種詩是有趣味性,那也不錯。什麼是好詩?每個時代有不同的標準。經過一段長時間,大家共同認為比較好的就會留存下來,文學的過程就是這樣。不過,臺灣的文學問題非常複雜,不是簡單幾句話可以解釋的,好壞的評斷不是純粹從作品本身來看,往往牽連到意識形態、時代背景,文學團體,文學的認知等等問題。譬如十年前沒有幾個人會講賴和,十年後的今天,不知道賴和會被人家笑。所以,對文學的理解或是文學的價值,有時候會隨著時代的變遷而改變。甚至感情的寄託等等其他個人的因素也

會影響對一篇作品的判斷,是很複雜的。因為時代越接近,越多那種非文學本質的因素,例如派別、屬性,都會影響對文學價值的判斷。不可諱言,臺灣到目前為止,難免較容易注意到和自己同個文學團體的作家。或者社會上整個文化的導向,流行的就比較容易被注意到。所以,越近距離對文學價值觀的判斷越不單純,越容易牽涉到非文學本質的因素。

莊紫蓉:這樣講起來,每年都有文學獎,評審時是不是也會牽涉到這些非文學的因素?
吳　晟:是啊!以文學獎評審來講,評審之間的看法往往有很大的差異。甲評審認為很好的一篇作品,可能乙評審認為很差。所以選出來的作品不一定就是最好的,這都需要再經過時間的篩選。

莊紫蓉:也有可能很多好作品被埋沒了。
吳　晟:有可能。好作家好作品被埋沒掉,這絕對是有可能的。人家都說,時間會證明一切,真理在時間的一邊。事實上,世間事是很複雜的,是非不一定那麼清楚,並不是好的就一定會留下來,或者一定就會有更多的讀者,還要看機緣等等複雜的因素。
　　講這些我沒什麼興趣,因為我是個寫作者,最關心的只有一樣,就是怎樣寫出更好的作品。至於有沒有受到肯定、聲名夠不夠等等,在意這些事情是很累的。

一個創作者最重要的就是面對自己的作品，好好去做自己認為最好的表現。至於聲名多大、能不能流傳、有沒有得獎，都不在考慮之列了。我本來就不重視這些，現在越覺得那些不重要。我還是喜歡回到文學本題，更重要的是，希望寫出好作品。至於往後能不能流傳，或者能得到多少聲名，那對我的生活並沒有多少影響，稿費很有限，名聲也是如此而已，我每天去田裡還更快樂。但是，你說我完全不在意那些，也不盡然。不過我會把大部分的心思放在田裡、作品，以及身邊的人。

莊紫蓉：一個作家想要寫，想寫得更好，這是發自內心的衝力。不過，寫出來還是希望有人欣賞吧？

吳　晟：對啦！對啦！你講到我的重點了。實際上到現在有時候我還會想要出名，重點就是希望更多人能讀我的作品。我希望我所傳達的這些東西，有更多人來關心，譬如〈憂傷西海岸〉，希望大家關心海岸的問題，從我的作品裡面得到感動。親情的描寫是希望大家多關心親人。當然這是比較淺顯的一面，我在藝術上的追求是另外一面。我自己也有檢討，一本書所能獲得的版稅和稿費都很少，我不是靠寫作維生的，寫作不是為了利，這是沒話講的。至於名，希求聲名就是希望作品有更多人看，得到更多的回應與共鳴。我很希望我的書有人盜印，像善書一樣──敬請翻印，廣為流

傳。這是很單純的想法。

莊紫蓉：除了詩和散文以外，您嘗試過其他的文體嗎？
吳　晟：我年輕時寫過小說，還有評論，包括影評，因為以前我很喜歡看電影。以前看電影時都有說明書（本事），我會把其中的好句子記下來。不過，主要的還是詩和散文這兩個文體。我覺得一個文體能夠寫好就很不錯了。我不是專業作家，像我這樣兩種文體的產量都差不多，也不簡單了。

莊紫蓉：我看您的作品，覺得您對土地的感情很深，譬如〈秋收之後〉寫秋收之後的稻田「太累了──懶懶的躺著」。站在稻田的立場替稻田說出它的感覺。我覺得這很特別。
吳　晟：你提起這點，我很高興。這又要說到我的農民性格。我看到土地，就會想到種作。我母親也是這樣，有時候出外坐火車經過稻田，一路上她所注意的都是作物，整個心思都在那上面。我一直都認為土地不能隨便毀棄，我親身參與過土質改良的階段。過去很多農地都是溪埔地，必須撿拾石頭，上堆肥。後來砂石車載來砂石，一下子就把這些經過幾代人的辛苦經營出來的農地毀了。我寫的〈土地公〉就寫這個景象，土地公發現那些砂石就是阿公阿祖他們撿拾起來的石頭啊，每一粒石頭都有我們祖先的血汗。只有像我親身

經歷的,才能有這樣的體驗和感情。這不是光憑想像就可以的。

一般人講到土地,會想到一坪多少錢,這是經濟觀念。我不是這樣,看到土地,想到的是要種什麼。現在的人很輕易地就把土地用水泥築起來,這一來土地就死了。土地會吸收水分,會有作物成長,是有生命的。我看到的土地是有很豐沛的生命力。我一直覺得這樣的土地才是土地。現代人都把土地物化、商品化了,看到一塊地就想要蓋什麼。當然,我並不是說我們都不能蓋房子、不能建設,我的意思是我們必須很慎重的規畫。我們臺灣在這方面很弱,整體的國土規畫都沒有好好做,一些財團,以經濟導向對土地一再加以毀損。今天臺灣的山林、海邊所以會變成這樣,就是這樣來的。譬如南投一帶,必須封山一百年,地質才能穩定下來。這是太輕易破壞的結果。

海岸也一樣,亂挖,接著就是土地下陷、鹹化等種種問題都來了。至於平原,僅有的一塊綠地,馬上加以開發。現在農地釋放了,卻不加規畫。以後臺灣的居住品質將越來越差。因為有這樣的憂心,所以我會一直講這些事。後來我發現講這些問題很沒有趣味,年輕人沒有興趣聽這些,臺北人也不感興趣,不浪漫不美啊。我在文藝營講這些,大家都沒什麼興趣。那些過客心態的人,可以講得很唯美。其實我也可以講那些五四三的話──我們要用愛要寬容,用自在的心

情過生活。這種話很容易講，也不是不對。但是這不能解決問題，因為有愛就會有恨。不要說恨，我不會恨，我是著急。因為我愛這個地方，我才會著急啊！我只是表現我的著急而沒有說出我的愛，其實從我的著急就能夠體會我的愛。而你只說出你的愛而沒有說你的著急；你只說你的寬容而沒有說你的痛恨。沒有是非的寬容是什麼寬容？不斷在傷害又不斷在寬容，我覺得這樣會混淆了。我不是要發展仇恨，也不是要計較，我們要去制止那些傷害的行為。他殺人害人，沒有悔悟，也沒有接受制裁，我們就說要寬容他，有人罵他一句，大家就說要寬容嘛。這實在是笑話，我們臺灣社會竟然變成這樣。譬如一個人危害了別人，至少他應該反省，是非要講清楚。這些都沒有，你不能莫名其妙就在講寬容啊！再談到整個臺灣社會的問題，不能用寬容、愛這麼加以簡單化。破壞了臺灣的山林，引發土石流，造成那麼大的傷害，對這些政策和行為，還一直說要寬容。我不是不懂愛和寬容，我比較急切的是不希望這些事情再發生。可是這樣大家就認為我的心胸比較狹窄。我覺得這樣的說法太浮面化了，而沒有深入去探討。

莊紫蓉：講到對土地的看法，土地是有生命的，您所體驗到的土地生命力是什麼狀況？土地怎麼表現它的生命力？

吳　晟：正常的土地，隨時會成長，它上面有作物。甚至你不

必去理它,也會有各種不同的生物在它上面生長。例如你剛才提到的〈秋收之後〉,秋收後的稻田寬闊的躺著,接下來我說「有野花野草任意開放」。不必種作,自然有很多豐富的物種繁衍,你會覺得很美。所以我很喜歡看秋收之後的稻田,那種景象有點感傷。稻子已經收割了,稻草燒一燒,撒一些菜籽,茼蒿、白菜、油菜、Ａ菜等等,不久就長得很茂盛。沒有撒菜籽的地方,它會自己長出各種花草,充滿生機。這種感覺和水泥地有很大的差別。另外,小孩子在泥土地上跑跳摔都沒關係,不會受傷。而在水泥地上,小孩子是經不起摔的。

莊紫蓉:在人和土地的關係上,譬如人會不會過度種植,讓土地太累了?

吳　晟:以前農業社會比較會過度種植,例如三期作水稻,但基本上會輪作。現在則有農藥和化學肥料過度使用的嚴重問題。這都會傷害土地,必須改變。現在有些農人慢慢地不用化學肥料,改用以前的堆肥。挑肥清豬糞,都是我以前做過的事。

可能大家要慢慢改變耕作習慣,盡量不要使用化學肥料,盡量不用農藥。我現在種作就不用農藥,像除草,一般農人都用除草劑,我們買了一個割草機來割草,不用藥劑。這種觀念,將來會越來越普遍。

莊紫蓉：現在您的家鄉，大家對這種觀念接受的程度如何？

吳　晟：目前還很少人接受。不過，從知識分子開始推動，大家慢慢會接受。可能還要經過一段時間。

莊紫蓉：新的國中國文課本收了您的一篇散文〈不驚田水冷霜霜〉。您有什麼意見？

吳　晟：這一篇當然不錯，可以看出早年臺灣農村辛苦的景象。不過，很多老師都覺得不好教，對秧苗、稻子都不了解。其實我同意用這一篇，有一個非文學的念頭，就是想藉助這篇文章喚起大家的共同回憶，共同來了解臺灣農村早期的發展過程，這也是我農民性格的表現。我用老師普遍反應較好的〈負荷〉來換這一篇，卻得到不好教的反應。我的詩換下來，覺得有點可惜。

莊紫蓉：最好是兩篇都上去。

吳　晟：那是不可能的。還活著的作家有一篇被選進去就很不錯了。

莊紫蓉：如果教育政策全面改過來，或許有可能。

吳　晟：現在民間版的也有各人的看法，高中課本選我的文章並不多，也多半是偏向過去國立編譯館所編選的文章。國中版的開放十幾家，哪一家要收我的文章也不知道，說不定人家不收我的文章。

莊紫蓉：您在經營一首詩或一組詩,和經營一畦稻田,有什麼相同或不同的地方?

吳　晟：這很難講。不過有一點,芳華都說我寫字好像在刻字,一筆一劃地刻得很整齊。我種田也是很仔細。這是我的個性,做每件事都很仔細。

每個人都有不同的生命情境,人的一生各有不同的成長背景,文化涵養。不同的個性、環境,塑造成不同的作家。我是比較順應生活軌道的人,我就是在這樣的軌道裡,接受它,認真生活,然後從我的生活裡發展我的文學。我不是刻意去追求什麼或是刻意要表現什麼的人。這是很重要的一點。譬如從小讀書,就這樣一路讀下來。畢業後有機會到臺北當編輯,但是我母親一個人在家,我放心不下,剛好有機會回來教書,我就回來了。芳華也請調回來這裡教書,然後結婚生子,承擔整個家庭的責任。一切都是很自然的,該怎麼做就怎麼做。

今年我退休了,我母親去年過世留下了一些田,兄姊和二位妹妹都無條件放棄繼承權,留給我和弟弟。我弟弟不要種田,我把他的部分買下來。其實我是貸款來買這些田的,但是只能這樣做。我跟隨著母親種了幾十年的田,我母親一再交代要留住,我也捨不得在母親過世不久就把它賣掉。這就是農民性格。

我這樣的生活體驗,沒有刻意去追求什麼,我只是一

個順應生活者。

莊紫蓉：您是順應生活沒錯。但是您好像有個生活的基調，那個基調或許可以說是您對親人，對家庭，對土地的愛吧？！

吳　晟：謝謝你這樣的詮釋。實在是這樣。我不是藝術性格的人，我是農民性格。譬如八〇年代去愛荷華時，看看也覺得沒什麼，我一直想回來。我所牽掛的是學生、親人、土地。我身邊的人，我有機會關心，有能力幫助，很自然地去做。這樣的農民性格，比較踏實，能做什麼就做什麼，也不覺得有什麼了不起。譬如《店仔頭》那本書裡有一篇〈一枝草一點露〉，寫一個鄰居小孩從小沒有母親，每天黃昏跟著一群鄰居的孩子來我家的院子玩。天暗之後大家都回去了，她還不離開。我們問她為什麼不回家，她默默地不回答，我妹妹就添飯給她吃。第二天，她又在那邊，我就知道她沒飯吃。後來探聽得知她沒有母親，父親浪蕩不顧家。我們就照顧她。這小孩就變成好像我們家的孩子一樣。後來我太太生了孩子，那時她上小學了，下課之後會趕緊來幫忙我們照看孩子。我想，她覺得能幫一點忙，心裡上比較平衡舒坦。我們也把她當作自己的孩子，買衣服給她穿，芳華幫她清理頭蝨。直到現在我們還有來往。這件事就是這麼自然，碰到了，剛好有能力，就這麼做。否則我們也沒有能力愛盡天

下所有的人。事實上,以我的個性,我很能體會杜甫「安得廣廈千萬間,大庇天下寒士俱歡顏」的心情,我對很多人很自然地會有惻隱之心。而能做多少,其實是很有限的。我們很願意愛很多人,但是真正能「愛到」的真是很有限。

所以,後來我很怕學生,因為學生那麼多,我能幫助的其實很少。我發表在《自由時報》的一篇〈青青校樹〉就是寫我退休的心情,意思是愛與寬容是需要力氣的,也就是需要行動。我們看到很多問題,但是卻沒有力氣幫忙或改善。有時候這也會造成很大的心理負擔。

農民性格可以說是貫穿我一生的主要基調,順著生命的步調,不刻意去做特別的追求。我對我的學生、家庭、土地,都用心經營。我的追求就在我的生活本身。

莊紫蓉:這是您的選擇。今天聽您講的這些,感覺就像您的詩和散文一樣,很平實動人。

吳　晟:我的詩就像土地,它不會喧譁,不會製造事件,不會引起媒體的注意,它沒有浪漫。我的文學觀也是這樣,實實在在地寫在自己的土地上旅遊的心情。

——《臺灣文藝》雜誌,172 期(2000.10.20)

8
謙卑或者樸實,真誠或者靦腆——吳晟印象

李欣倫

你看出歲月的滄桑,明顯刻畫在我臉上,是否也能理解我對人世的關注,反而更熱切。

你看到詩作的累積,襯托在我年老的資歷,是否也可以體會,我的心境,仍然如文學少年那般單純而狂熱。

你看見我在文學活動的場合,似乎有些熱絡,是否也能想像,我在小鄉鎮的日常生活,很少很少有機會記得自己是詩人身分。

我仍信奉,就像土壤中的種子,各自汲取水分,耐心等待生根發芽,只有在寂寞中浸過汗水或淚水、只有在孤獨中傾注心血的詩句,才可能貼近人們的心靈深處。

——吳晟〈詩名〉

我們都老了,也年輕了

那天,正逢二十四節氣裡的「雨水」。前晚,整夜的雨,在彰化。春雷,在似遠似近的天邊。溼冷,微寒,慣常的早春時節,年節

後的日常忙碌,然而我們卻聚在彰化市區內一間明亮、舒適的「春天」喫茶店,從新年的第一聲春雷談起,談天氣、談雨、談溪州花博會⋯⋯何其家常又何其詩意,北臺灣的焦慮與喧囂、修辭與隱喻,暫時而永恆地被我們遺忘了。

　　立春剛過,正逢雨水,我們在明亮的春天喫茶店裡,從春雷談起。我們——吳晟、吳音寧、許悔之、朱玉昌、我。這裡,我們被乾淨的早春氛圍摘去頭銜或身分,與其說是「以詩之名」、「奉文學之命」讓我們聚首,不如看作無機又有序的因緣邂逅。因此沒有人正襟危坐地談詩與文學,沒有激情或煙硝,唯有桌上正散發熱氣的咖啡,唯有菸,唯有笑語,唯有因笑而牽動的眼角細紋、嘴角漩渦。沒有刻意為詩、文學鑿出的渠道,但你卻不能否認,空氣中除了咖啡香之外全是,全是,詩的氣味,文學尼古丁。

　　也必須坦承,我是緊張的,坐在知名詩人吳晟的身邊。也是興奮的,更是雀躍的。國中時代吳晟的〈負荷〉刻在腦葉,從沒想過有天如此親近詩人,同桌而食,他斑白的髮、親切的笑、瞇起來的眼、溫和的眉宇近在眼前,就在眼前。更讓我誠惶誠恐的是,吳晟笑瞇瞇地告訴我:我讀過你寫的書喔,而後是溢美之詞和鼓勵話語,是資深詩人對創作小朋友的包容與形而上的擁抱。我必須坦承,那刻,雙頰是紅的,眼角是溼熱的。這時音寧「虧」了她老爸:「知道你們要來,他可緊張得很哩!在家中走上走下⋯⋯。」大家都笑了,詩人也靦腆笑了,老農式的,甚至帶著孩子氣的,純真。

　　吳晟和吳音寧這對父女,說不清誰是老成,誰是少年。偶爾,某個話題讓吳晟暫時沉默了,他看音寧和許悔之聊起那些主義這些主義、那些理論這些理論或者這些那些革命的、社會的、理想的種種,

似乎又敬又畏,或許,說「敬畏」未免言重但仍不失精準,吳晟看了看音寧,笑說:「我很驚(怕)伊哩……。」有時,吳晟自然流露長者的神情,當話題轉到土地、地理、鄉鎮的種種,吳晟也藉機「教育」一番,說與年輕的我們知曉,神情裡既有老者的智慧、亦有少年的堅持和自信。然而,詩人終歸是謙卑的、溫和的,總在無痕透明的「交鋒」後,瞬即恢復他寬厚的本性,「歹勢啦歹勢!」詩人說著。和詩人相處的短短一天裡,印象中他最常掛在嘴邊的就是這句「歹勢」,未曾見他叨叨或咄咄,鮮少長篇大論,多半時刻只是傾聽著,或無所謂地發言淡淡,仍舊是謙卑的,赤子之心的。

提到四個月大的第一個孫女,吳晟臉上的線條柔和,卻也更加精神。午茶後,我們順道去看看這美麗的囝仔。采青——吳晟的孫有著

▼ 吳晟與李欣倫合照。

如此自然、寫意、具音樂性和視覺性的名——在師母的懷裡沉睡著，柔軟的髮，白淨的臉，無暇的靈魂，吳晟凝視囝仔的眼神中有濃厚而安靜的憐愛，我們都被這股巨大而安穩的幸福感包圍著。也許哪天，我們又可拜讀到《向孩子說》那般長輩對晚輩的感情、期許之動人詩篇。

泡茶的詩人，種樹的男人

來到溪州，吳晟的家。

> 我不和你談論詩藝
> 不和你談論那些糾纏不清的隱喻
> 請離開書房
> 我帶你去廣袤的田野走走
> 去看看遍處的幼苗
> 如何沉默地奮力生長
>
> ——吳晟〈我不和你談論〉

我們跟隨著手持碗碟、剪刀的吳晟來到後院，幾棵金桔樹立在細雨濛濛中。吳晟邊剪金桔，邊向我解說為何要連枝帶葉地剪，不能單就著果實蒂頭彎橫地剪，「這樣它還會再長……你看，這顆金桔紅了……。」依枝傍葉的金桔落在碗碟裡，燦燦，橙橙，青青，散發著雨水的鮮味。在我洗淨果皮、去枝葉、將金桔剪半的同時，吳晟燒開了水，洗淨杯子，見我們準備挽袖幫忙，他笑嘻嘻地說，「在

我家,泡茶可是我的工作哩!」看吳晟一手提壺,一手招住四個杯子的耳,靈活俐落,儼然專業的泡茶師傅,「泡茶是我被『馴化』的結果⋯⋯。」眼看吳晟就要「講古」,大夥各佔據屋前涼棚的一角,品嚐金桔、梅子茶的同時,拉長耳朵傾聽詩人如何被「馴化」⋯⋯。

　　原來,以往有人客來訪,年輕的詩人總先喊著妻子泡茶,妻子沒三兩功夫就提上一壺熱茶。熱茶來得正是時候,詩人與訪客的談興正濃,有茶香相佐,所談的林林總總都有了色澤,有了溫度。有一回,人客來訪,吳晟又喊著妻子泡茶,只見平素溫婉的妻子突然板著臉孔,沒好氣地說:「沒看我正忙著啊!泡茶!自己不會泡呀!」當時妻子正忙,累了一整天,還得照顧囝仔,著實不得閒,火氣也該有的。詩人被刮了一句,才恍悟妻子素日的辛勞,決定自此以後負責泡茶這項差事。此外,泡茶也記錄了吳晟和音寧互動的點點滴滴,音寧讀國高中時,往往得熬夜念書,疼愛女兒的父親不時以「奉茶」表示關心,但剛開始不太順利,除了茶水須濃淡得宜,了解青春期女兒的脾氣可是一大挑戰,有時泡了一杯熱茶送進房裡,音寧不是淡淡一句還不想喝就是累得睏去了,憶及此,吳晟的表情寫滿關愛,喝著天然甘醇的金桔茶,我想像吳晟對家人的濃厚情感,如何在每一葉茶葉中舒展開來,「後來,他們每次都要我泡茶給他們喝呢!還說什麼已經不會泡茶了呢!」吳晟笑得燦爛,金桔的顏色在頰上,在唇邊。

　　從屋棚向外望,數十棵挺拔的樟木在細雨中青翠著。吳晟露出稚子般的調皮,先後指了指三、五棵樟木,要我們猜猜它們的年歲。較為細瘦的,我們猜至多二十年,較為粗壯的,我們則估算三十年左右,而後,詩人公布答案,原來這些樹都是同時種的,約二三十年了,因為庭院邊緣的樟樹接受較多的陽光,生得較壯,愈近內部的樟

樹便較瘦。吳晟順便和我們解說樟樹的彼此排斥性和習性,隨即,詩人瞇起眼,「剛剛是講好玩、趣味的啦!『捉弄』你們一下!真歹勢哩!」這就是吳晟,連逗大夥開心都要「歹勢」呢!

由於母親生前喜愛樟樹,庭院裡,吳晟就單植樟樹,希望母親無時無刻沉浸在樟木香裡。「母親」是吳晟早期作品裡重要的書寫母題,散文《農婦》摹寫了一位偉大、堅強、身軀和靈魂皆強壯、皆勇敢的傳統女性,此外,「母親」更隱喻了詩人對土地、自然的關懷和熱愛,在《吾鄉印象》裡,隨處可見吳晟以真誠的文字反哺這片滋養他、拉拔他成長的大地之母、原鄉之母。

庭院的一角堆放著樟木塊,吳晟將枯死的樟木砍鋸成段,要我們每人都帶些回家,「放在眠床旁,很香的,會有好夢的。」棚裡以匾額充當茶几的桌面上,立著這些小小的、原生而樸拙的裝置藝術,在我書寫的此刻,飽含天然香的樟木靜靜地棲在手邊,紋路裡彷彿還有當時溪州的水氣、茶香和笑語。

綠影,幾乎遮蔽了天空,仰望著成群樟樹,吳晟的表情更顯柔和了,「我喜愛這些樹。」語調甚至是對孩子的。

雨,不知在什麼時候,停了。

▼置於森林墓園之新生詩碑。　　▼森林墓園詩碑。

亦成蔭。以新葉
滴下清涼
亦成柱。以愉悅的蓊蘢
擎起一片綠天

——吳晟〈樹〉

　　我們跟隨這位種樹的男人、愛樹的詩人來到他的農田。說農田不完全準確，因為這裡農作物不多，放眼望去，盡是大片的樹。這也為吳晟的心境做了完美註腳：與其說詩人關心是經濟效益，他的種樹舉措是美學的、慈悲而感恩的，甚至保留了幾乎被文明社會遺忘的古早浪漫情懷──「前人種樹，後人乘涼」；「疼惜大地，保護地球」。初初踏進田園入口，我們遂被眼前仍在成長、還要成長的群樹震懾住了，「放眼看去，看得到的都是我家樹園。」吳晟又笑了，然而，話語中絲毫沒有「開疆拓土」的傲氣豪氣或炫耀賣弄，事實上，吳晟並沒有將這片尚未成林、即將成林的樹之汪洋看作是「我」的，他所有的汗水都是為後人流的，為後人植樹，為子孫預約一蔭蔭涼爽舒適，正是出於這般無私的心，吳晟更歡迎鄰人前來栽種──他的園地和他家的門，永遠為鄰居朋友們敞開著──農地一角未及收成、祭給雨神的番茄便是鄰人的傑作。看著這些原生櫸木、肖楠、烏心石以及桃花心木仍像早春幼嫩著，許悔之不知是問吳晟還是兀自感動地喃喃：「你能想像十年、二十年後這兒的模樣嗎？」

　　那是一片望不見盡頭的森林吧。我們沉默著，腦海裡圈畫著一叢又一叢、一洲又一洲濃密卻溫柔、潑墨亦寫意的綠。

　　這些樹親像吳晟的孩子，伸入「無所謂的陰著或藍著」的「吾鄉

的天空」（吳晟〈序說〉），挺直腰桿。不知是否出於「傳承」的想法，當初吳晟便「誘拐」小兒子去讀中興森林系，希望孩子更親近樹木、親近大自然，共同護衛著這片綠。「我的想法只有一個，就是保護地球。」

高粱乾了吧，好茶，再為你沏上一壺

從田園歸來，已是傍晚，家住鹿港的宋澤萊早在吳晟家中等候。我們驅車前往田尾，「阿嬤的私房菜」的店招閃現在漆黑小徑旁，今晚，詩人作東。已入席的是康原夫婦，幾句問候結束，便開始交換抱孫的心得感想，不久，明道文藝社社長陳憲仁、詩人林廣也趕來了。

▼吳晟與他的樹園。

外頭的雨更大了，席間的氣氛卻更熱絡了。今晚，詩人作東，「風雨故人來」，吳晟的感性開場。

高粱乾了吧，木桶裡的鬆軟番薯飯不知何時空了又添上熱的，油亮的蹄膀再來一塊吧，家常的筍、番薯葉還是空心菜、醃乾的花椰菜要不要再來一碟？每個人的臉都被酒炙紅了，話多了，笑得也更大聲、更無拘束了。

我從這樣的聚會裡感受的不僅是文學交流、詩的對話，也不只是多年情誼、深篤知交而已，我感受的不僅於此而更甚於此，難以用什麼字眼準確地捕捉那樣不慍不火、溫暖流動的情感狀態，那是無需言詮、不容修辭損傷的、沒有理論套用的真誠與默契，宛如粗樸陶胚那般，這般。高粱乾了，菜碟空了，談話的興致正濃，誰也不願離去，吳晟突然說：「咱去隔壁喝咖啡！」是啊，難得的聚會，從昨夜那聲春雷響起，之後發生的一切——茶香或細雨，高粱或番薯飯——都如此香醇，何止香醇。

回到溪州已九點多了，吳晟又燒了開水、烹煮一壺好茶，我們握著茶杯，暖著掌心。繼續抬槓。當然繼續抬槓，還早嘛！不急著睡呢！

此時吳晟神祕地笑著，他說，「看你們到現在都還沒發現，不如我來告訴你們吧！」在我們尚未意會過來，吳晟指著牆上的春聯說，這是他們家初次自己提筆寫春聯，正門貼著任職於彰基的大兒子和媳婦的傑作——「健康平安好丰采，富貴興旺永長青」，末尾的「采青」正是吳晟第一個孫的名。音寧寫得頗有童趣、詩意，上聯「月亮當空好美麗」，對著下聯「太陽升起好高興」，洋溢著健康、泥土、樂天的人生觀。最妙的還是玩 Band 已玩出名堂、即將出唱片的小兒

子，上聯道出了他的新年心願：「唱片大賣金曲獎」，下聯對得巧妙、趣味十足，據吳晟形容，當時小兒子對句一出，全家人都笑翻了，不過詩人再三強調，下聯只是囝仔嬉鬧罷了，不符合詩人淡泊名利的本性，我們也別認真看待……。好了，下聯究竟是什麼呢？其實我也很想透露（因為實在是太有趣了，我笑了足足有五分鐘之久，笑到眼淚飆、肚子疼），但當時詩人在旁急忙搖手，「這真的、真的不能寫啦，真歹勢咧！」因此，倘若你好奇也感興趣，或許就去溪州吳晟的家走走吧！（吳老師不要揍我喔！）

那些詩那些文字，那些人那些故事

　　東廂的最末間房裡，占據半壁牆的書櫥整齊放著文學刊物。這裡彷若時間河道，儲存著詩人年輕時的青春夢想。那些詩那些文字，那些人那些故事，飛揚喧囂或沉默安靜的種種，堆積於此。時間，靜止了。

　　吳晟從架上抽出發黃的《藍星詩頁》——彷彿一碰即碎的扉頁、詩句卻凝鍊、凍結了時間——全都是詩人少年時的最愛，少年的吳晟未及親身參與那樣詩的輝煌年代，但他捧讀詩人們的生命，著迷了，戀上了。

　　另一面牆的架上，整齊擺放著吳晟的剪貼簿，其中占大多數的是吳晟一向關心的農民生活，此外還有旅遊、文學、生活等等。翻開封面右下角貼著「平地造林」字樣的剪貼簿，裡頭盡是吳晟大量閱讀、大量蒐羅的資訊，吳晟說，多年前就已養成剪報的習慣，直到現在，每天仍然閱讀四份報紙，桌上一篇已剪好但尚未歸類的文章是討論「白米炸彈客」的社論，副標題「關懷基層農漁民生活」，正足以

為吳晟多年來的社會關注、詩文實踐作註。翻開另一冊以「黃國峻」為標題的剪貼簿，映入眼簾的盡是黃國峻在報刊發表的文章，以及文壇長輩、好友對已故小說家的懷念文章。提起黃國峻，吳晟的臉膛閃過些許落寞，「他年幼的時候，我就見過他了，很疼惜這個孩子。」〈不要責備他〉乃吳晟近來詩作之一，以此悼念黃國峻、袁哲生、王德貞、陳明才等年輕的文學藝術創作者，詩行中蘊藏著長輩對他們的無限懷念和惋惜。

　　吳晟明瞭這些書寫者或藝術工作者有時為了探勘人性的幽微礦脈，必須徒手赤足行過死蔭幽谷，以肉身證道。即使試圖了解或設身處地從他們的觀點出發，吳晟仍為年輕而早逝的藝術工作者悼惋。每個人、每位書寫者或許都有陰暗面，也許是歸田園居的生活以及多少歲月的磨礪，吳晟現在傾向以筆探觸陽光、快樂泉源，發掘人生的美好。無論是挖掘人性陰暗面或書寫光明面，吳晟強調，「其中絕對沒有好壞優劣，而是不同的作家典型和書寫風格。」不過久居鄉間的吳晟也表示，農家勞動的生活、鄉村開闊的空間、簡單的物質需求等，皆或多或少影響了他的人生哲學。他說有次北上，坐在車裡就已明顯感受到都會生活高速、快板的節奏，狹窄的空間加速了城市人的緊張、焦躁和憂慮。吳晟不時問起我們那充滿壓力、緊張的都會生活，露出憂心的面容，而後不斷提醒我們，「工作累了或得空了，記得常來這裡坐坐啊！」

　　在網路發達、搜尋系統無所不能的時代裡，年輕的書寫者大概很難想像，吳晟每日每日仔細地閱讀報紙；手持剪刀、漿糊所進行的剪報工作，對新世代而言，這項傳統而紮實的手工藝似乎業已失傳了，甚至該被時代所淘汰了，然而，吳晟卻認真地閱報、剪貼，隨時關心

社會脈動和文壇資訊,尤其不會錯過和農民相關的新聞。無論是植樹、書寫抑或剪報,或許皆可看作吳晟熱愛土地的表現,當政客在螢光幕上聲淚俱下大喊「愛臺灣」、「愛鄉親」的同時,吳晟選擇以他自己的方式、老農的方式,默默地付出,默默地耕耘。

> 我不諱言也有自己的「偏執」,那是「寫臺灣人、敘臺灣事、繪臺灣景、抒臺灣情」的堅持,也就是要求藝術表現和臺灣現實密切結合。
> ——吳晟〈未出世的詩選〉

▼吳晟的書房一角。

當我們被那疊填滿血淚、情感的剪貼簿而深深感動時，吳晟謙虛地笑了，「我太太就說這是我不能成大器的原因，不過是一些舊紙堆、破爛的書冊，只有我還捨不得丟哩！」

不僅剪貼簿，吳晟攤開早年的手抄本，向我細細解說：解嚴之前，愛好文學的子弟如何費盡心思「偷渡」「非法」書刊，一旦有機緣借得幾本「禁書」，便以土法煉鋼的手抄方式予以保留。以前我曾從文學前輩的作品中得知這種克難的閱讀方式，但未曾親眼目睹，今天真讓我大開眼界了，吳晟的手抄本字體工整、圓厚漂亮，可以揣想當時他如何認真地一字一字刻上紙頁，一字一字鑿入狂戀文學的青年時光。

▼長年持續每日的讀報、剪報工作。

當我們談及文友間互贈書籍,以及家中書災氾濫、常為何者該捨何者該留而大傷腦筋時,吳晟說,正因不常有朋友贈書,書庫裡的書籍幾乎都是他親自購得,每本都很疼惜,當然捨不得丟棄或轉贈,而許多泛黃脫頁的詩集、詩頁更是少年階段所買的,這些詩集記錄了「逛書攤和書店的時間,可能比去補習班上課還多」(吳晟〈波折〉)的文藝少年的青春紀事,當然為吳晟所珍藏。因此,吳晟的書庫規模確實令人驚嘆,有趣的是,其中有一大櫃是「一本詩集詩人櫃」,收藏了數十位至今只出過一本詩集的詩人作品,「其中有好幾本寫得真好,實在可惜啊,這些詩人後來都沒有繼續創作了……。」雖然吳晟已是著作等身的詩人,但他仍持續關注年輕詩人的詩作,例如六年級楊佳嫻的《屏息的文明》亦在架上,又如先前在席間我和吳晟討論到另一位六年級作家許正平的作品,「我很好奇你們這一輩的年輕人在想些什麼?關心什麼?對臺灣、對土地、對家鄉何種認識和期待?」在教育崗位服務多年的吳晟對教育一向保持高度的關注,〈親近文學〉一文表露了他對教育青年學子的看法,而提議編選《中縣作家讀本》、《彰化縣籍作家文學讀本》系列教材,亦可看出他以文學深耕臺灣、教化年輕子弟的期盼和用心。

　　吳晟早在初二就一頭栽進文學的世界,而他「植根於土地,孕育自鄉間」的詩文亦影響無數年輕學子及書寫者。回憶往事,吳晟特別感謝瘂弦對他的提攜,瘂弦於一九七二年將吳晟的十三首詩,一氣呵成地刊登於《幼獅文藝》,獲得熱烈的回應,另一位則是為吳晟出版《吾鄉印象》的周浩正先生,「真感謝他們當時對我特別照顧!」這些人這些故事都收入《一首詩一個故事》的散文集裡。我相當喜愛這本書,讓我明瞭詩文背後的趣事及美麗因緣,詩人樸實無華的性

格、詩觀及人生觀亦充分地展現,這次有幸親近詩人,發現他和他的詩文皆質樸、皆真誠。我尤其偏愛《一首詩一個故事》最末一篇〈詩名〉,乾淨文字,簡潔段落,真情流露,其中毫無知識分子的矯揉造作或創作者的孤傲潔癖,唯有作為一個單純的「人」、孤獨詩人、鄉居農民的真誠情意:

> 我坦然相告,長年居住村莊,揮灑沉默的汗水,乃至挑屎擔糞搬堆肥,我既無主義也無派別,只有靠雙腳踩踏田地,靠雙手握住農具。
>
> ——吳晟〈詩名〉

無需告別,我們會再見

書庫裡有幾櫃全是與植物、生態等相關的知識、工具書,可見吳晟不單是實務性地親近土地,更有大量的知識作為後盾;不僅感性地敘寫自然,更有知性的底蘊,「具備知識,書寫不見得會深刻,但沒有知識,寫作一定會流於淺薄。」這是吳晟對書寫的信念。

每天走進書庫,見到一櫃又一櫃的書籍,吳晟不斷地提醒自己,「再多讀一些書吧;還要多讀一些書呢。」詩人反覆反覆地說,我想起他的近作〈趁還有些微光〉,那從容卻略顯輕微的焦慮、那安靜卻暗藏的內心喧囂,是那樣複雜又如此內斂的情感:

> 趁還有些微光
> 再讀上幾頁吧

也許只有數行、數句
雖然懊悔錯過太多
而有些急切
只能這樣了
反正厚厚一大冊
未及閱讀的
永遠　多得太多

——吳晟〈趁還有些微光〉

　　詩人近來思考著死亡、想像著告別。事實上，談死亡並不新鮮，但吳晟的死亡書寫和想像卻令我震顫。雖然，也許，死亡離我仍舊遙遠，難以想像經歷過多少風霜而後復歸於平靜；曾經炙紅火燙而後趨近於寂靜暗夜、自由晴空、廣袤大地的靈魂，以及，眼神，我只能揣摩，試著想像但又不難描繪那樣渴求自然、輕盈、簡單的告別，因為我讀吳晟，因為我讀了詩人的告別。

　　死亡與告別的想像，讓謙卑的詩人更謙卑，讓生活簡單的詩人更無欲無求，你看，他說，「請直接火化／骨灰埋在自家樹園裡」、「千萬勿焚燒紙錢／徒然耗費大地資源」，然而，吳晟未曾高蹈地、偽善地迴避「詩名」的問題，吸了口菸，他緩緩地說，如果，只要，這輩子寫的詩作能留下兩三行，子孫讀來歡喜，記得土地是這樣的，情感是這樣的，就夠了，夠了。

　　然後，他們又點了菸，又沏了茶。

　　然後，不經意間，又是夜了

又是黯淡的燈與燈
打著呵欠對視
一些年輕的激情
已是久遠久遠的事了

　　　　　　　　　——吳晟〈浮木〉

　然後，雨下得更急，更大了，但世界如此安靜，彷若時間盡頭。我躺在有七十年歷史的古早紅眠床，嗜睡又如此亢奮。雞鳴似遠似近，然後，天亮了。

　隔日午後，雨停了，我們緊握了手，溫暖的手。從車裡向後望，但見吳晟站在廟旁，路口，揮揮手，只是揮揮手。身影愈變愈小，而我始終知道他面帶微笑。

　　　　　　——《聯合文學》雜誌，246 期（2005.4）

9. 種樹的詩人——吳晟

黃秀貞、陳春福、葛怡君、蔡巧卿

緣起

　　統一千禧之愛系列首選對象，為早在八〇年代就已經登上臺灣第一個農村詩人地位的吳晟老師。二〇〇〇年二月，他從彰化溪州國中退休後，二〇〇一年先在南投縣擔任一年駐縣作家，兩年前在溪州一半繼承、一半買下二公頃的田地，做「平地造林」，目前樹木已在一天一天茁壯。吳晟從小就在農村成長，非常熱愛臺灣這塊土地，希望藉由這次的平地造林，喚起大家對自然保育的重視，也希望小朋友從小就能見證樹木的成長，由親近自然，進而衍生疼愛大自然的心，日後成林還要讓更多的鄉親來休閒，吳晟說，「大家來玩！不用收錢」，就是這樣不求回報的「傻子」精神，讓他目前還背負著銀行的高額貸款。

　　這次令人感動的旅程從這裡開始，讓我們一起來分享吳晟老師的「傻子」精神，這股精神也正在改造我們的新家園！

　　從沒有地址的尋覓開始，沿著大圳溝，尋找詩人吳晟的溪州老家。拐進小巷弄，進入推動式的鐵欄杆門，三合院這道鐵門圍出吳晟

一家人的文學素養。

吳晟談起早年，母親的生活習慣，每到晚上八點，鐵門一關，任何人就不得外出，養成一家人看書的習慣，廣泛的閱讀，也造就了每個孩子的文學成就。拜訪吳晟，好像是去到熟稔鄰居家一樣，各種水果與泡茶的款待；吳晟與在一旁照顧七個月大孫子的夫人莊芳華老師，不時地熱情招呼大家儘量享用；還有讓吳晟豎指讚嘆的臺灣名攝影師潘小俠，與我們不約而同的翩然來到。坐落在樹下，原木製的涼棚裡，開始著一幅閒話家常的鄉居生活。

寬廣的庭院前那二十幾棵樟樹，時而大雨滴、小雨滴、豔陽照拂，洗過三溫暖，每一棵都精神抖擻，綠意盎然。原本以為這就是吳晟的造林地，與他以「樹」為題談論間，沒想到造林地是別有洞天。

一開始就被吳晟的試題考倒，他指著靠近圍墻邊粗壯的樟樹俏皮地說，「你們猜，那一棵樹齡多久了。」「十五、二十、四十年……」大家似乎在喊價一樣；吳晟再指著左手邊那棵相形見絀的細瘦樟樹說，「再猜猜這一棵幾年了。」我們小心翼翼地以樹幹粗細來推算，「八、十、十二年」，大家等不及，央求吳晟公布答案，他露出一點得意的笑容回答，「這些樹全部都是二三十年的樹齡。」原來這些環肥燕瘦、高低不同的樟樹，出自同一批、同一時期種植的，而造成胖瘦不同的原因，在於種植的疏密、陽光及從土壤爭取養分的多寡有關。

環境造就了樹木成長的條件，人類亦然，人類所居住的環境也大幅地影響身心靈的感受與健康的程度，如果人類一再恣意地迫害大自然，不難想像「明天過後」的電影情節真的會發生。

走進書倉

外號「小飛俠」的名攝影師潘小俠，已將攝影器材備妥，等著吳晟進書倉入鏡，大家趕緊起身跟隨，不願錯過見識書倉的機緣。

存放稻米、農具的穀倉，改建成了書倉，宛如一間鄉鎮的圖書館。介於傳統與現代的書倉，曾經是吳晟一家人醞釀文學根基的處所。走進書倉，幾幅鄉村景色的畫作與已故畫家席德進的畫作並排陳列，吳晟的〈稻草〉、〈序說〉、〈沉默〉三首詩，都曾被席德進引用在畫作中，因為未署作者姓名，一度讓人誤以為是席德進的詩，吳晟因此有著微微的失望，他的詩句在席德進的畫作裡，相當顯眼而鮮亮。

天花板的吊扇架在兩座「半米字」的木樑間，半米字木樑下銜接書櫃，以前存放千萬粒稻米，現在存放千百種書，有傳統與現代的歷史感。吳晟誦讀詩句的聲音，迴盪在幾千本文學的藏書中，好像所有的文學家各就各位聆聽吳晟的誦詩。余秋雨的《文化苦旅》，夾雜在整齊排列中卻見有些泛黃、有些印刷光亮的書中，顯得相當醒目；他特別從書架中抽出《綠色革命》一書，推介大家閱讀。早已不知實際藏書量的吳晟，只知道，他最鍾愛的文學類書籍居多，自然生態與生物類次之。竹材為頂，木材為樑，匾額製成書桌，印有吳晟肖像與詩句的咖啡杯，滿屋子讀不完的書籍，望出去一覽無遺的鄉野風光，這就是吳晟的文學天地。

▶ 吳晟書屋門前的樟樹綠意盎然。左：吳晟，中：女兒吳音寧，右：妻子莊芳華。

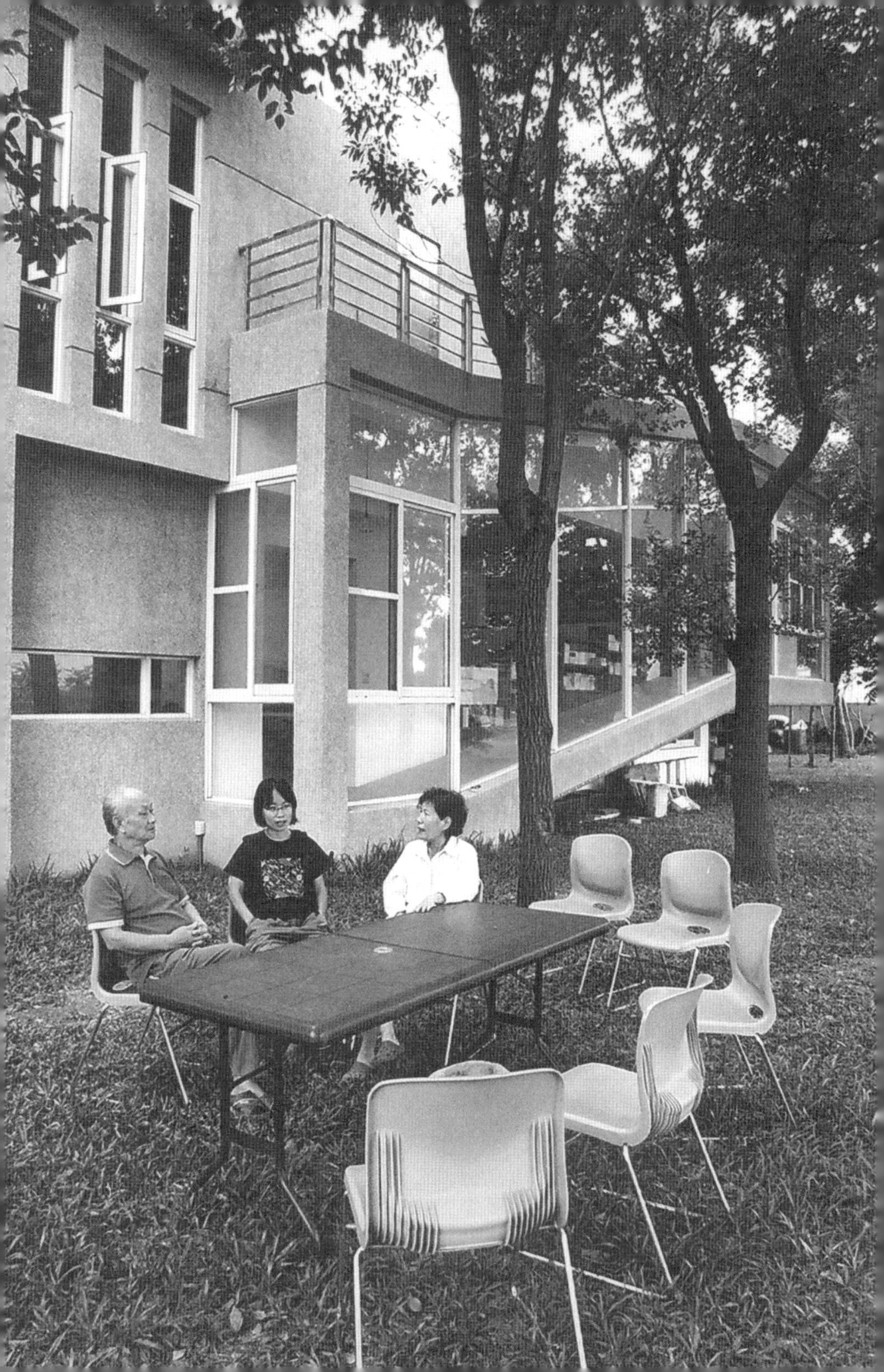

穿梭於綠精靈的懷抱

　　詩人手上的那把花雨傘，在細雨中顯得活潑耀眼。吳晟與女兒吳音寧，帶領潘小俠與我們編採四人組，步行直往二甲多的造林區。在雨中，彷彿浸潤在綠精靈的懷抱，來自濁水溪所灌溉下一望無際的稻田，把遠眺瀰漫著氤氳的八卦山景襯托得更具寧謐之美。潘小俠忍不住被綠得剔透的稻禾懾住，頻頻停下腳步攝受入鏡，鏡頭下，吳晟身為農夫的身影，是捍衛稻田的武士。潘小俠不斷轉換攝影器具，而需頻頻配合拍攝的吳晟，則直呼演員難當。

　　眾人觀看吳晟直挺挺地站在稻田中，任憑潘小俠指揮，音寧進出一句話，「吳老師，你嘛卡笑勒。」魚尾紋霎時在吳晟的眼角漾開，那是一位慈祥父親的笑顏。踩在泥濘的田中，讓他跌入雖辛苦卻快樂的童年記憶。他一邊當演員，一邊與我們對談；小時候，撿田螺、釣青蛙，是在稻穗未成熟前最常做的事。談起這些童年往事，吳晟眉宇間的兩道皺紋，突然像被熨斗輕輕燙平一樣，滿足的笑意，與在分不清田螺與蝸牛的我們，你一言我一語的笑談中，把安靜的午後田間空氣，烘托得熱鬧滾滾。

　　老師突發一句俚語「田螺含水過冬」，意喻庄腳人為生活度小月，日子不好過，要忍耐度過難關，也就是田螺欲過冬，一定要有一點點水分。農村生活較辛苦，但是樂趣很多，吳晟指著一條橫行在一大片稻田中的圳溝說，「那是引進濁水溪支流的灌溉用水，小時候，時常在炎炎夏日，光著上身，跳進去清水溝仔玩水。」這是都會人無從體驗的童年樂趣。

　　掛在稻禾下是仍青澀的稻穗，壓破未飽滿的稻粒冒出如牛奶般的

白色汁液,嚐起來有點清甜味,第一次品嚐未成熟稻汁的滋味,像米粒加工成的米漿一樣,這乳白色汁液,是哺乳著臺灣千萬人口的奶。吳晟談到,「稻米是感恩的信物,它是讓我們活命的恩人,沒有它,就沒有臺灣人。」一種感恩的心情,希望人們能了解對它的尊重。

吳晟接著介紹,稻禾開出白白的花稱菅花,菅花就是要經過交配,若交配不成就不結實,變成「怕稻仔」,就是不孕,等收成時就會被淘汰下來。稻穗飽滿之前,得歷盡風雨的考驗,待乳白色汁液逐漸在稻穀內凝結堅固而成形,形成愈成熟愈低垂的稻穗身度,而吳晟就像那飽滿的稻穗,經過無數的努力,奮鬥到底,姿態是愈扎實愈低頭。正如他文章談到「詩家該有怎麼姿態?猶如水稻在微風吹拂,尤其是稻穗飽滿之時,低垂意象,謙虛與卑屈之間,有多重面向的解讀。」他非常清楚地知道自己應該有的姿態與位置,他更明白每一個人可能有的限制和不足。圳寮村的水稻,留著濁水溪的血脈,吳晟寫《筆記濁水溪》的人文與自然生態,更見脈絡相傳。

一個人不能舉天,拋磚引玉實現「平地造林計畫」

小樹啊!我要你變成一棵頂天立地的大樹,吳晟以將兒女從小拉拔長大的愛延續,轉而呵護樹的生命。

絕大多數的人,總會追求更富裕的生活,但吳晟卻滿足於自己所有。即使貸款去實現平地造林的計畫,是如此的不合經濟效益,他卻自認與當地農民相比,受過好的教育,會寫文章,且農民年老沒有退休金,但他有老師穩定的薪水,不必靠農事維生外,也有退休金可領。自認幸運的他,對自己有更多的責任感去推動平地造林。

▲ 瘂弦到訪純園，此時的純園才剛種植臺灣原生種樹苗。

▼ 純園才剛種植臺灣原生種樹苗。吳晟與瘂弦於純園合照。

種樹的詩人──吳晟

▲瘂弦與吳晟巡訪純園樹苗。

▼細述親手栽種的樹木像是細述自己孩子生長的故事。吳晟與瘂弦於純園合照。

▲ 吳晟的平地造林計畫。

談起當初要申請平地造林計畫，吳晟露出雙眉緊鎖的表情，歷經多方奔走，箇中煎熬，已非三言兩語道得盡。他陳述著，「平地造林政策，是鼓勵荒廢的田地、山坡地、海邊荒廢的土地再生。」以前海邊很多防風林，都沒有保護觀念而濫墾，一直開發，現在知道這樣不行。再「回到從前」，以前都覺得開發是對的，現在才知道，以前都錯了。

兩年來，吳晟從種子、幼苗、植栽，每天親手一棵棵種下，近千棵的樹，因著生長條件與特性不同，各自發展不一。去年剛種下的一片櫸木樹下，栽種著尚未結果的芝麻，雜草就進不來，吳晟指著右手邊的雜草區說，「那一區的肖楠為什麼比較醜呢！就是原本開放給村人種植農作物，後來不種了，好意說要幫忙噴農藥除草，我一直說不用，結果對方的好意，卻傷了那些樹。」問他會不會難過，他輕嘆惋惜地表示，「看它要長大的一剎那，卻被傷到了，死了好多，不捨的心，一連好幾天都睡不著。」從他的表情變化，體會他對樹的情感，有著濃得化不開的牽掛。

吳晟轉向前面較大樹叢得意地說，「烏心石最好種，每棵都很挺，樹幹很扎實。」又說，「桃花心木不是原生種，可是是一級木，最會倒，較淺根性，根未定著，就一直『壟起』生長。」摘起一片葉子，揉搓一下，請大家聞，這就是「臺灣土肉桂」；望向遠處的黃蓮木與長得較好的肖楠，屬臺灣原生一級木，其中肖楠屬於高山植物。

細述親手栽種的樹木，像是細述自己孩子的生長故事，吳晟炯炯有神的眼光，不斷地解說著，「草長得很快，會搶了樹的養分。」但為了自然與環保，吳晟堅持不用農藥除草，寧願用人力鋤草，樹「出頭了」就不怕雜草了。

吳晟以他那渾厚的鄉土口音,嘆息地說,「以前臺灣在砍林很匪類,都整片全砍,山林的土石就因而保不住。」臺灣的造林觀念很慢,一九九幾年開始有造林政策,但是成效不好,因為臺灣人還沒有這種觀念,造林是百年大事,很難有興趣。

他極力重視造林的帶動,「種二甲多地的樹,對自然生態無濟於事。」不過卻是臺灣造林的帶動者,彰化縣唯一響應造林政策的發起人。吳晟認為,臺灣一直處在動盪之中,人們對於鄉土普遍缺乏認同感,現擁有現好,因為以後的事情誰也不知道,導致了短視近利的風氣。吳晟強烈的呼籲:

第一點,以小我來說,對長遠的家園要有長遠的規畫。要想到我們子子孫孫都要在此生長,我們要留下怎樣的環境給他們。

▼ 樹屋聚會所。

第二點，以大我來看，地球村的觀念。車諾比核爆事件，地點離我們這麼遙遠也會影響我們，所以我們要為全球的、後代的後代著想。

這是一個寬大的胸襟、宏觀的視野，但是這個宏大的工作卻無法由一個人完成。吳晟鄭重地補充，「一個人不能舉天。」也期待靠著傳播的力量，讓眾志成城，使臺灣成為真正的美麗之島。

吳晟的平地造林相較於身旁的農田顯得奢華，當下幾人有此能耐，農夫們必須汲汲營營為實際生活打算，也難怪左鄰右舍會詢問吳晟，平地造林要等到何時才能收成？也難怪他不敢據實以告「不望收成」的想法，只能告知大約二、三十年收成。二、三十年相較一年二穫的稻田，難道不奢侈？吳晟告知，自家田地能夠造林，最大的成功因素來自兒子的支持與經濟協助，再次體會到父子情深與相知相惜的感受。

看著眼前成長中的小樹，吳晟已經想像著綠樹成蔭時，要帶著孫子來親近自然，要讓所有的人都可以在這兩甲的樹林中，優閒散步。

看著他眼中散發的光芒，在具有盛名的作家中，吳晟或許是平凡又貧窮的，但在我們的心中，卻是發揮生命價值的作家。

回首等待

與詩人、攝影大師一起走一趟都市叢林無法領略的鄉間之旅，親眼目睹吳晟平地造林的精神所在，這是一次非常美好的體驗。

一九九四年吳晟的一篇〈賞樹〉就已埋下種大樹的夢想。如今夢想已在這二甲多的土地上萌芽，上一代的因，下一代的果，前人種樹，後人乘涼，幾十年後，庇蔭子女的樹，將蔚然成林。

樹下，歲月的滄桑，刻畫在吳晟臉上，倒影出他對人世間的關注與熱誠。而他更堅信土地是生命的根源，從土地滋長而出的情感與體悟，就是生命的寬廣。他是雙腳踩踏土地的農人，更是雙手親握農具的詩人。

雨點，從三合院如魚鱗般的屋瓦涓滴而下，沿著三合院旁的小巷走出來，再回頭觀望吳晟家後院的綠色天地，植滿地的綿密草坪，果樹靜默一旁，雨珠在嫩葉中停留，看見一種生命的力量，重新被掘起。這棟三合院裡，他和土地的聲息相通，誠如作家許悔之所言，「還有什麼會比土地之上的樹木，更讓人感到生命的雀躍，如風吹過樹梢；也感到生命之肅穆，如風過樹靜而眾籟皆寂。」

農田為詞，文學為曲

走在圳寮村的巷弄間，不時有好奇的村人從屋內探頭相望，見是吳晟，熱情地打招呼，一聲，「吳老師，去叨位散步？」不由得想起吳晟的詩作〈店仔頭〉，吳晟曾在文章中提及，每有客人來到，女兒音寧總會跑到店仔頭去買「柑仔糖」來請客人吃，讓人回味起店仔頭的各種透明罐中，吸引人的零嘴。

〈沉默〉一詩，係七〇年代，吳晟與妻在田間耕作時，依據當時的田野景象，所產生的靈感而作，卻在九〇年代初，被刻寫在臺北市松江詩園，有種詩的反芻記憶。吳晟關心農村、土地、生態的初發心，進而愛土地，愛農作物，對大自然的喜愛，俠義的精神堆疊而起，將社會關懷與農村景象，裝進創作的領域，成為篇篇雋永的動人詩集。

在他文章中所言「在寂寞中浸過汗水和淚水,只有在孤獨中傾注心血的詩句,才可能貼近人們的心靈深處。」集教師、農夫、詩人、散文家於一身,三十多年來,吳晟在農村教書、耕作、夜晚致力文學創作,主要的動力來自對生命的熱愛,社會的關懷、文學的理想,織出詩生命的力與美,對生命無止境的熱愛和探索,就是詩最大的原動力。

或是縱酒高歌,猜拳吆喝
或是默默對飲,輕嘆連連
或是講東講西,論人長短
消磨百般無奈的夜晚
這是我們的店仔頭
這是我們入夜之後
唯一的避難所

▼ 純園是小孩子的遊戲天堂。

千百年來,永遠這樣熱鬧
——永遠這樣荒涼

千百年來,千百年後
不可能輝煌的我們
只是一群影子,在店仔頭
模模糊糊的晃來晃去
不知道誰在擺佈

花生,再來一包
米酒,再來一瓶
電視啊,汽車啊,城裡來的少年啊
不必向我們展示遠方
豪華的傳聞

店仔頭的木板櫈上
盤膝開講,泥土般笨拙的我們
長長的一生,再怎麼走
也是店仔頭前面這幾條
短短的牛車路

——吳晟〈店仔頭〉

青山的那邊那邊
遠方的那邊
翩翩飄來幾隻雲朵
戲弄著吾鄉人們不語的斗笠
飛翔

河流的那邊那邊
遠方的那邊
款款流來一組水聲
逗著吾鄉人們不語的嘴巴
歌唱

水田的那邊那邊
遠方的那邊
嘩嘩奔來一群野草
纏著吾鄉人們不語的赤足
喧鬧

免講啦
不語的斗笠、不語的嘴巴、不語的赤足
從何談起

——吳晟〈沉默〉

——《統一企業》雜誌，314 期（2005.9）

10

吳音寧闖叢林　跳脫吳晟田園詩

梁玉芳、楊錦郁

父女作家檔　女兒搞學運、爭民主　三次理光頭

父親既驕傲又擔心　爭論社會價值觀

　　從田園中走來的詩人吳晟，以散文《農婦》，詩集《吾鄉印象》等作品，在臺灣文學土壤上篤實溫厚地耕耘著。彰化鄉下庭前的木棚內，學生送的大匾額，就平躺在廢棄桌腳上，成了詩人由教職退休後，繼續筆耕的大書桌。

　　在這庭院長大的吳音寧，曾經蒙著面、背著槍出席自己新書《蒙面叢林》發表會，重現親身探訪墨西哥查巴達游擊隊的記憶，也標明自己的獨特。她憂心臺灣在全球化浪潮中被邊緣化，白米炸彈客引發她書寫聲援，父親一整櫃的農村剪報是她的後盾。

　　吳晟看著滿懷理想卻不循世俗規範的女兒，他說，既驕傲又擔心。女生能不能理光頭、要不要穿內衣，都是吳音寧反抗社會過程中，與傳統父親的辯證對話；相同的是，對農村與土地的關懷，對詩與文學的品味，吳晟與吳音寧是父女，也是知音。

　　吳家父女的訪談就在吳晟名作〈農婦〉一文的場景裡，大部分以

臺語進行。

每天只看一齣「囝仔齣」

問：女兒音寧走上文學的路，老二賢寧是醫師，也寫小說，老么志寧創作的歌詞也很有文學味。對寫作，家裡有特別栽培嗎？

吳晟（以下簡稱「晟」）：沒有，大概是以前阿嬤規定不能看電視，不能出去玩，所以晚上就是全家看書。（吳音寧：我會跑去庄內店仔頭偷看電視。）後來，我太太娘家送來一部淘汰的電視機，阿嬤規定每天可以看一齣「囝仔戲」。

到臺北念大學「黑乾瘦」

問：據說音寧是三個孩子裡最叛逆的？

晟：音寧從小都不用人操心，生活正常，身體好，小時候整個人多麼亮麗，連王拓來家裡看見她，都開玩笑說要訂下來當媳婦。但是後來她去臺北上大學就不一樣了，臺北真是很不好的地方！

她開始打扮「請裁（隨便）」，人愈來愈「黑乾瘦」，呷菸，（吳音寧：還有喝酒。）我擔心，上去臺北好幾回，她的生活已經所謂的「革命青年」了，左派呀、學運世代那些，交些稀奇古怪的人。

我算是傳統的父親,但不代表沒有理想性;總希望她可以正常、健康些。

吳音寧（以下簡稱「寧」）：我大學念東吳法律,（晟：她都只填法律系,說是要當人權律師。）跟高中同學林淑芬（現任立委）上臺北念大學,第一件事就是找學運社團,那時都還不知道什麼叫「異化」,什麼叫「馬克思」,一群想法相同的人和在一起,生活就是晚睡晚起,很不「農村」啊。我記得,迎新營隊學長給我一瓶竹葉青,我一下就喝掉半瓶,其實以前在家我只吃過燒酒雞！

與鄭愁予對飲　不輸人的

晟：她酒量真的不錯,高中時,我帶她上臺北看汪其楣的劇作演出我的詩,她還跟鄭愁予對飲,不輸人的。

寧：我想過,學運裡的女生為什麼都不太健康,大概是我們對抗的不只是政治威權、爭校園民主而已,還有對抗自己——我們從小就被要求要有女孩子樣子,所以就用自己的身體、生活來對抗,故意反叛,抽菸喝酒啦,這些。
　　爸爸跟我說,這些傳統規範的東西這麼大,用自己的生活跟身體是對抗不了的。

晟：我是懇求她,好幾次去臺北,找她出來溝通一下。我對社會也有我的不滿,也曾經因為對社會的意見遭到調查,但在生活上、在健康上,我不會把自己「舞」到垮掉——你們看音寧,她這麼瘦,如果不是那幾年……。

要當革命青年,一定要這樣嗎?當年,他們幾個人大談改革理念,喝酒抽菸、徹夜不睡;結果,現在好幾個做官去了。

寧:不是,那幾個做官的,就是以前酒喝不多、菸抽不多的(笑)。

問:妳二十歲就理了大光頭?爸爸有什麼感想?

寧:這沒什麼啦,我一共理了三次,頭髮就是頭髮而已,為什麼女生就要留長頭髮?為什麼不可以光頭?想到就理光,就這麼簡單。畢業後我想要去考律師,也是想:哇,有個光頭女律師,一定很酷!

女兒不穿胸罩 老爸:唉

晟:她光頭,我真懊惱!對這個女兒的總結是:既驕傲又擔心。難得她有正義感,她的思想、品性、文采,依我看,她是這一輩裡還不錯的。但是我擔心她的穿著、行事,處處不符社會主流的價值……。

寧(插話):我們爭論最多的,是我要不要穿胸罩!

晟:唉,我的理性告訴我,她有她的選擇,但我擔心,她的行為不符社會對女性的要求,她會受傷害。比如說,理個光頭,人家會以為她是不是精神上有問題。

她媽媽反而是無所謂的,媽媽也是這種個性,自在、對世俗不在意。可是音寧又不是毫無彆扭,她會說「誰規定女

生要穿胸罩，乳房本來就是自然」，可是她又要駝著背，不敢抬頭挺胸，我看出她的矛盾。

寧：到了臺北，意識到自己的女性角色，也認同自己作為女性的身分，這些抗爭都是思想養成過程，那時認識的朋友，也奠基我現在所做的一切。

我爸會說故事勸我：他以前年輕時打赤膊，別的女生見了不好意思，所以我現在也讓別人不好意思。我就會說，原始部落裡女生都是裸體啊，胸罩本來就是商品，是商人發明的。我們兩個都沒有說服對方。

問：父女意見很不同，有過爭吵嗎？

寧：沒有，我爸從來不會對我大小聲，他對兒子就很嚴厲，尤其是小弟（吳志寧，九二九樂團主唱），為了打電動的事，衝突就多了。

考律師內心亂　「嘜給伊逼」

晟：她是女生嘛，而且，我的確是跟她「講卡有話」，文學、想法，現在我的詩都要請她幫我看過，我才發表，我也要知道年輕人的看法。

我們最大的衝突，是她法律系畢業後準備考律師那陣子。我還去臺北幫她買了兩三萬元的書，到補習班繳學費，但是她那時生活已經亂了，內心也很徬徨；莊老師（妻子莊芳華）叫我「嘜給伊逼啦」。

寧：弟弟後來去念森林系，爸不放心，還跑去陪讀，上課跟著

去旁聽，父子一起上課上了一年。後來，他們吵架，那個對話很好笑，我爸說：「全臺灣有我這麼好的老爸，陪你來讀冊！」我弟回他：「全臺灣大學生有像我這麼孝順，還讓你來這裡管，管了一年！」

晟：種樹是我的夢想，所以用心計較拐他去念森林系，他念得阿里不達⋯⋯我陪讀陪了一年，後來志寧對音樂已經很狂熱了，要放棄大學，我就順他的意；就像音寧後來對法律有不同的想法，不想考律師，我也就不逼她了。我是為孩子思前想後的父親，我很操心。

希望她早點嫁　「難找對象」

寧：孩子對父母是一定會對抗的，只是方式和態度的問題。

我覺得，爸爸操太多心了，希望他能開朗一點，（晟：我希望她早一點嫁，我擔心她的生命情調已經不同了，很難找對象⋯⋯。）對，選擇對抗的路，可以選擇的對象就少了，現在年紀大，咻，對象一下變更少（笑）。

可是，即使我嫁了，爸爸也會擔心我嫁得好不好，是不是要生孩子啊，真的生了，他又會擔心別的問題。我希望，爸爸就開朗些，一切順其自然就好了。

■

從「又怎樣」到「要怎樣」　跟過游擊隊心態大轉彎

問：吳音寧曾經探訪墨西哥查巴達解放軍,是臺灣人少有的經驗。那是怎樣的因緣?

寧：那是偶然的,二〇〇一年,不想工作了,我到美國二舅家,表哥說,有個支持墨西哥原住民與美國有色族群的組織,舉辦查巴達的學習之旅,我開始在美國找資料、寫推薦書,通過審查,就去了。前後一個月。

印地安原住民的村莊,至今過的還是沒水沒電的生活,他們告訴我,貧窮也是一門功課,游擊隊是為原住民、窮人的尊嚴而戰;也是為了對抗新自由主義市場對農人的不合理剝削。

我問他們需要什麼,他們說,就把我看到的故事告訴別人吧。所以,後來出書《蒙面叢林》,算是承諾。

從叢林回來就覺得,要真正做點事。以前大學的對抗狀態,總是「又怎樣」的態度,對人、對事、對社會,總是不屑,統統不屑,對自己也不屑,變得很虛無。回來之後,從「又怎

▼吳音寧　蒙面叢林。

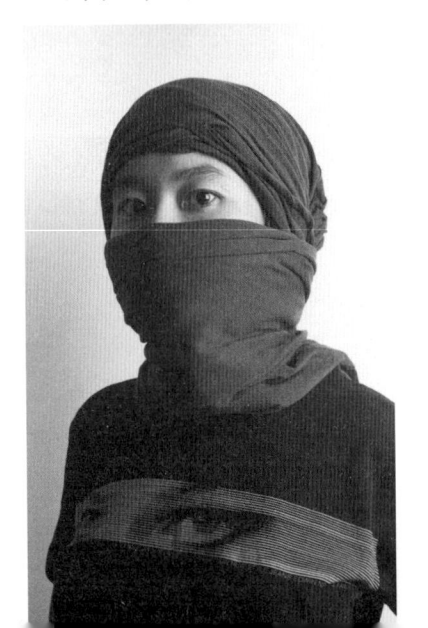

樣」變成應該要來「怎樣」一下，認真起來了。（轉頭問父親）對嗎？
晟：是變得比較有實踐性，以前是流於空談，沒有行動；回來之後，行動就多了。比如，她的英文也不怎麼好，但是她很認真查資料，翻譯印地安人被壓迫的文章。我看到她的辛苦，花了功夫，這是她以往欠缺的，真正有耐性去做一些基礎的功課，不是講講、議論就過去了。
寧：其實，回來發現，身邊非常多人都很認真在生活，認真在做些什麼改變。但因為就在身邊，所以反而看不見。
晟：關懷弱勢、注意社會議題，這是我們家的傳統吧。但我自己定位是溫和而堅定的社會改革態度，就算表達意見，不需用自己的身體展開肉搏戰。
寧：一般人覺得爸是出名的詩人、作家，其實在鄉下，他更重要的身分是老師，這比作家更受到村人的敬重。爸爸對年輕人很照顧，常常有比我還年輕的人來家裡找他聊天。
我們吳家從阿公起算，都是呷頭路人，比起種田的農人，講話就有分量了，爸爸媽媽都是老師，所以鄰居有事都會來找，我們也算熱心服務啦（笑）。
後來大弟賢寧當了醫師，庄內若有看病的事，都會來問；或是要找頭路、厝內囝仔的代誌，也會來商量一下。
晟：（太太）莊老師她們家有反對運動的傳統，最後解禁的黑名單裡，就有她哥哥莊秋雄博士、嫂嫂、姊夫三個人。
其實，音寧和我滿像的。現在我看音寧的行事，好像是我內在的延伸，是她做了我想做而沒有做的。

我們那一代的人，必須面對生活經濟的壓力，所以必須約束自己，即使對社會有意見，想要改革，也不能放手就去做了。像我父親過世後，家裡等於破產了，我必須顧到生活和家庭，所以壓抑一部分的自我。

但她們這世代就不同了，生活已不是問題，要生活是太簡單了，所以他們有放任的空間。

寧：我是沒有生活壓力。不過，我做的沒有別人多，別人參與得更多。

問：吳晟作品一向關切農村，聽說吳音寧參與聲援白米炸彈客楊儒門的行動？

晟：聲援的事，我們會交換意見，由她去執行。農村是我們的根本，我會建議她該看什麼書，媽媽也會提供意見。

寧：爸爸書房裡有一整櫃的農業問題的剪報，都是他幾年來整理的。

臺灣已經沒有辦法自外於全球化的趨勢，一些隨之而來的貧富差距，階級問題，都會出現，這些是在國外經驗都可以看到了，全世界財富分配問題，臺灣要有清楚的意識，體認到嚴重性，可是太少人注意，政府也不關心。

爸爸那一個時代的人，爭取政治的民主化，可是到現在，臺灣問題還是很多，沒有解決。

■

{側記}

老爸看女兒 「我內在的延伸」

他守 她衝 社會關懷 兩人交集 最新家庭功課「為楊儒門的書趕工」

「你這裡怎麼啦?」甫落座,吳音寧眼尖看到父親吳晟的臉上有一小傷,她伸手觸摸父親的臉頰。

早享文名的吳晟用手捂住自己的臉龐,不好意思地說:「早上不小心刮傷的。」父女親密自然流露。

真實生活中的詩人,是個多憂的父親,兒女像是他悉心照顧的作物,抽芽吐蕊,一一照看。

最近,吳晟的身體有點狀況,剛開完刀回到溪州鄉圳寮老家靜養。原先單獨住在老家的女兒音寧,現在成了關照父親的角色。

吳晟心滿意足地說:「現在是她對我最好的時候了。」他說,音寧讀中學時,每天晚上溫書時,都是善泡冷茶的他泡茶給女兒喝,偶爾手腳稍慢,女兒就大呼:「茶啦!」現在不同囉,泡茶是女兒每天晚上的任務。

父女都是詩人,談到成長過程中的衝突,吳晟最在意女兒的健康,吳音寧率性說出「胸罩」二字,保守的父親頓了一下,隨即點破女兒追尋解放中的矛盾。

經歷父親口中「革命青年」的歲月,吳音寧大學畢業,從臺北回到鄉間,一度無法適應,「村子裡早睡,臺北的朋友還在酒池肉

林」，於是又離家。

不像父親甘於恬淡農村，音寧曾到墨西哥的契帕斯省了解「查巴達民族解放軍」；回臺後，又搬到花蓮、臺東住。她指著自己的中古車說：「這輛車跟著我跑過北橫、中橫、南橫。」如今，她甘心回家做農，「想辦法要再融入農村的節奏，雖然還不行」。

在女兒眼中，父親仍舊是她及彰化眾多文藝青年的導師，家裡常常有「少年囝仔」登門，來找「吳老師」聊天，即使老師早已退休，在自家田地上要種滿百種臺灣原生種樹木，成了種樹的人。

社會關懷是吳家人共通的話題。吳音寧近日放下自己寫了十年、累積八十首的詩作出版計畫，為白米炸彈客楊儒門的書趕工。

三個孩子當中，吳晟坦承和女兒音寧比較有話說，他分析自己有農村性格，凡事比較「守」，而音寧比較「衝」的社會實踐，其實是他內在的延伸。

▼ 三個孩子中，女兒吳音寧和吳晟最親近。

坐在三合院前的簡易涼亭裡,父女聊著,一隻瘸了腿,被音寧收養的流浪黑狗湊上前來嗅嗅主人,吳晟妻子莊芳華餵完孫女稀飯後,扛著鋤頭,穿過家前的樟樹林,要去種芋。晚風習習,吳晟說:「我們就是一個普通的農家。」

——《聯合報》,相對論(2005.12.13)

對談者小檔案

吳晟	小檔案	吳音寧
1944/9/8	生日	1972/6/27
A型處女座	血型星座	B型巨蟹座
農婦、向孩子說、泥土、吾鄉印象	作品	蒙面叢林
敏銳、世界觀、關懷弱勢	欣賞對方的特質	在他的時代寫出開創性的作品
完成與樹有關的詩集,時代記錄的散文集	未來計畫	完成楊儒門的書,把寫了十年的近八十首詩出版
文字還有待錘鍊	給對方的一句話	開朗、積極些

11

燃燒熱情・書寫土地與生命的詩人

謝美萱

　　那是第一次離開鄉村的家鄉，來到坐落在山上的中學，少年聽著漫山蟬聲的噪嚷，感覺自己希求寧靜的願望，無異於在雨中仰望陽光。床上、桌上、手上，擺滿冷冰冰的參考書、充斥無感情的公式，就連夜晚的睡夢中，那些逼迫的叮嚀和勸導都要令人倏然驚醒。

　　少年不喜歡這些沒有感情的名目，也煩躁於校園裡數不清的規矩教條，他排斥不痛不癢的親切和適度的禮節，也討厭識時務的聰明人廣泛散播馴化的哲學。

　　學校裡，少年看到不合理的，就要打抱不平，遇到強欺弱的，就要挺身而出，覺得感興趣的，就要一頭栽入。他經常覺得自己只是一個平常的農家子弟，但隱隱又有一種強烈的社會正義感在心中澎湃。他雖然曾有過許多華麗選擇的機會，例如在臺北城市擔任副刊編輯，做一個時髦的文人，也可以追逐詩名桂冠，在文學沙龍裡享受掌聲環繞的絢爛，但他仍選擇回到濁水溪流域中僻靜的彰化溪州鄉間，安分地耕田、教書、寫作，與自然親近。沒有一般知識分子的尊貴與虛矯，只是在生活的奔忙與錘鍊中，以夜晚有限的時間挑燈夜戰，寫出一首首平實動人的詩。

吳晟，臺灣最具代表性的詩人之一，人們說他的詩，處處可見源於對鄉土、對生命真摯的熱愛，不是即興而隨即忘卻的感觸，也非技巧與主義派別等格局下的表現，卻是醞釀再醞釀後的深情流露。他說：「如果必須探究我的詩作中有什麼鮮明意識，我只知每一份詩情，都是連接臺灣島嶼的每一寸土地。」而這份根植於土地的強韌感情，隨他走了數十載人生。

強悍

那日，在採訪吳晟的餐廳裡，本要從詩開始談起，話題卻忍不住回到童年的記憶——那是醞釀詩人性格的開端，彷彿也只有從那個年代和環境講起，才能訴說詩人的詩。

小時候，生長在貧困的農村環境，許多孩子因為家庭變故，或者農事需要幫手，常常念著念著就輟學了，多數父母更因為工作忙碌而鮮少有時間關心兒女的課業。吳晟入學那年，同村本來有十個人，畢業時只剩兩個，有人要回去幫忙照顧幼小弟妹，有人家裡沒辦法供應孩子念書，還有人被老師打怕了——不會念書就不要念書——輟學的原因很多，但總歸起來就是貧窮二字。

在這樣的環境下，能夠讀書對大部分的孩子來說，是難得的小小幸福。吳晟說自己「比較好運」，父親在農會工作有固定收入，經濟條件比其他村民優渥，又非常重視小孩的課業，母親則是一個標準的農家婦女，一肩扛起所有的農事家事，盡量讓小孩有多一點時間讀書，所以比起全村的小孩，吳晟算是比較順利求學的，小學每年都考第一名。

然而,這個優異的成績卻從來沒有受過爸爸一句誇獎。吳晟說,小時候他常覺得很奇怪,為什麼爸爸一點「表示」都沒有,畢業後問起這件事,父親便非常慎重的告訴他:「你要了解,你考第一名是因為你命好,不像其他同學,需要每天幫忙田裡工作,你只是偶爾幫幫忙而已,你比較有時間讀書,當然就考得比較好,所以也沒什麼好誇你的。」

父親的話,固然讓吳晟有點被澆冷水的感覺,但他卻也從中慢慢意識到整個農村社會生活的艱苦,原來,自己只不過是「小池裡的一尾較大的魚」,沒什麼了不起,也不應該誇耀、驕傲。

講到這裡,吳晟露出略顯不好意思的微笑說:「所以我就很『認分』,該念書就念書,該工作就工作,沒有特別想做什麼和人家不一樣的⋯⋯。」

然而,你知道他是無比謙虛的,因為從他的文字中,你絕對能夠嗅出,他的性格中有一股隱隱的強悍,像緊抓樹根的土地,看不見使力的鑿痕,卻充滿力量。

講到這,吳晟只好靦腆的「招認」說,每個小孩的特質都不一樣,我也有啦⋯⋯。他講:「小時候,我只要看到大欺小的畫面,就會很自然跑過去,對欺負人的人說:『你沒有很行啦!很行就來找我啊!欺負人就是不對啦!』好像也不是為了表現什麼,就是很自然的覺得自己很勇敢、很有能力,想要幫被欺負的人出一口氣。」然而,聽來是「見義勇為」的舉止,卻常常換來無盡的責罵、挨打。他說,那個時代的農村,幾乎所有的父母和老師都會打小孩,而他還是被打得比較兇的。

為什麼?吳晟解釋,「以前我們班上都考全校第一名,隔壁班有

同學就造謠說,我們全班都是作弊的,不然怎麼可能考這麼好。我聽到以後很不服氣,就跑去跟班導講。當時那個女老師很好面子,聽到以後非常生氣,就叫我去把造謠的同學叫來,不然就不准我進教室上課。我聽了以後覺得很委屈,沒道理嘛,就跑去告訴校長,結果老師氣翻了⋯⋯。」

他說,大概就像這類「為不合理事情抗議」的表現,讓他經常遭受長輩的責打。許多時候,他並不曾細想,為什麼沒有在一次次的「教訓」中學乖,直到長大以後才漸漸明白,這是所謂的社會正義感。接著,他鄭重地、緩緩地告訴我們:「這個部分,後來就成為我生命中最重要的特質,包括後來參與社會活動、民主運動、以及我的文章裡經常出現,對臺灣許多現象強烈的憂心和批評,也許都來自這個性格,它是貫穿我文學作品的特質。」

性格

然而,吳晟的寫作之路,從來不是筆直鋪好、優雅而寫意的,人們以為,他為文的脾性,與其說是詩人──那容易被人質疑虛弱的難解身分──不如說是老農,更有一種貼近與力道。

我不和你談論詩藝
不和你談論那些糾纏不清的隱喻
請離開書房
我帶你去廣袤的田野走走
去看看遍處的幼苗

如何沉默地奮力生長

——〈我不和你談論〉

　　寫詩，是從初二開始的狂熱。原來小學的時候，寡言的吳晟就經常捧著班上唯一訂閱的《小學生》雜誌，一遇到自習時間，就坐在位置上安安靜靜地閱讀，不和同學嬉鬧，也很少說話。偶爾，有機會拿到其他課外讀物，像是《非洲打獵記》、《馬哥孛羅遊記》，就馬上一頭栽進去，看得渾然忘我。

　　這等態勢，到了初中接觸文學書刊之後就更為熱烈，除了大量閱讀之外，甚至迷上寫詩，弄得功課一落千丈，卻從此未曾停筆。

　　六〇年代，當時臺灣文藝圈在威權政治的籠罩之下，流行艱深晦澀又疏離的詩風。有人不願「墮落」盡寫與環境完全脫節的詩，因此憤而從此不再寫詩，也有人追隨主流價值，一味吟詠風花雪月的靡靡之音，然而吳晟不受干擾，他那同時也是文人的女兒吳音寧寫道：「那些漂浮的詩，也許像個人情緒的鋒面或熱氣團易逝，而吳老師的詩卻像在土地裡長出一棵樹。他既沒決斷的放棄，也沒盲目迴避現實的順從，仍是一貫誠懇的耐性，在上完一整天課、帶小孩、幫忙農務、參與社會運動中偷空，逐步摸索出自己文字的風格，踏實之美，真正從眼、從腳、從身邊抒發的詩。」

　　那年，從省立屏東農專畢業後，吳晟放棄「文明」的選擇，拒絕了臺北報社副刊的邀請，他靜靜回到鄉間，在國中任教，並於課後和假日，跟隨母親從事耕作。然而他筆下的田野生活，不寫農人荷鋤高歌，也不假裝烈日不灼、穀芒不刺，而是將最真實的農村生活與情感描繪出來。

於是，我們在他的作品中，看到一篇篇誠懇、坦白的書寫，沒有絢麗虛幻的華美辭藻，沒有飄逸幽微的意象，取而代之常常出現的是，真實生活中人們的姿態，以及對土地、對親人、對臺灣社會的片片深情。他的好友顏炳華這麼說：「我常不解吳晟的詩既少意象之雕琢，又缺美的文字之堆砌，為何能如此令我感動，後來我悟解了，詩的境界不在高，而在於它呈現的內涵是否有渾然真摯的情感。……吳晟以他生活的鄉村環境為原點，用真正的白話語言反映這個時代環境變遷的苦惱，誠誠實實的剖析在我們眼前，正是令我感動的原點。」

孩子啊！阿爸偶爾寫的詩
無意引來任何讚嘆
也不必憑藉任何掌聲
和我們每天在一起勞動的村民一樣
對深奧的大道理，非常陌生
又欠缺曲曲折折的奇思妙想
只是一些些
對生命忍抑不住的感激與掛慮

——〈阿爸偶爾寫的詩〉

然而，若因此將吳晟定位為專寫鄉土題材的作家，卻又是另一番誤解。他在文中寫道：「文學基本上是生活的反映。我絕無意以『鄉土』自居，更不願以『鄉土』自我限制。我抒發生於斯、長於斯、工作於斯的鄉土經驗、鄉土情感，以及從鄉土出發的思考，本是極為自然的發展，不足為奇。」

實際上,他關心的面向,包括文學、政治、環境、鄉土,而且每一項都是鏗鏘有力的。

關懷

於是我們談起了文學教育。對許多人來說,文學,若硬要說存在於國文課本當中,也不過是零星雜亂的斷簡殘篇。吳晟感嘆的說,長期以來,臺灣的主政者漠視文學或美學教育──這些人類最可貴的精神的活動──以致於多數臺灣人的文學素養貧弱不堪。況且,利益導向的教育讓文學淪為考試的附庸,他在〈親近文學〉一文中寫道:「臺灣數十年來傳統式的國文科教學,一直順應考試趨勢,過度偏重字音字義、語詞注釋的記誦,幾乎完全疏於文學陶冶。」

有感於文學教育的缺憾,幾年前,吳晟向當時的臺中縣詩人縣長廖永來提出建議,要編選一套文學讀本,從教師進修著手,進而帶領廣大學子閱讀作家作品,直接親近文學。於是,擔任召集人的他邀集了楊翠、路寒袖、向陽、陳益源、康原五位學者作家,組成編輯委員會,以臺中縣作家、作品為主,編纂了《中縣作家讀本》,共分為小說卷、散文卷、新詩卷、地方傳說卷,以及兒童文學卷。原則上,希望安排學生每年閱讀一卷,國小五年級讀兒童文學卷、國小六年級讀地方傳說卷、國中一年級讀散文卷、國中二年級讀新詩卷、國中三年級讀小說卷。

他說,一方面要讓學生了解,臺灣本地也有了不起的作家,二方面,「也是要學生去閱讀,去感受,去體會了解,他們生長的這個土地,牽連著什麼樣深厚的情感。」這是雙重作用。

燃燒熱情・書寫土地與生命的詩人

▲ 退而不休，吳晟仍為推動現代文學發展而繼續奔走。

除此之外,他也接受許多學校邀請,到處為老師演講,渴望貢獻一己之力,推動學校裡現代文學的發展。他說,臺灣大眾對於文學的理解、品味和欣賞,習慣於被牽引,習慣認定只有某一種文學是好的、美的、浪漫的,卻經常忽視作品的本質。「比方說,大家都覺得『我達達的馬蹄聲……』很美,但是臺灣和馬蹄沒有什麼關聯啊,所以我就寫牛,但我如果寫『我叩咯叩咯的牛蹄聲』,人家就會說『你這個不是詩啦!』因為大家聽到牛就覺得俗,聽到馬就覺得美,但這是一種既定印象對文學的認知,是一種非常侷限的概念。」

而這個概念影響所及的各個面相,確實反映在我們小小的島嶼社會裡。現今許多評論者宣稱臺灣沒有國際觀,或者挖苦臺灣本土太狹隘,滿口滿文都要人們向「外」學習,卻不曾認真提倡島嶼內在豐沛而踏實的積累。然而哪一種文學不是狹隘的?吳晟的神情裡有一種少年的坦率,他直言:「馬克吐溫一生寫的不就是他的密西西比河,難道他能寫長江或黃河嗎?川端康成當然寫日本櫻花,不然你叫他寫梅花嗎?這是很簡單的道理,但是我們的教育長期要我們疏離我們的歷史文化,久而久之,這種對我們自身環境的漠視就變成正常,大家很少深入去想事情,也覺得這些事情沒這麼重要。」

許多時候,為了澄清這些謬誤,要花好大好多的心血去努力,才勉強有一點點成效,但媒體「砰」一下,整個臺灣又立刻籠罩在浮誇不耐的氛圍中。吳晟先是緊著眉頭說:「這是我一直非常憂心的,說要改,常常也不知道從哪裡改起,有時覺得「足累」(臺語)。」接著又慢慢放鬆下來,露出一貫慈祥的笑容接道:「不過,講歸講,還是盡量去做,我媽媽以前常說,人沒有那麼厲害,可以撐天啦!人的一生很短暫,能做多少,就做多少。」

那老派認分的樸直,與熱情改造社會的青春,同時發酵著。

熱情

　　你看出歲月的滄桑,明顯刻畫在我臉上,是否也能理解我對人事的關注,反而更熱切。

　　你看到詩作的累積,襯托在我年老的資歷,是否也可以體會,我的心境,仍然如文學少年那般單純而狂熱。

　　你看見我在文學活動的場合,似乎有些熱絡,是否也能想像,我在小鄉鎮的日常生活,很少很少有機會記得自己是詩人身分。

　　我仍信奉,就像土壤中的種子,各自汲取水分,耐心等待生根發芽,只有在寂寞中浸過汗水或淚水、只有在孤獨中傾注心血的詩句,才可能貼近人類的心靈深處。

　　請你確實檢驗我的新作,是否仍鮮活豐沛,如果只是重複老調,我寧願從此沉默不語。

　　　　　　　　　　　　　　　　　　——〈詩名〉

　　前幾年,吳晟從國中生物老師的職位退休下來,但終究是閒不下來。每星期,他提著裝滿教學資料的手提袋,搭火車前往臺中、嘉義,到大學裡教授臺灣文學,或者,受到一些國中學校的邀約,南來北往地奔忙於各地為老師們演講;再不然,就是拿著剪刀在樹群裡修裁枝葉。女兒吳音寧說,「他仍擁有青春延續至今,非常耐磨,不屈不撓的內在熱情,尤其真正決定要做某件事情時。」

那日,他講近幾年在完成一個夢想——森林的夢想。過去種植水稻的田地,現在拿來植樹,平地造林的兩甲地,大片大片的土壤上,已經有了一點小成果,原生櫸木、肖楠、烏心石以及桃花心木,如早春幼嫩著。「其實種這些樹要做啥米?嘛不知,就是要讓人家帶孩子去玩,前幾天聽說已經有小孩去玩了,我聽了就很高興。」一講起來,詩人眼角邊的皺紋瞇成了一線,他的神情像雀躍的孩子,穩重的音調中掩不住熱情招呼:「再過兩三年,你們就可以來散步了。」

　　同時,他也以一貫「對生命忍抑不住的感激與掛慮」,繼續創作詩與散文,速度仍是慢的,態度是從未改變的敬重。近作的組詩〈晚年冥想〉系列,是謙卑面對死亡的文字,有牽掛、有豁達,而且是真實坦蕩的。

　　　如果臨走時不禁流了淚
　　　啊!請勿受感染
　　　那是我不知如何割捨
　　　綿綿密密的牽掛
　　　那是我不知如何表達
　　　償還不盡的恩情

　　　　　　　　　　　　——〈告別式〉

　　這是吳晟。一個靦腆的、天真的、樸直又誠懇的詩人。他的文字中永遠有新的溫度,他的生命裡不斷有美好的追求。他說,希望自己每個階段都是起始、都是新人,仿如回歸年少時光單純而熱忱的創作心境。

而他親近原始、沉默踏實的信念,便如同這首詩,有著他對大地、對生命最從容的愛。

不掛刀、不佩劍
也不談經論道說賢話聖
安安分分握鋤荷犁的行程
有一天,被迫停下來
也願躺成一大片
寬厚的土地

——〈土〉

——《人本教育札記》,204 期（2006.6）

12
閱讀，自然搭起親子溝通的橋樑——與吳晟老師暢談世代閱讀

方秋停

　　輕颱蓮花夾帶間歇雨勢過境，為盛夏午後帶來清涼，美術館前草坪正綠，雨珠披掛，建築清新，透亮的白鐵雕塑映出清朗四圍。吳晟老師一身樸實裝扮於傍晚時分出現，親切的身影襯著都會景觀，別有另一番情趣。看他緩步自前方走來，心底不禁沉吟起他的〈負荷〉詩句：「下班之後，便是黃昏了，偶爾也望一望絢麗的晚霞……。」眼前這讓人敬佩的鄉土詩人，他有著浪漫的文學理想、以及廣泛的現實關懷情愫，一路為周遭樹立真誠的典範。和這麼一位慈父型作家談論世代閱讀，將是多麼深刻合適的美事。

尊重性向發展，才有寬廣的閱讀空間

　　吳晟老師一家盡是熱愛讀書寫作的文人，夫人莊芳華老師平日忙於家務與農耕，空閒時仍勤於閱讀及編務，撰寫文章更是她的強項，才華始終洋溢，曾出版《行走林道》等著作；女兒吳音寧東吳法律系畢業，一向關心農民權益及社會制度，出版《蒙面叢林》、《江湖在哪裡》及詩集《危崖有花》，是當今頗受矚目的新一代女作家；長子

吳賢寧目前擔任彰化基督教醫院心臟科主治醫師，嗜好閱讀及小說創作，曾多次獲得磺溪文學獎；小兒子吳志寧平日喜歡讀詩，投入樂團及詞曲創作，去年製作《甜蜜的負荷》有聲書，以音樂才華詮解父親的詩歌，具體呈現對於鄉土及親情的感念。

閱讀風氣在一個家庭裡到底如何形成？如何培養閱讀習慣，讓閱讀成為生命的助力？以及閱讀在孩子成長及親子間的相處，能夠發揮什麼樣的功能？……，一連串和閱讀相關的親子教養問題，吳晟老師這用心用情的老爸有許多經驗之談。

吳晟老師說孩子的成長過程往往和父母的預期有落差，他的三個孩子都是例子。當初他對音寧的期待，恰如一般傳統父母，希望女兒能讀師院或是文學院的科系，而音寧因為志在關懷弱勢，於是讀了法律，之後更走上社會運動的路線；賢寧個性溫和適合穩定的生活，吳晟老師原以為他可以繼承衣缽，成為家鄉的生物教師，而他卻走上行醫之路；至於志寧，吳晟老師也曾盼望並努力使其走正常的升學路線，他終究有他自己的理想。

一個個例子證明，所有的期待及強求盡皆枉然，每個人總有其自主的選擇與發展。吳晟老師奉勸父母要改換一種比較輕鬆的態度，「開朗些，一切順其自然就好。」吳晟老師說在諸多無奈及難以預料的演變中，讓他最感欣慰的是：孩子們自小養成了閱讀習慣，因此不論任何情況之下，他們的人生總是有所憑藉。因為閱讀，日子不會無聊、精神不會苦悶、當機會來臨或面對不盡如意的狀況，也能夠有比較多元從容的解決能力。因此吳晟老師強烈建議為人父母者除了尊重孩子的才性，更要以身作則，培養親子共讀的習慣。

單純的鄉間生活、無電視干擾的讀書環境

　　如何營造讀書氛圍，讓孩子將閱讀作為主要的休閒？這一點吳晟老師歸功於他們一直和母親同住。吳晟老師的母親是一位傳統農婦，平常對於他們的管教相當嚴格，她認定遊樂是一種墮落行為，規定全家晚上不能出去，每天吃完晚餐，便將家裡的鐵門關起來，因此他們只好乖乖地回到房間，拿起書來一本接一本往下看。放假時也只能到田裡以勞動取代出遊，一方面鍛練身體，無形中也養成節儉習性。母親以身教，他們因為尊敬而習慣這樣的生活型態，並且受益無窮。

　　另一個有助於讀書環境養成的條件，是他家之前一直沒有電視，吳晟老師的母親說：「演戲瘋，看戲憨。」（演戲的是瘋子、看戲的是傻子），認為電視（尤其是連續劇離譜的劇情）會「教歹囝仔大小」（教壞小孩）。自從有了電視，很多人因此而耽誤農作，她對此深惡痛絕，所以極力地禁止。即便後來吳晟老師家裡有了電視，母親亦嚴格控管，規定每天只許在晚餐前看一部「囝仔齣」（即卡通影片），其他時間都不可以開電視。便是這樣單純的環境，讓閱讀成為他們生活的重要部分。

　　吳晟老師說在孩子還很小的時候，他會讀書或講故事給他們聽，莊老師喜歡讀書，經常帶著孩子們閱讀，孩子一個個養成讀書習慣，也各有各的閱讀興趣。賢寧讀書範圍廣，除了科學、社會、經濟，更遍讀世界文學名著，連《聖經》都讀遍了。吳晟老師說賢寧高一高二時成績平平，到了高三開始專注課業，成績立刻突飛猛進，這應與他平日經由閱讀累積的潛力大有關係。音寧嗜好文學及社會學書籍，對弱勢民族的貧窮及飢餓問題有深入探討，她自小從閱讀引發好奇心，

▲ 吳晟一家人均從事與文字相關工作。

▲ 大兒子吳賢寧主業是醫生,但已多次獲得礦溪文學獎。

▲ 女兒吳音寧參加文學活動。

拓寬關懷層面，長大後於生活中的觀察和體會，又透過閱讀不斷求證，整合出自己的見解，由此可見閱讀有助於思辨能力的養成。至於志寧則喜歡音樂方面的書籍，經常讀詩，創作的歌詞相當具有文學內涵。人的志趣儘管不同，經由閱讀可得滋養這件事，卻是千真萬確。

閱讀形成交集，自然搭起親子溝通的橋樑

吳晟老師說將閱讀融入生活，一家人有了交集，關係自然密切。吳晟老師一家人讀書、談書，從來不必刻意或定期，關於書及作者的討論分享隨時都在進行。吳晟老師家的藏書豐富，他自嘲是家裡的圖書管理員，不但負責分類、整理和收集，並隨時提供徵詢服務，必要時也樂於幫忙找書。全家都是愛書人，滿屋子書便是他們共同的財富。常聽到有些家庭彼此關係冷漠，親子間沒有共同話題，吳晟老師建議親子一起讀書，透過閱讀，父母既能了解子女的喜好和想法，經由孩子的刺激，父母也可吸收新知，從中獲得進步。

關於這方面，吳晟老師頗為安慰地說：在他們家隨時都有談不完的話題，閱讀豐富他們的交談內容，也在無形當中成為對方的知音。他非常懷念過去當孩子還在讀書時代時，為他們泡茶的日子，並珍惜親子間共品書香的感覺。

吳晟老師感嘆大部分家庭未能有此體會，很多人把藏書捐出來，一方面嫌它太占空間，最主要是因放在家裡沒有人看。吳晟老師說書是送給家人及後代最好的禮物，尤其他們在鄉下書的流通不比城市便捷，他於是花了很多心力整理家中藏書，目前正興建一座大藏書間，等年底完工之後將開放參觀，也歡迎鄰居借閱，一同享受讀書樂。

▲ 夫妻一起參加文學活動。

◀ 妻子莊芳華參加礦溪文學獎。

提升品味及競爭力，從閱讀開始

吳晟老師除了是個好父親，一直也是個熱心教育，循循善誘的好老師。之前在中學任教，經常利用晚上時間到學生家裡去訪問，他發現大多數學生都跟著家人看電視，一個晚上的時間往往平白浪費掉，他毅然決定將班上學生全部集合到學校，每天晚上親自督導他們讀書。那時候莊老師在家中陪孩子，他則將時間及精神全用在學生身上。但他遺憾當

▲ 醫師作家吳賢寧獲獎報導剪報，吳晟珍藏。

▲ 大兒子吳賢寧榮獲磺溪文學獎項。

時只注意學生的課業成績,並未訓練、培養他們正確的閱讀習慣,因此很多人在畢業或是事業有成之後便不讀書,這一點吳晟老師感到相當可惜,並且耿耿於懷。

吳晟老師覺得一個人假如沒有人文素養容易流於粗俗,即便很會賺錢,精神層面仍然貧乏。他認為人文素養需要深沉的智慧與修養,透過閱讀感受作者所要傳遞的思維,再將那思維實踐於生活當中,才可培養所謂的人文素養。吳晟老師說和觀看一部電影相較起來,閱讀原著能獲得更多想像樂趣,至於文學鑒賞能力及性情的涵養功能更不在話下。因此如何提倡讀書風氣,讓每個人知道要讀書,是我們社會迫切需要重視的問題。

吳晟老師說看書和拚經濟並不衝突,他感嘆臺灣的家庭成天忙於為生活打拚,唯一的娛樂就是看電視,很多人連報紙都不看,電視成了許多人主要的資訊來源。尤其電腦普及,很多人沉迷其中,這現象真的叫人很憂心。臺灣人閒來多半聚在一起喝酒、泡茶、聊是非,父母不懂得和子女一起看書,朋友間以書作為交集的也不多。閱讀習慣應從小培養,父母尤其要以身作則,他希望日後能透過鄉鎮圖書館推動親子閱讀,提升臺灣家庭的讀書風氣。

吳晟老師很感念莊老師陪伴著孩子,孩子們的功課、甚至吉他、鋼琴等才藝都是莊老師一手教出來的。除了讀書和勞動,假日時莊老師會播放音樂教孩子跳舞,或者全家一起下下棋。純樸的鄉間讓他們過著平淡的生活,卻也因為這樣的環境讓他們擁有最豐富的內心世界。而今孫子陸續加入,吳晟老師家的親子共讀陣容,欣然結合了三代。

親切的訪談進入尾聲,吳晟老師背起行囊要回彰化,行往臺中車

站的路上，愉快的聊天持續不斷——關於文學的執著、對土地及生活的真誠、及對於家人和社會深刻的愛與關心，盡在吳晟老師平實的言談中流露。窗外霓虹燈及過往的車聲逐漸消退，耳邊隱隱響起吳志寧演唱的旋律——「加班之後，便是深夜了／偶爾也望一望燦爛的星空／卻不再沉迷⋯⋯」

揮揮手，吳晟老師快步前去搭車，趕忙要回到他甜蜜的家園，陶醉在他用愛心打造的閱讀王國。

——《明道文藝》，401 期（2009.8）

▼妻子莊芳華教孩子音樂才藝。

13
泥土的詩學——
2009 訪溪州詩人吳晟

張瑞芬

　　我猜想一九六〇年初中沒畢業，輾轉考上北縣樹林中學的吳晟（1944～），在臺北火車站附近的周夢蝶書攤躊躇時，就註定要走上和楊牧（1940～）截然不同的道路了。

　　當時的明星咖啡館與藍星詩社，熠熠發光，匯聚了臺北眾多文人。和吳晟同樣詩情早慧的楊牧，大學聯考落榜後在臺北補習重考那年（1958）結識了洛夫、瘂弦、黃用、敻虹，並與《藍星》覃子豪諸人熟稔，差一點組了「五人詩社」，這段際遇成為他進入詩壇的重要成年禮。然而是什麼原因，六〇年代寫著《飄搖裏》那些現代感十足的苦悶情詩的吳晟，與這一切似乎錯身而過了呢？

　　二〇〇九舊曆年前於彰化溪州圳寮村訪詩人吳晟。門廊下，閒坐藤椅，涼風徐來，兩歲孫兒采峰臉蛋像洋娃娃，光腳滿地跑。六十五歲已是三個孫兒阿公的吳晟，現在為調養身體，彰師大和靜宜大學的兼課已暫時不去，看起來氣色頗紅潤。他抱著三個月大的紅嬰仔孫女采霖，徐徐搖著哄睡，臉上一派慈母般的祥和。「我少年嘛寫過小說咧」，「初中就常被退稿了。最早投《野風》，屢退屢投，投到《野風》主編田湜寫信來道歉。」吳晟呵呵笑說，寫作要有企圖心（我

看,也要有超強意志力吧!包括吃地瓜葉和蒸南瓜泥養生,後者我試過,「歹吃」得要死)。同行的研究生,與吳晟老師隔壁庄的秀英拿出自家包的「包仔粿」,這又是我第一次見識的東西。

對於我上述問題,吳晟自己的解讀是,最早的確是和《藍星》的余光中、周夢蝶、張健(汶津)較熟,但是當時年紀算是小一點,沒坐咖啡館的習慣,兼以「庄腳作實囝仔出身」、「個性土直」,不知怎的,就是不會去「相找」。你看多年來為他寫序或評論的,是顏炳華、曾健民、宋田水、宋澤萊、康原(晚近則林廣、施懿琳、林明德),多屬同窗、鄉誼或有地緣關係的,就知其所言不虛。

他的回答,在這二○○九年楊牧即將七十大壽且出版《奇萊後書》的當今,愈發突顯出許達然(1940～)、吳晟(1944～)、陳列(1946～)、劉克襄(1957～)這一本土系統與余光中、楊牧的相異來。或詩或文,這些本土作家的火氣、抗議、黨外色彩和對社會的憂心,不知怎地就是重擔一點。若說余光中和楊牧是優美的池蓮,許達然、吳晟就是粗礪而帶著芒刺了。像菅芒,也像野草,蒼蒼莽莽的在山巔水涯,生命力卻強韌得很。愈讀吳晟的詩文,愈覺得溫和謙卑俱皆表象,內裡蘊涵的頑抗精神是頗令人頭皮發麻的。像施懿琳教授說的「疾惡懷剛腸」,充滿了政治批判精神。吳音寧二○○七年皇皇巨著的《江湖在哪裡?——臺灣農業觀察》,正好給乃父多年筆下心血下了堅強的註腳。而吳晟一般普被接受與認知的,竟是溫和安全的〈負荷〉、〈水稻〉、〈泥土〉、〈不驚田水冷霜霜〉,未免是買櫝還珠,太小看他了。

「文學是我社會懷抱的延伸」,吳晟說,「我太世俗了,容易有意見,尤其是批判性的意見」,「就因為這樣,我談論社會改革的理

想，往往壓過文學。《筆記濁水溪》就是一個最實際的例子」。這本因二〇〇一年擔任南投縣駐縣作家而寫的書，原本吳晟打算寫山川之美，像梭羅（Henry David Thoreau，1817～1862）《湖濱散記》一般優美抒情，結果寫著寫著，寫到河川政策去。忍不住在〈誰的日月潭〉、〈威權遺跡〉中，控訴起涵碧樓排放汙水對日月潭造成汙染，蔣公銅像與慈恩塔占據山地。「差點被涵碧樓老闆告」。吳晟笑說，刊登此文的《自由時報》主編蔡素芬，當時還緊張的打電話來問事實是有影嘸。早先〈憂傷西海岸〉一詩，痛心海岸線的工業汙染，也是一樣的道理。吳晟說，「我寫海邊的木麻黃愈來愈少，砍伐殆盡，人家都覺得太煩了」。

▼ 前排左一為陳映真弟弟、吳晟、許達然、許辰昭（吳晟的化學老師）；後排右一詩人非馬。

像楊牧《奇萊後書》的叩問性靈，簡媜〈水證據〉的優美抒情，或陳冠學《田園之秋》那種與世無爭的路子，我看他都很難。恐怕也早已忘記自己早年略顯造作的晦澀詩了吧：「驚於群星焦急眼色底氾濫／兩旁的樺樹們／都不安的叫了起來」（〈小徑〉，《飄搖裏》）。

吳晟自我調侃：「寫黃昏晚霞的顏色變化，喔！很美。去寫燒稻草，枯枝濃煙，就又落入俗世了。」在海岸邊就看到垃圾汙染，寫河川就忍不住寫到攔河堰，就像九〇年代末寫《再見吾鄉》系列詩作的心情。當今農村經濟破敗，伴隨著資本主義的入侵，土地價值崩解，像執導公視紀錄片〔水路——八堡圳〕的陳文彬說的，吳晟彷彿扛著鋤頭黯然站在田埂邊，遠方濁水溪畔天空灰濛濛的，籠罩在臺灣農村頂頭上。

個性耿直，富正義感的吳晟，本名吳勝雄，一九四四年生。父親是鄉民代表，耳濡目染之下，從小就很會打抱不平。國小五年級彰化縣長選舉，看到國民黨權勢壓人，他自動自發去募集鞭炮，幫黨外的石錫勳醫師助選。念書時頗好放言高論，在學生中算是活躍分子，還因此被情治單位到家中找過麻煩。在臺北火車站看到警察打小孩，也因上前抗議而被警察修理。後來一九九二年吳晟的散文集《無悔》，對八〇年代解嚴前社會強權體制的批判，完全是這種好管閒事的性格一貫體現。

從這些面向去看吳晟詩文，是倔強不馴，安安靜靜很大聲，震耳欲聾的陽光灑在田野上，也像詩集《吾鄉印象》序詩所說的，「有一天／被迫停下來／也願躺成一大片／寬厚的土地」那派草根性，絕非「悠然見南山」那等的閒適。從在《自立早報》（本土副刊）、《臺

灣文藝》上寫作,和洪醒夫、廖永來、王世勛交情甚篤,到一九八六年與林雙不等文友創辦《臺灣新文化》雜誌被警總查扣,不折不扣走過一段黨外的歲月。

許多人眼中的詩人吳晟,是七〇年代因詩集《吾鄉印象》崛起的,八〇年代散文《農婦》、《店仔頭》坐實了他的本土經典地位。收入國中小教科書或出為考題,又成為普及化的最大關鍵。「農村詩人」是吳晟的正字標記,詩是他自己最為看重的本業,寫得較早,也因之獲獎,並以此於一九八〇年短期參加美國愛荷華國際作家工作坊。吳晟幾本詩集,內容多有重疊,1994～1999年寫的「再見吾鄉」系列未出專書,是收錄在《吳晟詩選1963～1999》裡的。依出版順序是《飄搖裏》(初版1966,洪範1985重出,加入多首後作)、《吾鄉印象》(1976)、《泥土》(1979)、《向孩子說》(1985)、《吳晟詩選1963～1999》(2000)。散文集則有《農婦》(1982)、《店仔頭》(1985)、《無悔》(1992)、《不如相忘》(1994)、《筆記濁水溪》(2002)、《一首詩一個故事》(2002)、《吳晟散文選》(2007)。八〇年代有很長一段時間,詩作減少,散文寫得較多,九〇年代以後,則詩文並寫至今。

就臺灣詩史而言,吳晟堪稱是一個異數,「歷經了某種曲折的不被認識與接受的過程」。這個詩人、教師兼農民的「有機知識分子」,經歷過年少輕狂的叛逆期,中學念了好幾個學校,於屏東農專畢業。七〇年代初,與學妹莊芳華結婚並選擇回故鄉彰化溪州國中當生物老師,二〇〇〇年退休。不但地緣上遠離臺北詩壇,甚至連本土的「笠」詩社也沒有參加。他自己老實承認,不喜歡詩社裡的是非糾葛,向來「只有朋友,而無黨派」。吳晟能被臺北主流文壇肯定,進

而享有廣大的知名度,除了瘂弦當年慧眼提拔之外,《吾鄉印象》剛好接上七〇年代蓄勢待發的本土風潮與臺灣民主化運動,才是真正的關鍵。

現在看來,吳晟六〇年代現代主義詩作《飄搖裏》,其實並非毫無意義的嘗試,〈浮木〉、〈輓歌〉都頗有味道,卻極少被談論,早期宋田水論吳晟幾乎是完全跳過此一時期的。正如林廣與施懿琳所說,那是「夢與愛的最初」,也是「從隱抑到激越」的過程。是詩人吳晟「前社會經驗時期」的摸索與傍徨。

使他聲名大噪的《吾鄉印象》組詩,與稍後的《泥土》、《向孩子說》,無疑就是林明德教授所謂寶貴的「社會經驗時期」了。《吾鄉印象》的詩藝,無疑比《飄搖裏》熟成,除了鄉土印記鮮明,可分立也可合觀的長篇組詩形式,在當時仍是首創,非常顯氣勢,也是重要原因。〈晨景〉、〈店仔頭〉、〈雨季〉、〈路〉、〈臉〉、〈土〉都很經典。這組歌詠臺灣中部農田故鄉的詩作,剛好寫在臺灣農業盛極而衰的峰頂,其實在蓊綠中是帶著淡淡哀愁的。用現在的話來說,叫做逆向操作,在即將到來的下滑趨勢前,返鄉的吳晟及時記錄了那美好的風景與人情。

《吾鄉印象》一九七二年起陸續發表於瘂弦主編的《幼獅文藝》(少部分在《笠》、《藍星》),席德進曾以它們作畫,並題詩於畫上,引起不少注目。一九七五年《吾鄉印象》全書出版,在瘂弦、余光中大力推薦下,為吳晟贏得「第二屆中國現代詩獎」的榮譽,這也是他成名的真正開始,距離吳晟初在《文星》發表詩作〈樹〉、〈漠〉的蒼白年少(1963),已經荏苒十幾年了。《吾鄉印象》的發表,和鄉土文學論戰前哨還有一些有趣的巧合。當年吳晟每一組詩作

發表時,幾乎和唐文標〈僵斃的現代詩〉那些批判文章都同時,有人理論有人實作,余光中後來因此開玩笑說:「唐文標流了血,沒有完成革命。吳晟不必流血,就完成了新詩的革命。」

昔日少年,今已白頭。曾經慘淡飄搖,找不到出口的鬱結,透過詩與散文,像陽光和雨水般落實在廣袤的土地與農田裡,灌溉了己身所出的母土。正如詩人林廣所說的,「赤腳走過詩的田野」,吳晟的詩風,沾溉了後起的詹澈、廖永來、瓦歷斯‧諾幹等人,連八〇年代羅大佑的歌〈序說〉,也延伸了吳晟的農村想像與舊社會價值觀。

吳晟近年新作頻頻,多發表在《新地文學》、《鹽分地帶文學》、《自由副刊》上,陸續有《一首詩一個故事》、《筆記濁水溪》、《吳晟散文選》、「晚年冥想」詩抄、「鄉間子弟」系列。在莊紫蓉、李欣倫、陳昌明、蔡依伶多篇專訪,以及許倪瑛等多篇碩士論文之後,吳晟似乎愈來愈被學界重視,然而他完全不受影響的,繼續走自己的路。未來將著手寫的,是以母親(吳陳純)為名的散文集《純園夢想》,主題是樹與人的省思,希望引起農政單位重視樹與人,土地與環境的關係。這的確是一種強烈的「土地倫理」,如林明德教授所說,吳晟是在鄉間,扮演著「大地公民」的角色了。像美國林務官李奧‧帕德(Aldo Leopold,1887～1943)保育樹林的《沙郡年記》一樣。

吳晟老師說,散文很重思想,不只是情感。所謂思想,包括人生信仰和生命價值觀。他自我批判時,一逕厚實謹慎、慢條斯理:「我寫的散文,粗淺粗淺啦!思想厚度還不夠。我是用親切誠懇,來掩蓋思想和文采的不足。這只能是好散文,還不足以成其大。」「我寄望我的下一本散文,可以在文采和思想厚度上達到好一點的融合。」

「詩,老來比較難寫,詩是絕對要意象的,想像或創意不足的話,詩的質素,會變得比較平庸。」

此刻在樹影參差的二〇〇九年新春午後,作為一個已經休耕的老農,吳晟改不掉習慣的每天去「巡巡看看」。母親一輩子辛勤耕種的土地上,如今平地植起一片樹林,晴暖的陽光篩落樹葉,投下斑駁的光點。種樹是「苦著一代,蔭三代」,鴨舌帽、布衣、膠鞋,吳晟東指西指像介紹自己的兒孫一般:「這欉是烏心石,六年了,那是肖楠、黃連木、樟樹,這欉桃花心木,十年了,才安捏而已。」(對我這個都市人來說,超出我的理解範圍。就像來的路上,見路旁磚牆歪歪倒倒寫著大字「俗田一分四十萬」,一分是多少?)師母莊芳華老師也來了,抱著孫女,一邊喊著田埂對岸的吳音寧那邊垃圾樹葉撿一撿去燒掉。腳底下竄過來幾隻剛剛在家門口遛達的家犬,一輛舊鐵馬停在田埂上,陽光在白花花的遠處河堤上。

你很難想像,這身形苗條的少年阿嬤寫過一本《行走林道——臺灣樹木與山林生態的抒情紀事》,那撿拾垃圾,臉龐紅撲撲的查某囝仔參加過學運,曾隻身去採訪墨西哥查巴達民族解放軍,寫了《蒙面叢林》,新近還出版了詩集《危崖有花》。這家子令人驚奇的還有吳晟長子吳賢寧,一邊當彰基心臟科主治醫師一邊還寫小說獲獎,次子吳志寧更是才華洋溢的音樂創作人,拿著吉他白白淨淨的帥小子,929樂團主唱,簡直見證了臺灣本土文化多元發展的可能。

我看著吳晟老師那一腳高一腳低的走在樹林間的勇健模樣,很難想像這是一個幾年前膀胱癌開刀,還寫了絕命詩一般的「晚年冥想」──〈告別式〉、〈落葉〉、〈墓園〉、〈晚年〉的人。生命看似脆弱,卻又如此頑強,像大樹無數的根鬚牢牢抓住地底,不肯輕易

放手。說是日暮西斜，可是「在鄉間田野／仍有大片夢想趕著種植」的他，仍想著「種一棵樹，取代一座墳墓」、「想念的時陣／相招前來澆澆水」。李若鶯教授因此說吳晟晚年的詩，已經超越「唯土史觀」，建構了新的生命美學。這樣的人，豈是輕易在命運之神面前言敗的嗎？

吳晟說，所有的作品都是作家自我的投射，就像俄國文豪高爾基（Maxim Gorky，1868～1936）講的，「每個作家都是某種階級的代言人」，「成分很重要」。鄉間子弟鄉間老，吳晟顯然不是小資或貴族一級的。有人說他的《筆記濁水溪》社會批判太強，以致減弱了藝術性，「稍欠文學想像」，老農詩人是有話要說的。他認為社會批判性太強恐怕不能算作品的缺點，表達得好不好倒是值得討論。許多人說鄉土文學粗糙或狹隘，其實不對。寫圳寮不必然粗俗，正如寫紐約不必然偉大，「去中國化」也不能和「臺灣民主運動」劃等號。戰後全世界都在追求本土化與民主化，各地都在發展自己的特色，什麼時候，「回到文學的本質，寫自己的土地，竟變成一種理論？」

你赫然發現，慈眉善目的阿公，變成憤怒的「崑濱伯」了。他說，目前的農業問題會愈來愈嚴重。很多人不了解，現在的經濟取向，開發式的農地政策，對農業並不是真的重視。（「農村再生條例」、「農地釋出」，吳音寧去立法院辦公聽會，就是奔波這個嗎？）身為戰後第一代臺灣作家，從日常的臺語轉化到純正中文的思維邏輯，曾使吳晟備感艱辛（聽吳晟說話，「不三時」、「咱這沿的」，或說──阿盛的文字很「骨溜」。很難意譯，差不多可以出一本臺語辭典了）。臺灣作家有無可能擺脫中國文學的影響，獨創步法，找到自己的語言或聲音？這個在年輕人心中不存在的問題，卻讓

他奮鬥了一輩子。這也是吳晟和楊牧同樣出自本土，因生活背景與知識環境不同，終於走上兩條反向道路的根本原因。

要我推薦，我心中吳晟詩的排序是：《吾鄉印象》第一，《向孩子說》其次，「晚年冥想」第三。《吾鄉印象》很經典；《向孩子說》開始在溫柔的語言中埋藏社會批判與反思，〈阿嬤不是詩人〉、〈阿爸偶爾寫的詩〉、〈不要看不起〉都極好；「再見吾鄉」如一組悲傷記事，抗議意念濃厚，真的是「社會批判時期」。〈土地公〉悲農地消失、〈賣田〉是老農賣地的辛酸、〈老農津貼〉裡有鄉人對未來的茫然，詩的質素悄悄淡了。直到「晚年冥想」抽離現實，省思生命，又開創出一個新局面來，倒真的有點梭羅（Henry David Thoreau）或華茲華斯（William Wordsworth，1770～1850）的味道了。

他自己最喜歡的，又是哪幾篇？回答是〈負荷〉、〈經常有人向我宣揚〉、〈我不和你談論〉。〈負荷〉寫父母的心情，最為人熟知，〈經常有人向我宣揚〉政治色彩濃厚，是「再見吾鄉」組詩的一部分。〈我不和你談論〉則溫柔中帶有堅忍的力量，也是相當典型的吳晟風格。

吳晟的詩，陳映真〈試論吳晟的詩〉一文認為，在開發音韻可能性之餘，兼有逆說式／倒裝的趣味，如「詠嘆自己的詠嘆／無關乎閒愁逸致，更無關乎／走進或不走進歷史」（〈土〉）、「勤快的浣洗陳舊或不陳舊的流言」（〈晨景〉）、「無所謂的陰著或藍著」（〈序說〉）、「有日或無日可向／有陽光或無陽光可仰望」（〈葵花〉）。讀起來是有押韻的味道。

在詩行的結構上，吳晟喜歡統一性，像插得架勢齊整的秧田，

三段式鋪陳,外加一段總結。層疊往復,一波波推展開來的邏輯,頗收一唱三嘆之功。而這種不尚玄渺的風格,也真的適合用作中小學賞讀。這首他自己鍾意,也作為洪範一九八五年再版《飄搖裏》序詩的〈我不和你談論〉,就很典型:

> 我不和你談論詩藝／不和你談論那些糾纏不清的隱喻／請離開書房／我帶你去廣袤的田野走走／去看看遍處的幼苗／如何沉默地奮力生長。
>
> 我不和你談論人生／不和你談論那些深奧玄妙的思潮／請離開書房／我帶你去廣袤的田野走走／去撫觸清涼的河水／如何沉默地灌溉田地。
>
> 我不和你談論社會／不和你談論那些痛徹心肺的爭奪／請離開書房／我帶你去廣袤的田野走走／去探望一群一群的農人／如何沉默地揮汗工作。
>
> 你久居鬧熱滾滾的都城／詩意啊!人生啊!社會啊!／已爭辯了很多／這是急於播種的春日／而你難得來鄉間／我帶你去廣袤的田野走走／去領略領略春風／如何溫柔地吹拂著大地。
>
> ——〈我不和你談論〉

林廣《尋訪詩的田野》說這首詩是「以沉默的力量,喚醒迷失的心靈」,是很貼切的。

問吳晟自己的散文最喜歡哪篇?想了一陣,回答仍是喜歡寫母親的《農婦》、〈嘮叨〉。那是他的散文最素樸最平民化的典型吧!

全無炫巧,非常家常,卻很有畫面。八〇年代中期,《農婦》獲《讀者文摘》轉載,拍成電視紀錄片,紅極一時,獲得讀者極大的熱情回報。就像隨著舊式農業社會消逝,也必然成為經典的詩作〈店仔頭〉一樣:「……店仔頭的木板櫈上／盤膝開講,泥土般笨拙的我們／長長的一生,再怎麼走／也是店仔頭前面這幾條／短短的牛車路」。

牛車路仍是原來的牛車路,田埂仍是母親當年大粒汗小粒汗拚命耕作的田埂。只是江湖已老,農村記憶已愈來愈遠離現代人生活了。看著吳晟今年八月即將出版的散文集《鄉間子弟》手稿,「現此時」的少年仔,幾人知道稻和穀有什麼差別?「豬母乳」、「風鼓」是啥?洋麻稈做的屎杯怎麼用?「莿仔埤圳」、「圳寮」、「三條圳」、「溪埔」、「下水埔」、「溪尾」、「水尾」、「溪州」,這些如「水世界」的地名是怎樣?古早形容人正直,是「條直」,逞強,是「好看面,無路用」,沒有文才,是「寫字像犁田」。孩子淘氣,說是「番格格」,女人漂亮,叫「水噹噹」。公務員人稱「吃頭路人」,稻田播種「趕時趕陣」、「透早趕到透暝」,說生活艱苦,叫做拚得「流血流滴」。唸「北斗」的一定是外地人,咱在地的攏嘛讀作「寶斗」。

八〇年代至今,散文裡書寫農村經驗的,不是只有吳晟。與吳晟散文集《農婦》、《店仔頭》約同時期的,就有黃勁連《潭仔墘札記》(1982)、蕭蕭《來時路》(1983)、阿盛《行過濁水溪》(1984)、吳鳴《湖邊的沉思》(1984)、羊牧《吾鄉素描》(1985)等。其中映現的四、五〇年代臺灣農村真實面貌,例如「播田」、「挲草」、「灶孔」、「風鼓」、「埕尾」或「輪衝」,如今看來,都是被人遺忘,而彌足珍貴的回憶了。吳晟八〇年代散文集

《農婦》、《店仔頭》，連標題也用了大量臺灣俚語，如〈不驚田水冷霜霜〉、〈死囡仔咧〉、〈了尾仔〉、〈現有現好，陷人起痟〉、〈好看面無路用〉、〈敢的拿去吃〉等。

像〈人有不必欣羨〉這種語式，已經完全打破了中文結構，道地臺語邏輯的了。「人有，不必欣羨」，意為別人的長處或優點，應該尊重，而不需以此自慚形穢或心生妒忌，也真是不用臺語唸不出味道來。目前臺灣能用這麼鮮活且生活化臺語入文的，恐怕不多。阿盛《夜燕相思燈》語言有古意，但也還是結合了文言的。目前農村面臨的不只是農業的棄絕，也是土地的異質化，最後就是土地情感與語言文化的喪失。真正守著良田作物，祖先遺產，「鄉間子弟鄉間老」的，大概真的只剩吳晟了。

《鄉間子弟》這本寫了好幾年的散文集，寫作緣起是吳晟見許多「眷村文學」被重視，想到農村是臺灣百分之七八十的人的共同回憶，也應該有一本代表作，因此延續了一九九四年散文集《不如相忘》裡的「濁水溪下游記事」，一系列寫下自己的童年回憶。就像下一本寫樹的《純園夢想》，在《不如相忘》裡〈賞樹〉一文，也早有發想了。

吳晟的鄉愁概念，有趣的是，和外省作家余光中、鄭愁予是兩條平行線。那不是眺望海峽時，空間地裡的遠隔，而是站在泥土上，對往日時光的呼喚。《再見吾鄉》系列裡〈我們也有自己的鄉愁〉就說得很清楚了，這島上的鄉愁伴隨著各種圖騰，大量傾銷。貫穿吳晟所有詩文的，其實是現代社會對素樸文化的一種追尋。從《吾鄉印象》到《鄉間子弟》，無不皆然。鄉音、鄉人、鄉情，除了土地風物，他多寫家人（父親、母親、妻子、兒女），自然流露出來的舊式家庭倫

理,也都足以證明這是一種完全異於都會與資本主義的,已然內化為生命本質的價值觀。

《鄉間子弟》設定農村故鄉為主軸,語意平淺質樸,大致延續《農婦》、《店仔頭》,而成吳晟農村散文三部曲。然而吳晟以素樸語言所要訴說的,或許正是「鄉間子弟」已經沒有了。你看他寫〈男孩的游泳池和回家之路〉,早年的田間鄉下,大圳雖然湍急,流速卻穩定,夏天鄉下小孩放學,嫌赤足走在路上燙腳,膽子大的就「捨陸路而走水路」。衣服脫了,仰躺順水流數公里,「在到達田莊口時才登陸」,然後穿上衣服,若無其事的回家。這給現今在安親班裡補習補得暗無天日的臺北小孩看了,真是情何以堪?(套句流行語,會不會「太超過」了啊!)

對吳晟的人生與創作而言,七〇年代初返鄉任教並協助母親耕作,無疑是最重要關鍵。當七〇年代寫實主義伴隨鄉土文學論爭洶洶而來;八〇年代都市、政治、性別議題當道,吳晟只是辛勤流汗,默默在中臺灣家鄉耕植了一大片詩的田畝。沿著一行一行笨拙的足印,誠誠懇懇,沉默的等待。經歷了「社會經驗時期」與「批判參與」、「沉潛反思」的淬練,以不懈的毅力,實踐了自己的詩觀。蕭蕭曾言,賴和以時代,林亨泰以語言,吳晟以土地,三個彰化詩人在不同時代,見證了臺灣現實主義的詩作。說得是很有道理的。

問吳晟寫作者需具備什麼基本要素?他說:「強烈的社會關懷」(這是和許達然同一掛的?)「對社會的熱情,也就是對生命的熱情。想寫作,就是要對社會一直有意見。臺灣很可惜,很多作品都不貼近人的生活。」(那是真的,店仔頭、農婦,多鮮活!在張君雅小妹妹還沒出現前。)吳晟表示:「藝術,如果無法喚起實際生活的感

▶ 吳晟迄今仍筆耕不輟。

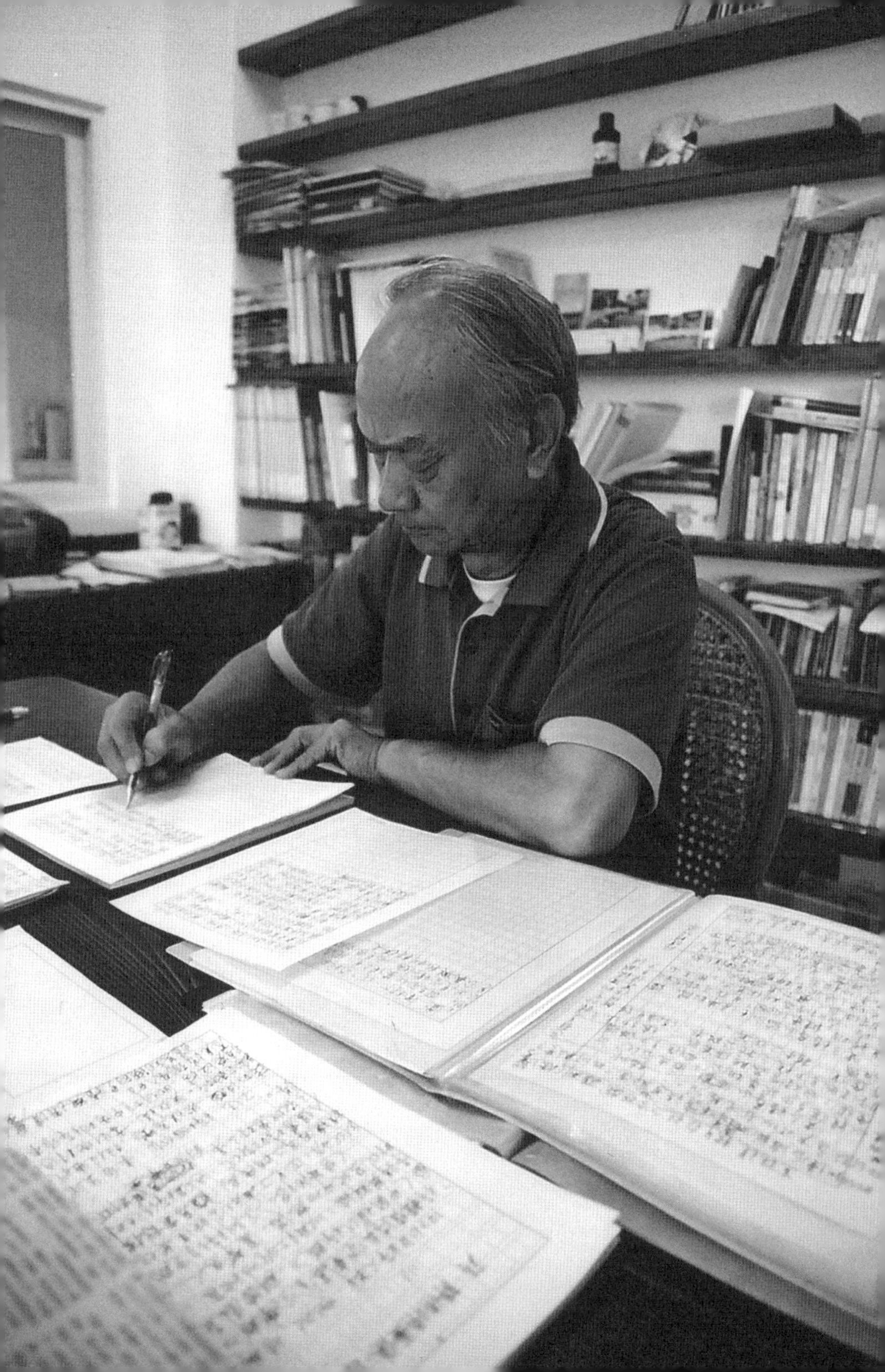

動，對我而言，層次太高了，那不是我要追求的。」前陣子米勒畫展引發旋風，「真正的農民可會感動？」他還戲謔的寫了一首詩，點出了他心中的疑問「如果我家鄉的畫家／借到你的彩筆／美學大師或名流們／可會讚嘆？」（米勒農婦 V.S 圳寮阿伯，有爆點，而且這人真是棉裡針，正刮倒削的。）

吳晟家中多年積累，藏書不少，他至今仍用手寫稿，並稱自己寫作很慢。（據林廣統計，四十年來兩百多首，一年六至七首而已，實在是慢工出細活。）他也沒有固定書桌或地點，有閒才能寫。吳晟給年輕寫作者的建議是，不必迎合或討好讀者，但傳達的技巧，總要讓人可以理解。寫作不只是表達個人的藝術境界，而是希望有一定程度的讀者能閱讀或理解。

請他推薦寫得好的詩人，他說向陽。「有鄉土的氣質，但表現上較活潑。有許多作品都不錯」。

寫得好的作家呢？他數了邱坤良、廖鴻基、陳列、劉克襄、阿盛、廖玉蕙、瓦歷斯‧諾幹。對於文學是否應該普及化，他認為文學可以商業，但不是作家自己用心思在上面。「受人歡迎容易，受人尊敬很難。以前我跟林清玄講過。九把刀，我有一次也和他說過，要寫得精一點。」（喔對！也是個彰化囝仔。）

暮色中離開了溪州圳寮小村，中彰快速道路車流如閃電奔馳，我腦海裡猶有金閃閃油菜花田的光影。這個頑固老爹，田庄阿伯，以前幾次在文學獎偶遇聊天，不知道文學背後的人有這麼強的內蘊。那古樸的三合院裡，樹影清涼，靜謐悠長的日子，帶著幾分淪落的哀傷，卻像是生生世世，可以永遠信守的，一個美麗的諾言。

不是先有理論，再有創作的啊！強烈的生命關懷，是持續寫作的

動力。「寫作者一定要有真心。」看似平常的話語，實有深意。圳水深流，像人生的河，在中臺灣晴暖的麗日中，也在我的心中閃耀著。

——《新地文學》雜誌，10 期（2009.12）

作者小檔案

張瑞芬

　　散文研究專家，文學博士。著有臺灣女性散文研究專書等多種，現為逢甲大學中國文學系教授。

14
我在我不在的地方

楊佳嫻

從年輕的時候,吳晟就已經確認自己前方的路,不可能與腳下這塊土地分開——這信念貫徹了他的寫作與生命,變成回饋給鄉土的重要資產。雖然他一再強調土地與勞動的重要,其實農作之餘,還是手不釋卷,勞動與知識並重。

∎

手植文學森林・田園詩人吳晟在溪州

「我不和你談論人生/不和你談論那些深奧玄妙的思潮/請離開書房/我帶你去廣袤的田野走走/去撫觸清涼的河水/如何沉默地灌溉田地」。罕見地作為一個擁有「自耕農」身分的作家,吳晟的詩文與人格,幾乎都是從勞動當中澆鑄出來的。如同這首〈我不和你談論〉,態度鮮明,堅定。

走訪退休後在家鄉彰化溪州種樹、下田、寫作,同時積極參與農民運動與環保事務的吳晟。他從年輕的時候就已經確認自己前方的路,不可能與腳下這塊土地分開——這信念貫徹了他的寫作與生命,

變成回饋給鄉土的重要資產。雖然他一再強調土地與勞動的重要，其實農作之餘，還是手不釋卷，勞動與知識並重。而吳晟的子女，在充滿文學空氣的家庭中長大，也都與文學結下不解之緣：大兒子賢寧是醫生，女兒音寧從事社會運動，更是個風格特殊的詩人，小兒子志寧走上音樂創作之路，卻不忘把老爸的詩作拿來譜成曲。

純園・樹園

穿著Ｔ恤短褲登山鞋，步履仍然穩實的詩人吳晟，領頭走在傍晚微雨中。他要帶我們去看他的樹園，「純園」。

「我喜歡『純』這個字。一方面，『純』是我母親的單名，另一方面，純樸、單純，正是我的個性，也是我喜歡的生活，更是我尊敬的價值。」所以他看重勞動，堅持親自下田，讓手腳都能真正觸摸到土地的質感。

就在距離吳晟住家不遠，一大片樹林展開來，有粗可讓十歲孩子伸臂圍抱的成年樹，也有仍然瘦弱，大抵就是三歲孩子小腿粗細的幼年樹。吳晟手一揮：「這一塊，以樟樹為主，樹幹紋理很粗糙，可是葉子很柔軟。那些你看起來覺得還很細的，其實都已經長了十年了。根本還沒有一棵樹的樣子嘛。這樣看來，俗語說的『十年樹木，百年樹人』，根本是不對的，百年才可能長成大樹啊。」樟樹樹幹在雨的溼潤下，顏色轉深，葉片悠忽悠忽地晃動，在風中摩擦，像商量著什麼祕密。「而且，這些樹，都是真正從幼苗開始種植，不是移植成樹而來的。」

腳下踩著混合著好幾個季節落下的木葉的泥土路，幾隻小毛犬

前後奔跑著,在人們腳前嗅一嗅,伸出爪子抓住褲管,像是要爭取什麼,然後又歡欣地跑開了。蚊子營營飛著,「哎,你們不習慣,剛剛應該讓你們擦點防蚊蟲的藥。像我常常來這裡勞動、走動,早就和牠們『和平』共處了。」樟樹之外,這裡還有許多樹種,例如樹蘭、土肉桂、肖楠、櫸木、烏心石、毛柿等等,多半是臺灣原生樹種。路旁擺著成堆朽爛的木材,詩人說:「種樹也有失敗的時候啊,這些就是失敗的證據。它們水分太多,以致根扎得不深、不穩。」轉身指點樹木的行列:「種樹要顧及的細節很多,例如你看,每棵樹的間隔要剛好,不可以太密。這裡就太密了,所以只好把其中一棵挖起來,種到別的地方去,不然以後會影響其他樹木的生長。」

　　樹木們也給了吳晟寫作的靈感。一九七〇年代,吳晟即有一首詩〈月橘〉:「整整齊齊畢竟是好的／至少至少,免於紛歧,有礙觀瞻／所以,我家的主人／修了又修,剪了又剪／不容許我們的手臂,隨意伸舉」,月橘被如此修剪,乃是因為它們被移植作為樹籬,「昔日悠遊的歲月哪裡去了／因為,我們是微賤的植物／我家的主人,從未在意／在黑暗的土裡,我們的根／怎樣艱苦的伸展／怎樣緊密的交結」,暗示著對於威權時代

◀ 純園裡的樹屋,是小孩子的遊戲天堂。

束縛精神自由的抗議。

那麼，培植這麼多的樹木要做什麼呢？「我希望以後這裡可以開放給大家，像一個免費的公園，一個生態教室，變成休閒、教學的好地方。裡頭的路我堅持不鋪水泥，也是希望讓大家真的接觸到土地」，而且，這些樹多半是臺灣原生種，也寄託著吳晟對於臺灣鄉土的感情，「爸爸媽媽或者老師帶著孩子來這裡，學到的不只是生態，而且是臺灣的生態」。更讓吳晟高興的是，一個地方，有一個人出來做一件好事情，往往具有帶動的功能，附近有些鄰居也在自己土地上多種樹木，一塊塊小風景拼起來，讓圳寮村看上去特別濃綠。

見書如見人：吳晟的小藏書館

移植了部分樟樹，空出一塊地來，由太太和設計師幾經參酌，才蓋出這一棟以透明玻璃為外觀主體，與家中原本的三合院斜斜相對的書船。書船內打造了一條迴旋的緩坡，剛好圍繞著書架區域而上，也就是說這裡根本不設置樓梯。最上層是客房，可以讓來訪的人們暫住。

書船內的書架很厚實，拿了船板當材料，塗深棕色漆，看起來特別凝重。從書船內往外望去，草地，矮樹籬，搖椅，遠遠是一塊一塊田地，午後微雨斜織在盛夏的平蕪，光線柔和起來。這艘書船，在溪州圳寮一帶已然成為景點。

這處藏書館，書籍的擺放有一定的區分。吳晟說：「不是有句話說，要看這是個什麼樣的人，就看他交什麼樣的朋友，讀什麼樣的書。所以，來到這裡，看到我的這些書，就可以明白我的性格與愛好。」例如一樓，有一區專門擺放生態環保方面書籍，有本地出版

的,有翻譯自國外的,書刊所跨年代很大;如同他愛文學愛詩,吳晟對於土地環境的關懷,也是早早就發芽,長期累積的。

走到詩刊區,詩人抽出一冊薄薄的《新生文藝》,「這可是我的文學啟蒙,是在彰化地區出版,由本縣人士潘榮禮編的。」初中時候讀到這份刊物,讓他發現了文學的美好。另外還有現已不太容易見到的《藍星詩頁》、《海洋詩刊》(1950年代由臺大學生編輯)、《綠地詩刊》(1970年代創刊於屏東)、《陽光小集》、《風燈》、《星座》等。他輕手輕腳地展開摺疊起來的《藍星詩頁》,仍然保存得十分完整,只有摺疊處的痕線深了些,「以前我可是收藏了整套的《藍星詩頁》,不知道為什麼,散失了不少,現在就只剩這幾份了。」

往上去,可以看到有一區收藏著吳晟的手稿,以及與吳晟作品相關的報導、評論、學位論文。樓上還有小說以及古典文學的專區,「雖然是寫新詩,但是我知道古典的東西也是很好的養分。這些古典

▼吳晟與藏書(路寒袖攝影)。

詩詞我也收集了，從有注釋的版本到一般面向大眾的解說我都有。」他很謙虛：「想說自己程度沒那麼好，從比較通俗的說解看起好了。」然後呢，就是滿滿的詩集專區了，中國大陸詩人放一大櫃，許多都是大陸的朋友幫他買來的，臺灣詩人或與臺灣有淵源的一些新馬香港詩人，則另外放了兩大櫃，多半是吳晟從少年時代累積起來的。臺灣詩集的部分，細看也有些區分，例如女詩人被放在一起，「這樣可以集中觀察女詩人發展的樣貌」，只出過一本或者他只收集到一本的，也集中在一起。詩集區還累疊著許多筆記本，翻開一看，都是手抄稿，有馮至，有蘇金傘，還有許多傷痕文學詩歌，「都是在愛荷華的時候抄寫的，不敢印。」而靠窗的躺椅與小桌上，稀薄的天光裡，還放著一本香港青年詩人陳滅的《抗世詩話》呢。

有趣的是，吳晟也買了許多武俠小說，金庸、古龍、梁羽生都看。他拿起一本《白髮魔女傳》，翻開來竟然還有多處紅筆畫線，詩人有些不好意思地搔搔頭，「唉呀我以前看到精采的句子，就會忍不住畫起來，就好像看詩集也是這樣啊」。

摸索出自己的道路

愛文學愛土地，即使認為自己天生是農人，吳晟這樣一個「鄉間子弟」選擇「鄉間老」之前，也曾到繁華的都市中經歷過一段時光，也曾試圖走入臺北的文學風景。

上臺北補習讀「初四班」那年，加上就讀樹林高中三年，早已對文學發生興趣的吳晟，也開始到牯嶺街、重慶南路去晃盪。他也經常到周夢蝶的書攤上去買詩集雜誌，旁邊就是通往大名鼎鼎的明星咖啡

▲▶ 吳晟的藏書館「書船」。

▲ 走進吳晟的書船,進入浩瀚書海。

屋的樓梯,「很奇怪的,我卻從來沒有想過要踏上去。」因此,吳晟到了中年,才有朋友帶他去坐「明星」,但也僅有那麼一次,喝過許多文學家記憶中的那杯咖啡。

　　這是一種有意識的拒絕嗎?「我想,那時候沒有去明星,有幾個原因。第一個,我是鄉下孩子,總覺得咖啡廳是給『上等人』去的。第二,喝咖啡那時候很貴啊,一個中學孩子能有什麼錢?」雖然沒有上去過,「倒也不覺得特別遺憾就是了,很可能我對於以咖啡館為家的那種寫作生涯,沒有太大興趣吧。」後來,考上屏東農專,到了島嶼南方去讀書,更與臺北文學圈疏遠了。到了一九七〇年代,野人、明星這幾家咖啡廳,仍然是《現代文學》班底或者是《文季》班底及他們的朋友的聚集場所,「我自認不屬於任何社團與流派,所以也和這些場所格格不入」。同時,他也摸索出自己的道路,出版了《吾鄉

印象》（1976）這本寫作生涯早期的代表作。

吳晟離開學校後，也沒有參與過任何詩社。作品曾經發表在《藍星》、《笠》，卻從來不是藍星詩社或笠詩社的一員。他認為，社團應當是一群有同樣愛好、同樣理念的人的組合，彼此激勵、合作，但是，就他所知，文學社團內部其實常有許多意見不合、翻臉不認的情況，而且因為同屬一個社團，摩擦更多。「我更期望的是朋友，而非隸屬於哪個社團的這種身分」，吳晟總是以個人身分與不同詩社的人交朋友、談文學，而不願背負集體的名號——多年以來，他一直是那個單純就是愛鄉、愛詩、愛書，能夠抗拒潮流，沒有踏上那條許多人走過的階梯的，堅持的身影。

堅持回到故家故土

吳晟總是稱瘂弦為「老師」，認為他是自己寫作道路上最重要的提攜者。瘂弦曾找吳晟去《幼獅文藝》當編輯，這個提議對他來說是否有吸引力？「怎麼沒有？當時的《幼獅文藝》是愛文學人的園地，而且那個時代擔任文學編輯，是很多文藝青年嚮往的工作——其實啊，我那時候都已經去報到了。」

那後來怎麼又回家鄉當生物老師呢？

「我雖然已經報到，內心一直很不安。掙扎了好一陣子，想到媽媽一個人在家務農，那個辛苦的身影，而我在臺北工作，沒有辦法替媽媽分擔勞動，實在是不能安心。最後，和女朋友，也就是後來的太太，商量了一下，她也不反對我回來溪州，於是我還是拒絕了瘂弦的好意，回彰化來，太太也調到這裡來，預備把家庭建立在這裡。」而

且，吳晟認為，中學時代曾在臺北縣市生活了幾年，「算是也在臺北闖蕩過了，見識過這裡的文化氣息了，但是臺北提供的不見得是我真正想要的」，最後，他還是更願意回歸到原鄉。

一九八○年，有機會到美國參加愛荷華寫作班，雖然只有半年的時間，對吳晟的影響卻很大。「那時候孩子都還小，多希望回到那個子女圍繞膝下的農村生活啊」，另一方面，遠離了當時政治氣氛仍然冷肅的臺灣，卻也讓吳晟有了機會翻看到許多禁書，尤其是文化大革命的相關資料，和中國大陸詩人的作品。同時，也與中國大陸的文學家第一線接觸，「那一年來的是王蒙和艾青。王蒙的官方色彩比較重，對我來說，能直接與作品中十分關懷土地與庶民的艾青談話，更是莫大的收穫。」吳晟也談起曾在美國見過沈從文，「沒有機會談到什麼話，只覺得他好沉默，後來知道了他在文革中的遭遇，而且一九五○年代以後也放棄了寫作。政治使文人噤聲，兩邊都遭遇到了。」

吳晟對於家鄉的感情，也從他對於彰化文史與新文學傳統的熟悉，見於一斑。他很看重彰化出身的醫生作家賴和所代表的，向不公義抗議的這一支文學傳統，「今天看來，賴和的文學技巧可能是很初步的，可是他的精神是不朽的，是有感染力的。」談到客人來訪時，自己時常用來招待的一家餐廳，居然也是在歷史上有所本：「這家餐廳是當年的黨外運動前輩黃順興的豬寮，他後來跑到中國去當人民代表了。一九七○年代，他是反叛分子們的前輩，楊渡、陳鼓應等人，還有我，都時常結伴來找他，所談無非就是臺灣的歷史、下階層人民的命運，很有些左派色彩。在豬寮旁邊大談革命，還真是別有一番滋味。」豬寮是否可以當做一種掩護？「掩護什麼？調查人員是很厲害的，黃順興家外面都有人在站崗監視。」後來，這處住家轉手，豬寮

變成園藝場,綠蔭蔥蘢,還開了家常菜餐廳。吳晟說:「每次和遠來的朋友到這裡吃飯,就會想起那個危險而充滿理想的年代!」

母親的容顏,詩的容顏

決定回到故鄉故土的吳晟,是當時家中唯一的壯丁,大哥出國讀書,小弟還未長成。每當母親——也就是《農婦》一書中所描繪的原型,辛苦地篩肥料、曬稻穀、裝穀袋,吳晟永遠都在一旁幫忙,這是很粗重的體力活。如同散文〈不驚田水冷霜霜〉裡,母親責備怕冷的兒子:「幾遍的挲草,幾遍的撒肥料,幾遍的噴農藥,還得不時顧田水、拔稗草,才能望到收割、曬穀,哪一項可以拖延?還得選天氣的話,什麼都別想做。」他至今仍然細細描述農活的這種細節,而且還得看老天爺的心情,「曬穀子的時候忽然下雨,怎麼辦,只好大家同心協力,在最短時間內立刻把所有穀子收成一堆,蓋上帆布,不然潮溼的穀子可是會發芽的。」插秧、收割等農忙時節,家裡同時請很多人來幫忙,「說起來我太太實在也是吃苦,她跟著我來彰化生活,教書之外,假日,尤其是寒暑假,幾乎都在負責煮點心。」

每日在教書、農忙之後,一天來到盡頭,身軀雖然疲憊,頭腦卻因為勞動而清晰,這時才是吳晟的寫作時間。那些素樸的詩篇,都是在寧靜的農村夜晚裡琢磨出來的。在這樣的環境中琢磨出來的詩篇,母親、土地和勞動,密不可分。

母親有嚴厲也有慈愛,在母親的教誨與勞動的體驗中,吳晟淬煉身心,在規律的農村生活中找到了最適合自己的寫作方向。在散文〈感心〉中他曾說:「天下最反對我寫文章的人,大概莫過於母親

了。」因為母親怕他勞身之後還要勞心,從威權時代走來,也怕他寫文章、演講,會出事情。這讓吳晟感嘆了:「什麼時候啊!我們社會上的父母,才能無所顧慮,理得而且心安的教導子女?」

可是,吳晟有許多首詩,正是以母親作為刻畫對象。例如〈臉〉:「時常沾著泥土和汗滴的臉/未經面霜、脂粉汙染過的臉/是怎樣的一種容顏」,這樣的純淨不只是母親的臉,也是吳晟嚮往的世界,沒有矯飾,展現真實的模樣。還有〈手〉:「沒有握過鉛筆、鋼筆或毛筆的/母親的雙手,一攤開/便展現一頁一頁最美麗的文字/那是讀不完的情思/那是解不盡的哲理」,讓生活訴說它自己,勞動本身就蘊含著詩情。而母親在這純樸環境之中,一切顯得如此自然,她吃的「不是果汁,不是可樂或西打/不是麵包,或是夾心三明治/不是閒散的郊遊,或是豪華的盛宴」,而是親手製作的稀飯和醃菜,「烈日下,寒風中/坐在雜草圍繞的田埂上」,不禁讓詩人有了這樣的感悟——「是不是拌著汗水的稀飯,特別香/是不是混著泥沙的醃菜,特別可口/母親啊,為甚麼/您可以吃得這樣坦然」。吳晟也從母親身上學到了這樣的坦然,領會到農村生活的真意,讓他心甘情願在這裡過了數十年〈泥土〉一詩中所寫,「清涼的風,是最好的電扇/稻田,是最好看的風景/水聲和鳥聲,是最好聽的歌」的歲月。

從釘根到護根

早年吳晟詩作中充滿了釘根鄉土的意識,且往往透過樹木向泥土扎根的意象來表現。例如十八歲發表的〈樹〉,聲明自己是「一株冷冷的絕緣體」,「亦成蔭。以新葉/滴下清涼/亦成柱。以愉悅的翁

蔥／擎起一片綠天」，同時，堅持「植根於此／縱有營營底笑聲／風一般投來」。其「絕緣」，正合了詩人性格，對於寫詩興趣大過於結黨，對於自身思想的堅持，使他不怕那些戲嘲與時流。他固然也曾像那個年代長成的青年一般，嚮往過對岸，也試著在作品中加入一些荒漠疏離的色彩，可是，都很快地為一股泥土的召喚所取代。吳晟絕不認為自己是「失根的蘭花」，反而因為成長背景、性情以及理想的驅使，他很快就尋找到那一度屏蔽不見的根，而且有意識地，將靈魂也釘入島嶼的土地內。

扎根、釘根於土地，讓自己像樹木那樣，吸收島嶼的養分，茁壯長大，以涼綠遮蔭他人，這是出於對這塊土地以及土地上的人們的護惜。已然從學校教師身分退休的吳晟，除了照顧孫子和樹園，有了更多時間關懷鄉土所遭逢的苦難。「釘根」之後也需「護根」，要想讓土地的美好綿延下去，讓子孫也能領受，就需要對於惡劣的、傷害根柢的力量，加以抵抗。

吳晟以其厚實如蔭、布滿泥土香氣的手，將繼續寫下屬於這塊土地的深情詩句，也讓播下的文學種子，廣茂成林。

∎

文學上的老師和品管員

很少有人會把瘂弦和吳晟連在一起。可是談到詩壇中，誰是吳晟的「老師」，他會說：「寫作的道路上，很多人提攜過我，其中瘂弦幫助我最大。」

吳晟在農專時期，參加了救國團主辦的大專青年刊物編輯研習營。當時會參加編輯營的，多半也都是愛好文藝的青年。那時候的執行秘書就是在救國團另一個「關係企業」《幼獅文藝》擔任主編的瘂弦。

「剛報到的下午，瘂弦親自來看看參加活動的青年。我們每個人身上都別著名牌嘛，瘂弦一個一個看過去，看到我名牌上『吳勝雄』三個字，就說，咦，你不就是那個寫詩的吳晟嘛？」年輕的吳晟很驚訝瘂弦記得他的筆名，「當然啦，《文星詩選》是我編的，我特別喜歡你的詩，選了三首，比其他入選者都多。」從此之後，就與瘂弦結下了亦師亦友的情分。甚至，瘂弦還曾找過吳晟去當《幼獅文藝》編輯，雖然沒有真的成行，卻也顯示出對吳晟的看重。而吳晟早期的重要作品，也幾乎都是在與瘂弦密切相關的洪範書店出版。

從教師崗位退休後，吳晟在家鄉照料自己的田地與樹園，又蓋好了一艘書船，三個兒女各有所成，還有三名可愛的孫子，生活上可說是心滿意足。可是，吳晟所關注的臺灣土地與農村，卻也不斷遭受傷害，讓他的心情無法平靜。

「我長期關心西海岸的生態情況，十幾年前已經寫過『憂傷西海岸』系列詩作」，近來，則是因為臺灣西海岸美麗生態可能因為石化工業開發而毀滅，促使吳晟寫下傳頌一時的〈只能為你寫一首詩〉，再一次為西海岸發出呼聲。詩的開頭，描述了那「招潮蟹、彈塗魚、大杓鷸、長腳雞、白鷺鷥、白海豚」共同演出的豐富溼地，一旦開發案成立，這些生物沉寂消失，遺留下來的就只有面目全非的憂傷西海岸。「我的詩句不是子彈或刀劍／不能威嚇誰／也不懂得向誰下跪／只有聲聲句句飽含淚水／一遍又一遍朗誦／一遍又一遍，向天地呼

喚」,所以,悲憤的詩人最後「只能為你寫一首詩」,當做面對財團與政府聯手摧毀島嶼環境的控訴。詩人有些靦腆而又得意地說:「這首詩可是經過音寧把關才發表的!」他說,近年來,女兒音寧已經成為他的詩作的品管員了。

同樣也寫詩的吳音寧,在父親眼中是一位嚴格、誠實而且好品味的閱讀者與批評者。「這首抗議石化開發的詩,第一次寫好,我拿給音寧看,很快就被她打回票,她說,寫得爛死了」,興沖沖的吳晟受到打擊,面色一暗,女兒才又補充說明:「後半部寫得不錯,但是前半部呢,還需要修改。」詩人信賴女兒,拿回詩稿,又琢磨了幾天,才呈現出現在的面貌。

甜蜜的負荷,文學家庭

吳晟的小圖書館一樓,書桌旁邊,放著一架掀開的鋼琴。

這是誰在彈的?吳晟回答,是莊老師。他說的是太太,過去同樣也在擔任教職的莊芳華。「莊老師以前會教小孩子彈鋼琴啊,你們看,結果教出了吳志寧!」語氣中同時有丈夫與父親的得意。

三個小孩,賢寧是心臟內科醫生,每日工作繁忙,為病人操煩。音寧呢,出版過報導文學集與詩集,目前一方面在溪州鄉公所上班,另一方面還是積極投入農運。小兒子志寧則和朋友組了樂團,傳唱土地的聲音,從音樂傳達與激發人們對於農村與社會的想法。吳晟說,其實賢寧能寫小說,可是寫小說耗費的時間大,非得有完整大塊的時

間去構思不可，忙於工作，只好割愛，「想想當然是有點可惜。賢寧很聰明，我家裡真正把《資本論》厚厚三大本看完的，就只有賢寧，我和音寧都只是翻過幾頁，懂點皮毛而已。」相較之下，寫詩不那麼受到時間的箝制，「詩這種文類可以利用零碎時間完成，再慢慢打磨，工作再忙，還是有可能擠出一點時間來奉獻給詩。」子女都喜愛文學，受文學的激發或實際投入寫作，讓吳晟家成為不折不扣的文學家庭。

談到小孩，就不得不提吳晟〈負荷〉一詩。「阿爸每日每日的上下班／有如自你們手中使勁拋出的陀螺／繞著你們轉呀轉／將阿爸激越的豪情／逐一轉為綿長而細密的柔情」──這首詩曾被三個不同版本的教科書選入，其中最久的就是國立編譯館的版本，從一九八一到一九九七年之間，幾乎可以說是六、七年級生的共同記憶。二〇〇三年後又被選入另一個版本的國中國文課本至今，可以想見的是，這份詩的記憶，也將持續成為八年級生的精神資產。這首詩傳頌不歇，具有永恆價值，實是因為當中煥發的普世深情。詩中所謂「甜蜜的負荷」，指的即是孩子，是父母對於孩子的深厚感情，雖然有重量，雖然得付出大量心力，卻是歡喜甘願。吳志寧《甜蜜的負荷：詩‧歌》專輯，與他統籌製作、吳晟親自誦詩的《甜蜜的負荷：詩‧誦》專輯，即表達了他對於詩人父親的感念。父母與子女皆為彼此生命中甜蜜的負荷。

而這次採訪吳晟，除了帶我們看那些樹園、農地、藏書館以及圳路，談論他的寫作理論與文學生命外，許多時間他都是不得閒的，因為手上總有個孫子，由他抱著哄著。這是賢寧的孩子，身體有些不舒適，卻特別喜愛阿公的懷抱：「他最喜歡把頭擱在我的肩膀上睡覺

了,因為我長年勞動,肩膊較寬厚,孩子倚靠起來更安心。」吳晟說,從前自己的幾個孩子,他也都是親自幫忙帶大,絕對沒有把養育孩子看做是女人才應該做的工作,「帶孩子我的經驗可是相當的豐富。」於是,三十年前手上是子女,三十年後手上是孫子,吳晟總是願意背負這甜蜜的負荷,如同詩中他說的,對於下一代的關愛,就如同上一代對自己的關愛一樣,這是一代代傳下去的一種親密依賴。

——《文訊》雜誌,302 期(2010.12)

作者小檔案

楊佳嫻

臺大中文所博士。創作文類包含詩、散文、評論。曾獲臺北文學獎、梁實秋文學獎、全國學生文學獎、全國大專文學獎、寶島文學獎、臺灣文學獎、宗教文學獎、中央日報文學獎等獎項。著有《屏息的文明》、《你的聲音充滿時間》、《雲和》、《少女維特》等。

15
除了寫詩還能做什麼？
運動前線的農民、詩人與知識分子：
吳晟

周馥儀

我寫不出有力的詩句
可以阻擋金權集團

——吳晟〈無用的詩人〉

我們已經到了必須重新思考與土地的關係的時候……

　　一般人對作家的印象，多是優雅地談著詩文與心靈美學，或悠然在案前創作；二戰後教導臺灣人的觀念是，文學藝術不該沾染「政治」地反映社會現實。長年來，不少藝文人士框限在對社會現實的噤聲之中，以安穩容身在政府與財團長期形塑的，「去政治、去批判」的文化市場。

　　農民詩人吳晟，卻在近幾年一波波環境運動、農村運動裡，豎立「面向社會」的文化美學。他抱持「從自身做起、盡力做到」的信念，以土地之愛、文學的軟性力量，號召青年學子、藝文界走上街頭，影響大眾關注國光石化開發案、中科四期搶奪農業灌溉用水，提

出臺灣土地、水脈奄奄一息的警訊,轉化大眾對社會冷漠的思維,深化公民意識。

怪手挖去農田,無法視而不見

　　二〇一二年四月十二日,彰南農民為中科搶水工程第十二次到臺北請命,要求行政院長陳冲正視國科會報請檢討中科四期轉型,立即停止工程。吳晟與數百位老農,頂著烈陽,整天坐在行政院門口水泥地上,呼籲相關官員到場傾聽民意,卻引來大批警力,舉牌警告違法集會。

　　「中科四期搶水工程,有良心的知識分子都很清楚,這是完全沒有意義的浪費工程。政府卻遲遲不做決定,放任這些怪手在我們家鄉,這些農民,每天看怪手挖去農田……」,吳晟義憤呼喚官員的良

▼ 吳晟與周馥儀合照。

知,在場農民、青年學生頻頻擦淚。相似的畫面,一年前也出現在環保署外監督國光石化環評現場;開發案名義不同,但支持開發的是同一群彰化民代、地方派系,同樣是臺灣命水「濁水溪」受難,農民和土地同樣受強權霸凌。生長的土地有難,吳晟無法視而不見,他與彰化農民上街頭守護家園。

愛護鄉土、深化民主,環境運動「撩落去」

　　參與運動,吳晟並不陌生。吳晟自屏東農專畢業,一九七一年與妻子莊芳華回到家鄉彰化溪州擔任國中生物老師,教職之餘協助母親務農,致力詩和散文創作,描寫工業化造成農村沒落、揭露戒嚴時期政治不公;一九七九年美麗島事件發生,國民黨政府大肆逮捕黨外人士,作家王拓、楊青矗也遭到逮捕,全島籠罩在被檢舉逮捕的陰霾裡,吳晟與彰化小說家洪醒夫,到臺北公開參加作家陳若曦召開的營救大會。

　　在八〇年代,吳晟主編《一九八三臺灣詩選》（前衛出版）,選入政治犯、林義雄家滅門血案等禁忌主題詩作,受到文壇圍剿,與妻子莊芳華不顧忌教師身分,投入政治運動,為政治受難者站臺助講、協助理念相同的在野黨候選人,製作文宣批判臺灣社會問題。

　　相較政治運動,環境運動原是吳晟較少涉入的領域,但愛護鄉土、深化民主的理念,與他投入政治運動的初衷共通。國光石化,是吳晟「撩落去」環境運動的初體驗。

跨黨派、領域的輿論，突破主流媒體的壟斷

一九九八年，六輕在濁水溪南岸聳立，與彰濱工業區夾殺彰化海岸，吳晟發表〈憂傷西海岸〉系列詩，表達西海岸生態被過度工業化破壞的沉重心情；十多年後，彰化海岸要再多一座國光石化，二〇一〇年六月十八日，吳晟應彰化環保聯盟之邀，參加白海豚溼地保育信託記者會，他發表詩作〈只能為你寫一首詩〉，朗誦的影像被網友廣為轉貼，不少網友感嘆「我國中國文課讀過他的〈負荷〉」、「課本作家吳晟也關心大城溼地」！

吳晟進一步想，要壯大反國光石化運動，除了寫詩還能做什麼？如何將資訊公開，讓更多人了解，國光石化將嚴重殘害國民健康、糧食安全、環境生態、農漁文化？

他試圖超越黨派，以「愛護土地」為立足點，連結不同領域、任何能影響當權者決策的藝文人士加入反國光石化陣營；他認為，愈多藝文人士寫文章發聲，就能對政府的置入行銷、壟斷主流媒體等進行突圍，擴散反國光石化的輿論。

從二〇一〇年夏天開始，吳晟以賴和基金會董事身分，策劃一系列行動，號召藝文人士投入反國光石化運動：發起「藝文界反對濁水溪口開發石化業」連署，獲得兩百多位藝文人士跨界響應；召開「全國藝文界守護濁水溪口，許臺灣健康未來」記者會，在立法院，歌手以音樂、文學家以詩文、舞蹈家與劇場工作者以行動劇，呼籲政府停蓋國光石化；並先後與文訊雜誌社、青平臺基金會合作，邀請一百多位作家、藝文人士到大城溼地進行人文之旅。二〇一一年四月，馬英九總統終於宣布國光石化不蓋在彰化。

農業社會的做人道理，知識分子的作為良知

吳晟與賴和基金會一連串行動，影響數十位作家、音樂人，為大城溼地創作詩文、歌曲，連番在報紙、網路發表；此外，吳晟有感於文宣的重要性，與作家吳明益主編《溼地　石化　島嶼想像》，梳理國光石化案的大事紀、集結相關論述與藝文創作，這本書也因詩人許悔之創辦的有鹿出版社大力支持，在一個月內印製出版，成為反國光石化運動與大眾對話的重要書冊。

藝文界以詩文與音樂的感染力，豐富運動的生硬論述，吸引民眾關心國光石化問題，吳晟也將這個運動經驗，運用在反中科四期搶水工程運動，去年秋天號召藝文界走訪莿仔埤圳，體驗濁水溪水孕育糧倉的重要性；今年世界地球日前夕，吳晟與愛亞、鴻鴻、林靖傑、顏艾琳，發起為臺灣命水濁水溪而寫的藝文行動。

吳晟提到，這些是自己在能力範圍，從身邊做起，為受難的人挺身而出，這個道理，來自一輩子務農的母親：「阮比別人較有一些，阮就要照顧別人」；以前遇到颱風，鄰居的茅草屋頂被颱風掃掉，他們就空出家裡房間，招呼鄰居來家裡住。吳晟的母親將農業社會的互助文化，作為教導兒女的做人準則，吳晟不僅身體力行，家人也在這些運動中討論策劃；同是作家的妻子莊芳華撰文呼籲、女兒吳音寧帶領鄉親抗爭，身為音樂人的小兒子吳志寧在行動現場獻唱，大兒子吳賢寧醫師則後援捐錢。

官員「讀書讀到膝蓋」，掠奪自然資源給財團

在這幾波運動中，吳晟不斷以「良知」召喚官員，「有機會有能力讀書，有知識更該懂得道理。較有能力與權位的人，比一般人有做事的位置，不該為了官位，昧著良心」，但多數時候，他面對的是「讀冊讀到腳頭坵（膝蓋）」的官員，無感於農民的流淚請託，盡是沒有擔當的推諉責任，根本不是知識分子該有的作為。

吳晟強調知識分子的良知，但也帶著「不肖子孫」的心情：「今天我們的財富是靠掠奪自然資源而來，汙染空氣、水、土地，付出多少自然資源成本，我們這代是不肖子孫，難道要在我們這一代把千萬年累積的自然資源敗光？」

集集攔河堰對濁水溪的掠奪，給吳晟深刻的體會。二〇〇一年他擔任南投駐縣作家，親身考察濁水溪沿岸，完成《筆記濁水溪》，指出濁水溪帶來濁水、黑土，成就彰南平原為糧倉，集集攔河堰卻為六輕截斷濁水溪水源，造成濁水溪旱化，如此掠奪自然資產，最後成就的是王永慶家族的財富；今天，中科四期搶水工程也一樣。

吳晟強調，「我們已經到了必須重新思考與土地的關係的時候，臺灣的工業發展已到底線，甚至是超越底線，臺灣西海岸幾乎死去，乾淨土地不多了，若中科四期再搶濁水溪水，彰化的農業就沒了。」

人活命的根本，怎麼計算產值？

「農業是人民活命的基礎，耕作和去公司、工廠上班一樣都是工作。如果沒有農民種糧，未來臺灣糧食靠進口，若發生糧荒，一般百

▲ 吳晟與吳音寧一起參與環境運動。

姓衹能留在臺灣糧荒島」,吳晟以永續角度指出,農業是國本,糧食是國防,不能只用經濟產值去看;水、空氣、土地是人活命的根本,怎麼計算有多少經濟產值?水資源、糧食已是全世界迫切關心的議題,當連活命的機會都沒有,再多經濟產值也沒命花。

從國光石化到中科四期,彰化農民不斷承受「挾發展之名」的金權暴力,吳晟手無寸鐵,卻一次又一次論理、疾呼農業永續的重要,籲請官員與知識分子拿出良知與道德勇氣,力保糧倉命水濁水溪。

一個農鄉顯現一座島嶼,一座島嶼是世界的縮影。

中科四期搶水工程仍未停止,怪手還在漫肆挖掘農業血脈。引濁水溪水灌溉的莿仔埤圳,未來是豐沛川流?還是乾涸荒蕪?照映我們賦予臺灣的願景想像。

——《新新聞》週刊,1314期(2012.5.10)

16
水田的那邊那邊——
尋訪吳晟與溪州農民

李雲顥、黃崇凱

河流的那邊那邊
遠方的那邊
款款流來一組水聲
逗著吾鄉人們不語的嘴巴
歌唱

——吳晟〈沉默〉

　　中臺灣赤焰焰的太陽天下，我們一行人跟著吳晟到他家的水田和樹林。乍乍收割完的水田，只剩下青綠的梗莖插在土裡。吳晟俐落蹲下，徒手挖出一小坯土，讓我們仔細看濁水溪土的質地和顏色，嘴裡唸著「有點黏又不會太黏」，又慢慢剝掉手上的土，回歸水田。從田埂路上抬頭往四周看，所有的雲和山都顯得遠遠的，彷彿蒸騰的熱氣和視線交會在遠方的半空，因而顯得模糊了。我們繼續跟著吳晟走入他們一家手植的樹林，聽他介紹一棵棵樹木的來歷，親手撫摸粗糙陰涼的樹皮和枝葉。他隨手摘下數片土肉桂葉，所有人搓揉葉片後靠在鼻上聞嗅，像是隨時要撒向一杯巨大的咖啡。

整個「巡田水」的過程裡,我們始終在耳邊都聽見一股細細的流水聲,吳晟說那就是我們剛才路上看見那條莿仔埤圳的分支溝渠。這附近的水田,都得靠那條水圳灌溉。

　　這就是他們所要守護的。

一、

　　一個將近五十歲的農人先對著在場其他人謙稱自己是「小孩子不懂事」,才開始訴說他的心聲。我們突然發覺自己在這臨時搭建的塑膠棚底下,面對的不是一個或兩個農人,而是一群農人。彷彿走進機械的內核看到那些平日多半沉默、只是靜靜抽著菸的長輩,一下變成了彬彬有禮的五十歲孩子——原來這位名叫阿禮的農人已經是這裡頭年紀最小的。在彰化溪州守護水圳的塑膠棚下,二十幾個農人齊聚一堂,錯雜著幾個歐巴桑,在溪州鄉長黃盛祿和作家吳晟的引導下,緩緩講述自己這些日子參加守護水圳的心情、心得,這半生與農作物相伴等等生命經驗。我們抵達這個塑膠棚下時,日光逐漸傾斜消散,而他們已經在這裡抗議超過六十天了。

　　二〇一二年五月十日一早,當溪州鄉公所主任祕書吳音寧接到通報,一人獨自坐在怪手前的那一刻,她是否會想起一九九〇年自己還是個高中生時,多少次沿著莿仔埤圳旁的水圳路,到溪州街上等車?那個當年等車的少女,越過整個一九九〇年代的社會運動和地下樂團洗禮,如今挺身出來面對怪手和警察背後所象徵的國家機器,如此不合時宜,令人想起她寫過的詩句「複數的自己／我延續著青春」(〈青春只想去找你〉),像是那個少女吳音寧跳躍了一段看不見的

光陰,直接落地坐在水圳旁的柏油堤岸。於是鄉民們就此在這個位置搭起塑膠棚,糾集起靜坐的人們。

實則彰化農民與中部科學園區第四期的抗爭已於二〇一一年四月發生。莿仔埤圳是濁水溪支流,彰南平原農作物賴以維生的便是濁水溪的灌溉。濁水溪從南投流往彰化、雲林,自從臺塑六輕在雲林麥寮設廠,於林尾隘口建集集攔河堰瓜分掉百分之三十的農作物用水,這裡的農民只好實施「供四停六」輪灌制度。而今,中部科學園區第四期(以下簡稱中科)企圖在彰化二林地區設廠,又要分掉只剩百分之七十的農業用水,陷農業與農民於極大危機。中科甚至想在莿仔埤圳設置暗管,偷偷將源頭的水源導引到工廠,引發了農民一系列的抗爭。

會場以彩色塑膠棚搭建,其上覆蓋簡單黑色針織網遮陽,一塊偌大的黃色橫幅旗幟鋪開:「怪手正在毀家園」。這座簡單的遮陽棚子就搭在農民們想守護的莿仔埤圳附近。莿仔埤圳是彰化縣第二大的灌

▼吳晟與農田。

溉系統,從溪州鄉取濁水溪水灌溉整個彰化西南地區。這座莿仔埤圳陸橋上彩繪著當地盛產的作物與動物,包括甘蔗、稻米、芭樂、馬拉巴栗、雞、牛等,呈現著質樸溫柔的筆觸與色調。但旁邊卻寫了「農民無田水,官員卡油水」這個憤怒的標語。這簡直是種隱喻:在棚內的那些農民,看起來都瞇著眼微笑,甚至帶點羞赧神色。然而一旦說起與各部會官員協商溝通,卻有如墜入一座巨大機器繁複迴路,不知該往哪,甚至也無法知道可以去哪。而這類的故事,近兩年來不斷地在臺灣各地上演,好像可以攻占新聞版面幾日,又輪番被其他政治醜聞或弊案一一逼出閱聽民眾的視野。可現場那些黝黑、臉上刻滿汗水氣力光影的鑿痕,他們就跟這條水圳一樣,靜靜地在這裡流動著也生活著,同時默默地被需要著。

二、

　　關於顏色。如今我們早已厭倦了藍或綠那樣太有政黨意涵的顏色,靜坐塑膠棚交錯著長久曝曬過後,略微黯淡的藍紅綠白黃;黑色的遮陽針織網罩在最外圍,側邊掛著亮黃色「夏耘」參與學生的簽名布旗;頂上的電扇和日光燈長著咖啡色的鏽斑,血紅色的簡易塑膠椅排開,錯落著黝黑膚色的農民,以及看上去顯然較為白皙的我們幾個編輯人員和大學生。

　　有那麼一件 T-Shirt 五彩紛呈地收集了在場所有顏色,就在麗月姐身上——一個約四十多歲,被吳晟戲稱「年輕歐巴桑」的開朗女人。這是她為了今年六月二日「守護水圳音樂會」連夜親自彩繪的紀念衫。圖案是蜿蜒的莿仔埤圳,周邊是翠綠的平原,遠方有山,正

▲ 吳晟積極參與護水行動。

▼ 吳晟與吳音寧一起參與守護水圳運動。

面四個粉紅大字寫著「母親之河」——而「守護母親之河」的旗幟也就掛在塑膠棚旁的陸橋上。她說：「很踴躍參加這些運動但仍然被丈夫唸『你顧水圳就不用顧我了嗎？』大家都說女人家不要管太多……。」

麗月姐表示，以前大家也不知道這些官商勾結的黑暗面。大家都是單純的農民，「我們只是希望糧食好，水果好吃」，本來不懂爭取自己的權益，但說著說著原先的直爽語調逐漸轉成哽咽。一如座談開始第一個發言的阿禮。阿禮下午才從位於臺北的監察院陳情回來，光是敘述著如何請官員留步，眼淚就這麼掉下來——每次抗議回來大家都非常疲憊，好像那些陳情奔走仍然是前朝遺物那般地不管用。他們懇求的公平正義彷彿不存在，而他們只想好好耕作和生活。這麼抗爭下來，麗月姐漸漸覺得，勤勤懇懇種田的人才是真正偉大。

現場發言的女性還有陳慈慧。臺大社會系畢業的陳慈慧，考上清華大學社會學研究所卻選擇休學，因為她還沒想到繼續念研究所的意義。

意義對她來說很重要。如同當天以非常「不輪轉」的閩南語所說的：「因為不知道繼續升學的意義是什麼，所以來這裡幫忙。我沒有辦法像其他人一樣，只是為了賺錢而賺錢。對我來說，工作需要使命感。」她懷著徬徨，也因為在臺大服務社團認識的老師吳音寧介紹，自去年七月就到荊仔埤圳文化產業協會工作。她自嘲剛來的時候很怕迷路，也不知道到溪州來是要做社會運動，還以為是社區營造或農產品經銷之類的事務。沒想到參與這些事務越多越深，卻讓她逐漸感受到了這些芭樂和濁水米之外的意義。

雖然陳慈慧的閩南語無法讓她輕易與當地農人隨意談話以深入

他們的內心，只能用最粗淺的詞彙在外部打轉，她卻是抗爭運動的實際運作中最深入溪州農事的人。自從她來協會工作，在支援農民爭水運動做了非常多的事，包括聯絡、發想行動策略、論述與寫作新聞稿等，也幫忙辦了不少溪州的農產市集與文化活動。許多七年級生常常被長輩嗤笑只會說國語連閩南語都聽不懂，而慈慧本也是這樣只會說國語的年輕人。她卻堅持要用閩南語分享她所知道的事。那些語言的嘗試、尋找意義的試煉，那些真正見識了種下稻米和芭樂的農事過程，或許可能正安靜地鍛造著一個青年的基本品格。

三、

　　天光躺得更平了一些。斜斜照射過來的光線還散發著積壓整日的最後熱氣，過不了多久就將被整個夜晚沒收。雖然陸續有人起立說話，但還有那麼多沉默的大多數，只是坐在圓凳上安靜地側耳傾聽，好像在場所有人都可以在這個時刻，把他人的話語一字一句地吸收到身體裡。

　　環顧我們所在的塑膠棚會場，幾乎全是五十歲以上的農人，除了慈慧和幾個大學社會系或社工系的實習生。他們站在最外邊一邊記錄、拍照，一邊聆聽農民那些對他們的課堂或理解有些距離的閩南語。會場的側邊掛著兩大張旗幟簽滿了名字，慈慧在發言過後就站在滿滿的名字旁邊，繼續聽著接下來的座談。那是臺灣農村陣線舉辦的「夏耘草根訪調營隊」，超過八十位年輕人簽上了名字，其中也包含了陳慈慧自己的。不知為何那看上去也像份連署——像是這些年輕人因此拓寬了眼界，開始理解了一點農村勞動。這份初啟的理解，像是

絲線一般，會從這些生澀的姓名連結到陳慈慧這樣已經投身農村事務的工作者。而他們將會有人再從這裡出發，到世界上去，去連署更多更廣闊的名字。

但所有的連署都需要一個出發點。

近年政府推廣青年返鄉創業／服務，希望可以增加就業機會，改善鄉村人口老化的問題，並發揚鄉里文化、社區營造、有機農業，仍然少有青年願意留下。甫從長榮大學國企系畢業的葉致宏，是在場農人「土豆仔」的兒子。在這段等入伍服役的時日，也幫忙守護水圳的運動。他在求學期間多半都待在臺南，沒有機會好好認識故鄉。儘管他家中務農，寒暑假時多少幫忙農事，卻也反映了現代青年人「片面的」生活經驗——不管城市或鄉間，他們在學校待了最長的時間，下了課可能還得上補習班或晚自習；到外地上大學後，可能只是家裡跟學校兩處往返，根本不太有什麼閒暇或心思好好去了解家附近的農作物，甚至是家門口的一條水圳。生活的經驗靠近虛擬的空間更多，距離真實的水土也就更遠了些。

四、

座談現場的少數族群是「女性」與「年輕人」。二、三十人的座談場子裡，年過五十的人超過九成，五十歲以下的人是少數；那麼多的男人在場，女人是少數；在場幾乎都是農民，非農民的是少數……。類似的對比還可以繼續下去，然而把這些對比的組合搬到城市裡，或者放大到整個島嶼，整個狀況又會倒反過來。於是我們輕易能了解，所謂的「多數」與「少數」是隨時可以逆轉的統計概念。

葉致宏的父親「土豆仔」葉豐端就說了個逆轉故事。土豆仔說：「以前我爸爸叫『土豆仔』，現在變成我了，我爸爸升格變成『土豆伯』。以前小時候爸爸種田，濁水米非常有名。可是我到臺南做生意二十幾年，好像『濁水米』的響亮名號好久沒聽到了。後來偶然機緣中年轉業，返鄉種田，想將爸爸種的米拿到都市賣，爸爸懷疑可行嗎？」土豆仔拍拍胸脯打包票，他到農委會設立的農業改良場上課，不按照傳統農法追求產量、以有機方式栽植濁水米，並且自產自銷，小包裝至奇美醫院癌症中心販售，四萬多包濁水米銷售一空。他說：「很多人吃我的米都忘記配菜，因為實在太好吃了，又甜又彈牙！全臺灣只有濁水溪能夠產出這樣子的米。」

　　反中科搶水自救會會長謝寶元也是這一系列活動的靈魂人物。謝寶元笑起來非常慈祥、和藹可親，他常接受採訪向各媒體解釋這一系列活動的意義。他雖然忙於農耕，可是只要聽到任何需要聲援或者參加公聽會等活動，都主動放下手邊工作抽出時間幫忙，聯絡各個農民。他提到，雲林縣的濁水溪水已被六輕搶光了，而彰化縣則已經水量不足，且出現地層下陷，屆時農民缺水只能繼續抽地下水，則更使地層下陷問題惡化。作為臺灣糧倉的彰化、雲林無水可用，將可能導致以後糧食只能完全依賴進口。高麗菜、水梨、紅甘蔗等作物幾乎都是本地特產，如果還要進口，不僅比較昂貴，品質不見得可以信任，這樣的衝擊會造成更大的民生及社會問題。

　　順著這些農民座談的感想思索下來，也不禁要使人去思考：到底這是「多數」與「少數」的概念對抗？還是虛擬數字與真實生活之間的戰爭？

　　在這群大都穿 Polo 衫、襯衫紮進西裝褲，頭頂某宮某廟致贈或

競選發送的棒球帽,穿戴遮陽袖套的農人中,溪州鄉長黃盛祿穿著潔白的白衫,頂著灰白交雜的頭髮,老練順暢地與吳晟一起主持整場座談,似乎成了少數中的少數。或許就整個地方鄉鎮的首長來看,他也是少數中的少數——畢竟我們過去聽過的鄉長或鎮長多半是因為舞弊或貪汙登上新聞,幾時曾聽聞過哪個鄉長帶頭抗爭,跟著農民一起在塑膠棚下對抗著層層架構的龐大官僚體制?

五、

　　至於溪州國中退休教師、鄉土詩人吳晟,在整個座談過程,除了幫忙主持,讓農人暢所欲言之外,多半只是凝神傾聽著。

　　原本我們只希望能夠邀請到吳晟和一、兩位農民話家常閒聊,沒想到來了那麼多人,規模升格成一場座談會。它看似非常草根、非常社會,卻同時也非常文學。我們見識過許許多多在咖啡館、書店或者演講廳裡的文藝座談或會議,這些場子通常有著使人涼到背脊發抖的冷氣、舒適的靠背座椅,桌前還有可以在提問時間讓其他與會者聽見發言的麥克風,甚至中間空檔總會安排茶點時間,擺盤點心或茶水都極盡用心,看上去一切適然。但又有多少人參加這類座談,內心暗自期待這些茶點時間,以撐過那些距離我們的真實生活都有些抽象或遙遠的議題呢?

　　吳晟的詩〈我不和你談論〉是這麼說的:

我不和你談論社會
不和你談論那些痛徹心肺的爭奪

請離開書房
我帶你去廣袤的田野走走
去探望一群一群的農人
如何沉默地揮汗耕作

你久居鬧熱滾滾的都城
詩藝呀！人生呀！社會呀
已爭辯了很多
這是急於播種的春日
而你難得來鄉間
我帶你去廣袤的田野走走
去領略領略春風
如何溫柔地吹拂著大地

——〈我不和你談論〉

我們很慶幸，有機會離開了城市，不和什麼人談論，就只是被吳晟帶到這裡，見識了田野、農人和午後偶爾吹來的風。

——《聯合文學》雜誌，334 期（2012.8）

作者小檔案

李雲顥

　　1985年生,天蠍座。著有詩集《雙子星人預感》,耕莘寫作會成員。

黃崇凱

　　1981年生,臺大歷史所畢業。著有小說《靴子腿》、《比冥王星更遠的地方》。現為雜誌編輯。

17
甜蜜的負荷長大了！
吳晟 × 吳志寧的夏夜長談

張鐵志

　　八月初，你有到 Legacy 聽老詩人朗誦、看年輕歌手放下吉他乖乖聽講，覥腆像個孩子嗎？從父子親密的聊天，到反核與土地關懷……，那是一場絕無僅有讓人熱淚盈眶又撫掌大笑的演唱會。迎著夏夜涼風，MOT TIMES 來到臺北紫藤廬，在榻榻米與茶香中，特別邀請知名樂評人張鐵志（下文簡稱鐵），與吳晟（下文簡稱晟）、吳志寧（下文簡稱寧）促膝長談，從社會關懷，到吳志寧的叛逆（！？）成長期大爆料，你都可以在這篇文章中找到。

　　聊到推薦親子一同聆聽的歌曲，父子檔立即現場輕輕地哼起這首許多年前由吳媽媽教唱的歌〈安娜蘿莉〉（Annie Laurie），沒辦法讓讀者們親自聽聽真是好可惜（這不是炫耀！），而且聽說是兩人第一次合唱呢！

鐵：這次風和日麗的設定主題，是多久沒和父母聊天，你們應該常聊天吧？

寧：待會開車回去，在車上又會閒聊。最近我比較希望說少聊一點，多爬山，休息睡覺。太常聊了。

晟：今天風和日麗提的概念是「完美生活」。我覺得，基本上每個人都應該是過那種很美好的生活，可是你在過美好的生活之餘，你也應該來追求美好的社會，因為有美好的社會才能真正保障個人美好的幸福生活，這兩個並沒有衝突。我和吳志寧會一起參加社會運動，但是我們也可以很溫馨的、家庭的、親子的。

寧：我們也常常好好看一場連續劇，好好吃個爌肉飯……。

鐵：志寧印象中什麼時候在家裡爸爸會跟你談政治或社會問題？

寧：其實他在家不會刻意教我或談論這些事，反倒是我一直從他做的一些事情中學習。

小時候我在電視上看到民進黨會燒國旗、丟石頭，就很生氣，但爸爸心裡很不捨臺灣經歷一段很辛苦的追求民主的過程，才有今天的自由。當時我不懂，只看到電視畫面中燒國旗、打人，我就說那不對，然後就氣呼呼地跑走了。長大後，才知道，有一些是非，不那麼的絕對，要用更多角度去觀察，才能真的找到答案。而且你永遠也不敢確定自己是不是真的找到了。我覺得我現在都是抱著這種心情在看待每件事，希望盡量多元一點去理解事情。

鐵：那吳老師在成長過程中有刻意要引導志寧，給他一些關於公平正義的觀念嗎？

晟：坦白說，我是很保守的父親，我平常只是會注意他們的身

體健康、生活,然後課業要顧好,幾乎不太跟他們談這些所謂的民主運動,還有是父親的自私,像吳音寧高中時立志當人權律師,那我是想說,甘好?當老師就好了嘛,因為我當老師我最清楚,當老師好處太多了。我不是那種好像教子女一定要為公義拚命。但身教重於言教,我跟我太太經常這樣的行動,他們當然會耳濡目染,包括看書,我幾乎不會推薦他們去看哪一本書,我大部分會說,書都在書架上,你自己去翻嘛。不過現在我會跟你說,你既然要作詞,你還是要多讀一些詩。

鐵:吳老師最擔心志寧的時候是什麼時候?

晟:我講實在話啦。我從吳志寧初中二年級,有一段時間搬到鎮上,那是一個轉捩點。因為以往都是住在鄉下,那時我媽媽管得很嚴,每天晚上吃過晚飯大門就要鎖起來。可是我們搬到鎮上後,因為很方便,志寧開始去電動玩具店。那我也想要做一個比較開明的父親,所以就會一直跟他說,你玩一小時就好。每次我到店裡那邊也不敢進去叫,只在那邊走來走去,讓他發現,那時就發現他的功課開始退步。

寧:我印象最深刻的就是我原本都是第一名、第二名,然後突然有一次,就變成第九名了,哇,晴天霹靂啊,呵呵。

晟:我是一個很俗氣的父親,不管你愛好什麼,總是功課要顧好。可是打電動,又慢慢沉溺,這就很不好。這段時間開始為了功課常吵架。衝突的時候,他也在忍,我也在忍。

這樣的衝突，在他的成長期不斷重複，到高中更嚴重，因為他原本念資優班，他哥哥又考上醫學院。其實我們也會衡量嘛，如果這個小孩真的用心去念，大概可以念到什麼程度。後來我們送他去補習，我跟我太太去等他，在後面偷看，結果發現他常常沒有注意聽課，都在畫漫畫。

寧：今天爆我好多料耶，平常都沒有講過！

晟：因為講舊的沒意思嘛。坦白說，吳志寧是一個很貼心、很窩心的男生，所以我們的相處也都非常好，一起爬山，作夥來去吃爌肉飯等等，唯獨講到功課會有衝突。這個狀況維繫到大學，我搬去跟他一起住，陪讀了一年，發現不用那麼勉強了，我就寫了一個字條跟他說：「志寧，各自保重，好自為之，我要回去陪我老婆了，我不要再理你了，你自己去發展。」從此我就不太管他了，隨他去發展。

寧：然後他就開始種樹。

晟：本來要找他回去跟我種樹。

寧：他其實希望我念森林系，希望我去國家公園當管理員，那個工作是公職，其實也是很夢幻的職業。

鐵：對啊，那你就變成另外一個陳建年了。國家公園管理員兼歌手也不錯。

晟：你講出我當初的原意，就是希望他當這樣的國家公園管理員，然後有空的時候多推廣種樹，用歌聲來感動人。

寧：那我今天也要爆料一下，他其實不知道，那時候搬到北斗，我在外面認識很多所謂的混混朋友。我也是因為那樣開始思考，為什麼我在他們眼裡都是一個乖乖的，一個好

▶ 吳晟與小兒子音樂人吳志寧。

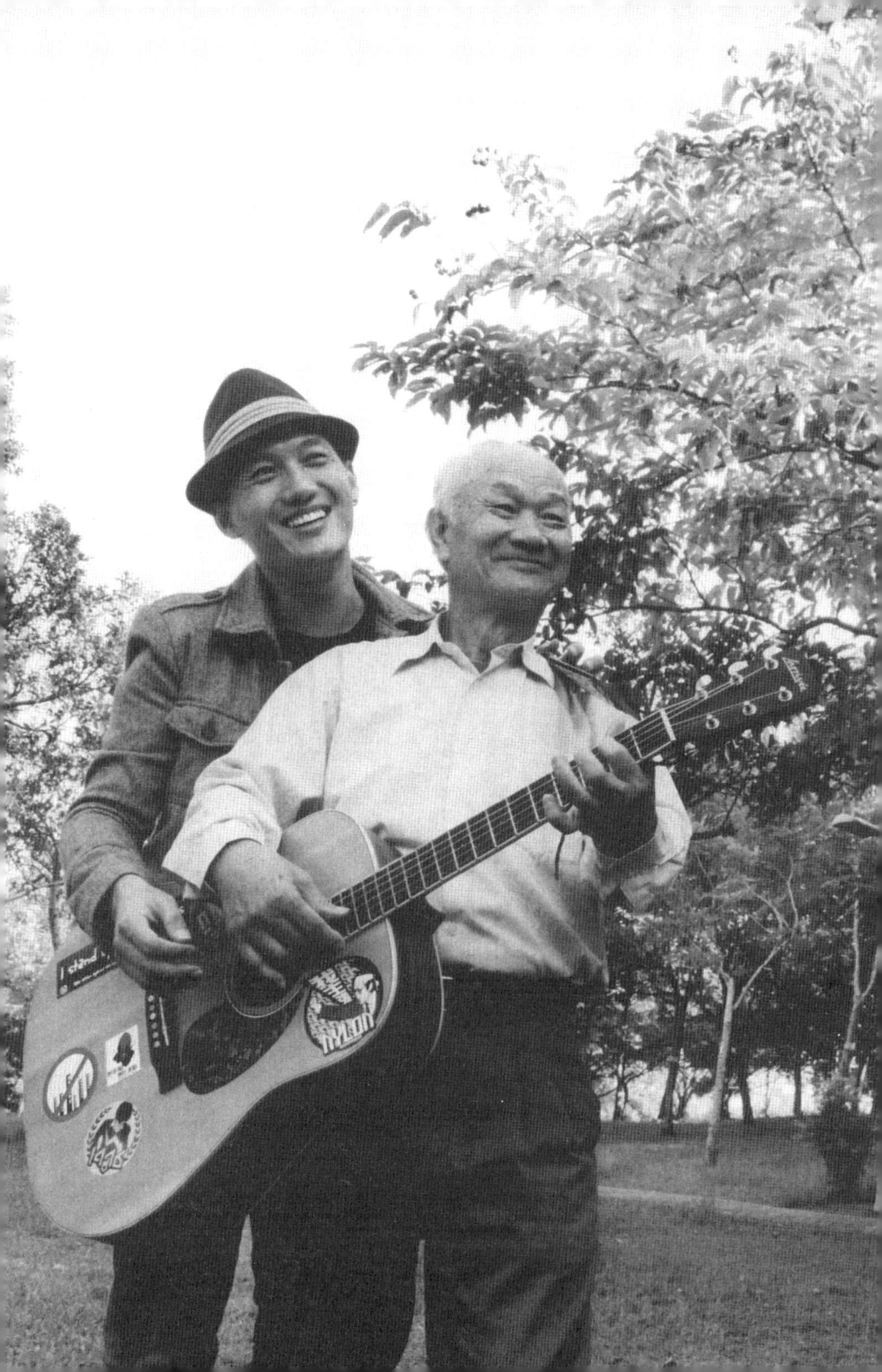

老師的兒子，在他們那個族群裡面好像格格不入。後來聽到〔少年耶，安啦〕那張專輯，撼動我很深，因為我覺得有某種氣氛跟情緒是我擁有的。一直到大學，我都在調適這個狀態，就是我可不可以變成一個壞蛋，可不可以不要只是當一個好孩子。從畢業到退伍之後，就比較了解內心的選擇，跟對這件事情的感受是甚麼。

晟：喔……原來還有這樣……。

寧：這些思考反映在我看很多事情，包括說白米炸彈客，或是看電影我會特別注意他們的反派，我反倒會覺得那些英雄很無聊。我比較理解是，有些壞是真的壞，他是真的惡意在破壞些什麼，而且他可能還偽裝得非常善良、光鮮亮麗的。你其實要知道，去追求一種壞，是真的壞，還是只是一種姿態，總之那是一個很複雜的感覺。

鐵：講到生涯，你什麼時候確定要以音樂作為志業？

寧：國中、高中時就決定了。所以我高中有問過爸媽，可不可以考音樂班，但他們說去念科班不見得是創作的路。另外，他們也說，我退伍後要開始自己賺錢，提早告訴我要開始思考、面對這件事，然後我說好。雖然他們從大學的時候還是不斷在幫我擦屁股，收拾我的爛攤子，包括我信用卡刷爆了，哈哈。

晟：啊這你自己講出來的。（全場笑）我發現很多父親都會用自己的期望來要求子女，但這樣就會發生很大的衝突。坦白說，我還算是很有耐性的，比如我原先特別要求功課，

但發現，連陪一年、每天二十四小時緊迫盯人還是沒用，那就真的不能勉強了。

在他那個年代，很多學生都在刷卡，先享受後付錢。結果，我和吳志寧住在一起時，接到電話說，吳志寧先生嗎？我說你哪裡？他說我渣打銀行。坦白說我還不曾聽過渣打。我說什麼事情？他說你是他的爸爸？他的信用卡都沒繳。我聽了整個……

鐵：氣的要死。

晟：渣打利息是 20 幾 %，我跟他說，你爸在領 18%，讓整個社會的人罵到臭頭，你去給我借那個 20 幾 %，你若要，我 18% 借你，不然我領 18%，你卻借 20 幾 % 這樣怎麼合？那時，我也是辛苦兼課，但是我堅持陪他去銀行親自繳，讓他把信用卡當我的面剪掉。結果又沒多久，渣打銀行又來，我說不是剪掉了？但是還有附卡，他又再刷。後來又幫他還了兩三次，慢慢地，讓他自己體會。所以父親有時候是這樣，不能做得太絕，有的父親會說你自己負責去繳，這可能會逼這個小孩去做出很不可預料的極端行為。可是你如果都幫他繳，又太過縱容，所以這個是需要拿捏的。

後來我慢慢發現，他越來越懂得理財，生活自我的處理比我還厲害。在他犯錯的過程裡面，我可能是扮演一個比較，也許不一定是完全很好，但至少也可以這樣處理過來。啊歹勢讓我電一下。

寧：我其實這部分體會還滿深的，這個我也沒有講過。

晟：今天是第一次爆料。

寧：錢的事情比較私密害羞，可是現在可能因為好了，就比較敢講。但是那個過程我會覺得有兩個部分，就是我以前會覺得爸爸到底是教得對還是不對，但後來明白他的教育方式很成功啦。另一部分是，我比較幸運，在犯錯的過程中，沒有犯下不能彌補的錯。他常常跟我說，各種錯爸媽都會包容，但你犯了無法彌補的錯誤時，就得自己承擔了。

晟：因為我自己也有過一些錯，好在都有家人，或者親戚朋友來包容我。然後，一些浪漫的錯就度過了。大概也是這樣。

鐵：你們是什麼時候開始第一次合作的？就是過去志寧是小孩子，是父親關心又擔心的小孩。但有一天，你們突然站在同一個戰場上，譬如說國光石化，或更早在音樂上的合作，你自己心理上有一種我做大人，好像可以跟爸爸一起做一些事情的感覺。

寧：我覺得小孩的感覺，一直都存在。因為我家人都很優秀，他們的學問、成就，都比我高很多，所以我常常覺得我好像永遠是那個弟弟。

晟：鐵志這個問題很有意思，就是什麼時候開始感覺「志寧是大人了喔」。以往都是你在擔心他或者教導他，但是等到他幫我做那張《甜蜜的負荷》詩歌專輯時，我突然感覺到說，厲害耶，不簡單耶。

寧：但我的感覺是，要感覺到這件事，並不是因為我，而是他

有那個開明的心才會感覺到。我爸爸的個性很能夠去欣賞人家的改變跟優點，他算是很棒的爸爸啦，才會這樣。

晟：從這塊CD，我發現說他已經是大人了。從那個時候開始，父子的角色，開始在慢慢交錯。就是說，我一向是父親，

▲吳晟詩歌3，他還年輕四季歌舞，吳志寧與吳晟音樂表演及吟詩朗讀。

▲吳晟詩歌3，他還年輕四季歌舞，家人合影。

▲吳晟詩歌3，他還年輕四季歌舞海報。

▲吳晟與吳志寧合影。

一個照顧者，一個指導者，但是從那個時候開始，尤其是去到金曲獎會場，他都給我安頓到足好勢，我的演講稿，跟我說幾分鐘幾秒鐘，然後要在哪裡等，他都給我準備得很好。我發現換我需要讓人照顧。

更明顯的，在反國光石化運動、反中科搶水，我才真正感覺到，我真的是老了。我坐在行政院前面好幾個小時，氣憤時，連放尿都差點不知道要起來放，也是要靠吳志寧來跟我說，緊去放尿啦；當然音寧（編按：志寧的姊姊）也有來講。這個就是大概是從這幾年開始在交錯。

鐵：好的，今天謝謝兩位，我自己收穫很大，相信對讀者的親子關係也會有很多啟發。

——《明日誌 MOT TIMES》（2012.8.23）

18
單純之歌——
臺灣特有種詩人吳晟

蔡逸君

古早古早的古早以前
吾鄉的人們
開始懂得向上仰望
吾鄉的天空
就是那一副無所謂的模樣
無所謂的陰著或藍著

——〈序說〉

　　該在什麼時候播種，該在什麼時候採收，是單純的事。該什麼時候開花，該什麼時候結果，是很單純的事。該留下什麼，捨棄什麼，也是很單純的事。該使用怎樣的文字，該怎樣的使用文字，許多年後，依然如此無所謂的吾鄉和吾島，詩人依然不停地耕耘，抵擋著時代的虛耗與虛無。他種的樹生長速度跟他寫詩一般悠緩，緩到讓人以為時間靜止了，畢竟臺灣肖楠或毛柿一株苗仔要長成一棵樹，二十年也不過樹徑二十公分。這樣寸步不離在黑泥田裡寫詩超過五十年的詩人，固執地固著於吾鄉的土地上耙犁，時間不是靜止的，而是被他

的詩歌緩緩地凝住,以詩人母親為名的純園,如今鬱鬱蒼蒼,林木成群,詩人吳晟以一個心念凝住一片森林。

最早我不知道他是寫詩的人,而僅是我國中生物課的老師,不教國文不教詩,而很認真教我們解剖蚯蚓青蛙。他還當導師帶升學班,每天放學後把學生留下來做免費的課業輔導。脾氣和他一般強的我二哥就跟他槓上,我記得校園一幕,鳳凰木樹下他拉著從教室逃開的我二哥,兩人像兩隻牛牴杵在那,僵持不下。許多年後我跟詩人提到此事,他忘記了,我問我二哥,他笑著說,有嗎?而我明明碰到一些他當班導帶過的學生,說老師晚上留在學校盯著升學班的他們,一個都不能少,說他沒收補習費替他們加強功課。

有兩件事,讓我知道我的生物老師是作家,會寫書。

我們所在的農鄉小田庄街上有三兩家書局,大致上多賣文具,少量的書也是連環漫畫、童話、少年雜誌和鬼怪故事,而課本裡的文章和詩詞,都拿來當作考試的題目,很難有心思去體會。不過喜歡看閒書的我,每當休假日回到家,仍不時會跑到這些書局窩著,一邊翻找有什麼新本子進來,一邊不好意思假裝老闆看不到,蹲在角落捧著書讀。某個高中暑假,我記得是在溪州慶平路的正中書局,還沒進店裡,就看見門外立著像畫架的看板,大紅色紙上寫著:賀本鄉溪州國中吳勝雄老師新書出版,畫板底下的長條板凳且放著一疊新書。說實話,那本擺在三十多年前一處鄉村街路上的新書,是詩人的哪本著作我已遺忘,最有可能是《農婦》,我書架上就有一本,洪範書店民國一九八二年初版,定價七十元⋯⋯,但我應該沒錢買的啊?書忘記,作者可記得清清楚楚,因為我國中生物老師有另一個名字吳晟,最重要是那晟字我不會念,自己心裡發音ㄕㄥ,查字典,有說ㄕㄥˋ也

有說ㄔㄥˊ。最後最後直到今天，不管是吳勝雄老師，還是詩人吳晟，我們私底下還是覺得叫他芋仔最自然，芋仔是芋頭的臺語發音，被他教過的學生多是這麼稱呼他的。

另一件事記憶更久，發生得更早。國中有天上課時，校園突然傳來廣播，聲音急切：張櫻川老師，張櫻川老師，請趕快到辦公室，美國愛荷華長途電話，吳勝雄老師找你⋯⋯，廣播不斷重複呼喊著。多年以後，我也問詩人這件事，他也說忘記了，我們一起算算，沒錯，他去參加愛荷華國際作家工作坊那年，我還在念國中。現在推想起來，當時國際長途電話很貴，他急著找教英文的好同事張老師，不會是詩人在異國言語不通順，想臨時抱佛腳吧──

這當然是開玩笑的。我想他是急著要知道他班上的學生聯考考得好不好吧？所以大老遠打電話來持續關心，這滿符合詩人那般一絲不苟，不厭其煩，頂真的個性。

他鄉異國雖短暫，但的確是個重要的轉折。詩人身在愛荷華，心還留在臺灣，他寫道：

是為了學習詩藝而來嗎
最美好的詩
就寫在孩子們和你
紅潤的笑臉上
是為了追尋甚麼夢想嗎
最可親的希望
就在我們自己的家鄉

──〈從未料想過〉

發表在聯合報副刊的這首詩，應是起稿於一年前的寫作坊吧，這裡看出詩人對書寫的鄭重其事——一首詩沉澱修改年餘才發表，這還算快的呢——此外詩人一貫簡潔的語詞，單純的節奏，冷靜的憂思，仍悠遠明朗。

那麼轉折的是什麼呢？我也是多年以後，自己開始寫作，才明白作家雖然可以跨越各種藩籬，但離不開所面對的時代。「從愛荷華歸來之後，很長一段時間，幾乎完全不問文事。少數友人好意關心我的沉默，而我很少透露，我是如何深受這些認知上的震撼，惡浪般沖亂了我原本平和並充滿希望的思想世界。甚至對文學的單純信念，也逐漸崩潰。」詩人在〈衝擊〉文中，提及當時的心境。這種幾乎是失語的狀態，對作家而言簡直要命，而導致作家不能寫不能言，很大的原因是作家所處的時代起了重大變化，颯颯風雲詭譎。

我自己的推測，離詩人去愛荷華九個月前，美麗島事件發生，吾鄉吾島的政治肅殺氛圍擴散籠罩，即使在我們鄉下小農村，我家市場的公共廁所入口的牆壁上，也貼著通緝要犯施明德的懸賞單，每日都要見到幾回。我個人覺得這個暗影或圖騰，影響所及是全面性的，包括日後的軍事審判，時代在那裡打了個巨大的結，從政治到文化，從全體到個人，從身體到心靈，從看得到的表面事務到看不到的裡層事物，自覺與不自覺地全糾結了。這巨大的結前段繩索是鄉土文學論戰，千絲萬縷的每條細線扭曲纏繞各自攀緣在一條繩索上，以文字而文學的作家找尋各自的歷史與體系，支撐著自家的一脈不要斷裂。而此巨大的結後段的繩索，分離成每股小索，再歷經解嚴黨禁報禁開放，小索又裂解，分散成一條條不同色的絲線，再經野百合運動、總統直選，這不同顏色的絲線彼此傾軋互綁，黑纏著白，紅繞著藍，綠

梭著灰，黃穿著橘，分裂再結合，結合再分裂。不只作家，幾乎所有的人，都在時代的震盪中自願或不自願地捲入其中。

上一次對吾鄉吾島造成如此深遠影響的巨大的結是二二八事件，這兩個結，要到二十一世紀才逐漸鬆緩，不是結解開了，而是繩索絲線斷裂四散。這是複雜的後話，在此打住。

回到詩人當時所面對的，他辦理出國被刁難，因為有關單位有他的案底，可那不過是青年時期愛好文藝所惹上的小事啊，況且作為一名國中教員兼農夫，他不過有話直說的坦然單純性格，為什麼被針對呢？雖然後來詩人巧遇友人林懷民幫腔，最後獲准出國，然鬱結更沉了。離開家鄉短短四個月，再回到吾鄉吾島，在詩人心中應該覺得有四十年之難熬吧。我猜他信念的轉折相似於狄奧多・阿多諾所喻：「奧斯威辛後仍然寫詩是野蠻的。這甚至侵蝕到這樣一種認識：為什麼寫詩在今天已變得不可能了。」不是不能創作或寫詩，而是面對時代的殘酷，還能只是寫詩而自得嗎？以前詩人寫作，並不汲於與人經營，安靜地於書寫中呈現農村生活的真實樣貌。現在要懷疑了，還能寫嗎？眼前吾島吾鄉這片泥土田地未來的命運是什麼？詩人無聲無語沉入地底，憤怒與哀傷也是。

當沸沸揚揚各種不同的認同聲音互以真理和謊言搏鬥，熱鬧荒謬的大風吹遊戲，人們搶戲臺演搶戲臺看，著猴般瘋狂的吶喊直至嘶啞。詩人把自己埋入土地，像顆單純的種子，有單純的陽光，單純的溪水滋潤餵養，然後迎來單純的鳥雀，單純的清風，他默默地再次挺起身，更堅定擁抱土地的氣息，而不是大聲嚷嚷。

我不和你談論詩藝
不和你談論那些糾纏不清的隱喻
請離開書房
我帶你去廣袤的田野走走
去看看遍處的幼苗
如何沉默地奮力生長
……（中略）

你久居鬧熱滾滾的都城
詩藝呀！人生呀！社會呀
已爭辯了很多
這是急於播種的春日
而你難得來鄉間
我帶你去廣袤的田野走走
去領略領略春風
如何溫柔地吹拂著大地

——〈我不和你談論〉

　　每次再讀詩人的詩，都會讓我的腦袋澄澈許多，他所描繪的景色，他無華的文字，緊貼著吾鄉人們的心情。我自己嘗試過，要以什麼樣的語言來面對同樣的這片土地，該怎樣寫而不會太過或太失，很難很難。惟有真的踏進黏人的土地，浸淫它的春夏秋冬許久，才可能找到適切真誠的敘述。詩人和我喜愛的前輩詩人郭水潭一樣，將現實結合抒情語意的甜美苦澀，兼在地風物而成扎實的詩歌，臺灣沒幾個

詩人能做到。這是單純並結結實實的詩，它不虛華浮晃，不與雖然複雜卻令人傷透腦力的詩同款。

　　二十世紀末，詩人的母親去世，撐起農村半邊天農婦的背影漸行漸遠。吾島吾鄉的年輕子弟更早以前即已離開田野，投入資本主義的工商社會。無人可繼續耕耘的土地，田園將蕪，農家的生活文化如殘陽即將消失，這是每個農鄉都面臨的處境。然而母親流過汗流過淚流過血的這片土地，難道就任其荒廢，這可是哺育好幾代人們的田啊。詩人從學校退休下來，他依然默默地耕耘，依然默默地在黑泥地裡埋下更多的種子。

> 其實詩情與才華云云
> 乃至文字的迷信
> 早已點點滴滴
> 沉積在滔滔流逝的現實歲月底層
> 寧願只是沉默耕作的鄉間農人
>
> 而我仍繼續寫詩
> 或許是大地的愴傷、人世的劫難
> 一再絞痛我的肺腑
> 即使眼淚，也無法平息
> 即使大聲控訴，也無法阻擋
> 只有求取詩句的安慰
>
> 　　　　　　　　——〈我仍繼續寫詩〉

二〇一四年春節後，我離開生活了三十多年的臺北，搬回故鄉溪州，有更多的時間和詩人見面，後來也和另一位農婦作家，詩人的太太莊老師合種稻米。在此之前，我們師生雖然勉強可算是文藝中人，但都是不擅交遊的鄉下農村子弟，彼此也少有聯繫。要不是二〇一二年，那條流經吾鄉養活彰南無數農民的莿仔埤圳護水運動，帶頭的吳音寧打電話來要我加入，我想我們不會以此方式再次相遇。這是偶然嗎？繫於一條水圳，生命的源頭，這是必然吧。我記得一二年當時的詩人夫婦，他們才剛打完反國光石化大戰役，疲憊加上病痛，仍然堅毅的作為護水前鋒兼後盾，不眠不休的意志力，令人動容，令人不捨。

　　再次相遇，再次踏入田野，再次播種，再次引圳水灌溉，詩人十五年前在母親土地上種下的樹苗，已蔚然成林。詩人忙著跟我解說剛挖的生態池，忙著跟小朋友解說臺灣原生樹種肖楠烏心石毛柿，詩人忙著到縣府市府告訴人們要種樹，要如何種對的樹。詩人忙個不停，他知道有些事現在不做不說會來不及，而身旁農婦一如千百年來的農婦，我時常看到她隱身蹲伏在四處的田野中，只偶爾喘口氣息仰望著天空。

　　二〇一七年最新的調查，純園和園裡兩座生態池，加上附近不用農藥不施化肥以友善耕作的尚水農田，總計鳥類二十七科四十一種，水生昆蟲十一科二十六種，兩棲爬蟲十一科十四種，魚蝦七科十二種，螺貝九科十種，比起二〇一三年實施友善耕作初期，多出三十九科五十種，每科每種都增加很多。先不論生態的原生和外來種的競逐利弊與人為的導向產生的特定現象，我總覺得，保有物種的多樣性是人類與他種生物共生共榮最為自然的存在。不令人訝異嗎？只引濁水

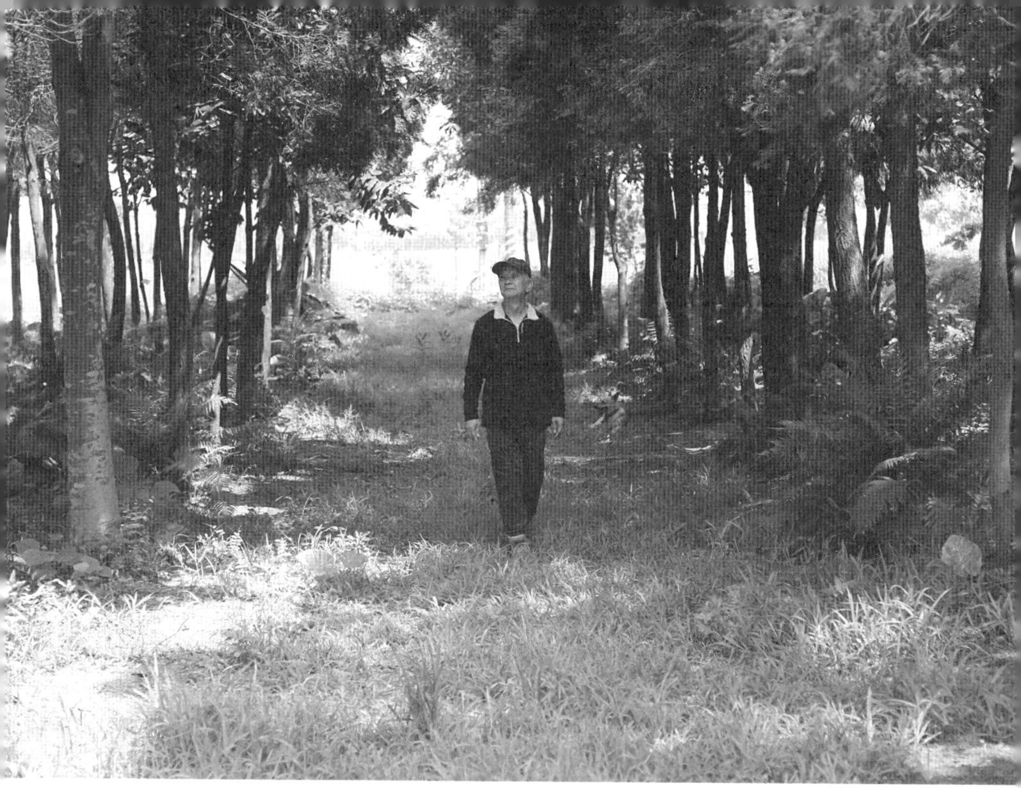

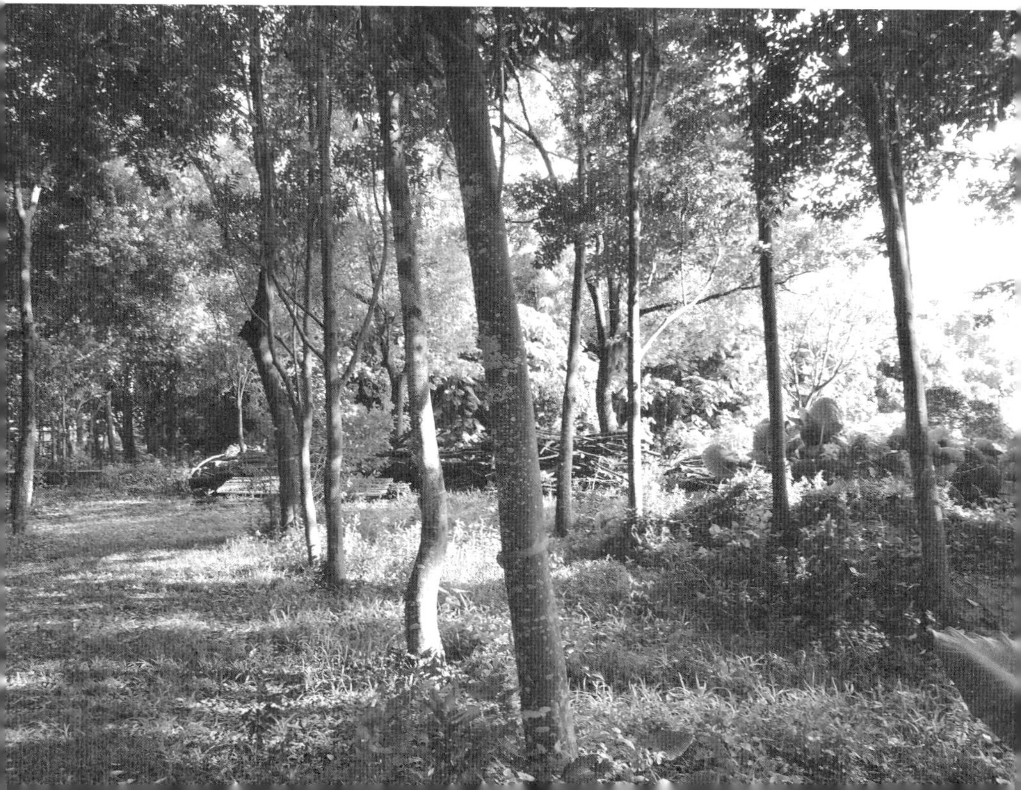

溪經莿仔埤圳進水的生態農田溼地，竟然存有臺灣山椒螺，臺灣粟螺，圓口扁蜷，臺灣椎實螺，石田螺，大型臺灣蜆，粗糙沼蝦，羅漢魚，鬍鯰，苦槽仔，極樂吻鰕虎，粗首馬口鱲，何氏棘䰾等等。詩人的母親農婦吳陳純女士應該很高興，很歡喜，她的土地繁衍出那麼多種那麼多樣的生命和其子子孫孫，她會很驕傲吾島吾鄉生出這樣一個臺灣特有種詩人吳晟。

最近好久不見詩人夫婦，聽說他跑到總統府，口中還是一再叮嚀：要種樹要種樹，每個碰到他的人都已經被詩人清腦，他還沒開口，大家都先點頭對他說：知道了知道了，要種樹要種樹。這是他女兒吳音寧告訴我的。她承繼著農婦堅韌兼詩人革命個性，單槍匹馬到都城開拓思索吾島吾鄉農業的可能，至今仍以辦公室為家，住在農產公司。詩人雖不那麼贊同她離開鄉下，然而一代農村有一代不同的子弟，以不同方式繼續耕耘，繼續打拚。半年過去，詩人還是不放心，他第一次去看他女兒，除了帶著不善於表達的父愛親情，他還帶了一大幅字給她，掛在最醒目處占滿牆壁，要人天天看著。那是摘自鄭板橋〈寄弟墨書〉的一段：

> 十月二十六日得家書，知新置田穫秋稼五百斛，甚喜。而今而後，堪為農夫以沒世矣。我想天地間第一等人，只有農夫，而士為四民之末。農夫上者種地百畝，其次七八十畝，其次五六十畝，皆苦其身，勤其力，耕種收穫，以養天下之人。使天下無農夫，舉世皆餓死矣。

我記得回鄉後幾次強颱直撲而來，無數的樹都被大風吹倒，詩人

的樹園卻損傷極少,每棵樹都站得好好的。詩人跟我說,這些樹從小在地,根扎得深,管他什麼風管他怎麼吹,硬是直挺挺的。

樹就是這麼單純啊,可這真的不單純。

風可以吹落一片樹葉,可以摧殘細枝新芽,可它吹不走一整片樹林。

單純之必要,芳華之必要。

來田野走走吧,來種種樹吧,來一起仰望仰望天空吧。

——《印刻文學生活誌》,174 期(2018.2)

作者小檔案

蔡逸君

出生於彰化小農村,文化大學戲劇系影劇組畢業。曾獲臺北文學獎,中央日報文學獎,聯合報文學獎,林榮三文學獎,開卷十大好書獎。出版有小說《童顏》,《笑彈秘笈》,《鯨少年》,《我城》和散文《跟我一起走》。

19

科技人、文學家——
同樣嚮往一個更美好的社會——
童子賢 vs. 吳晟

蔡俊傑、林若瑜

鄉間萌芽的文藝少年

吳晟：童先生從小在花蓮長大，年少的時候，第一志願是要當詩人；我也是中學時就明確立志要當一位作家。我們第一個相似處，都是鄉下小孩；第二個，從年少就立志要當詩人的文藝少年；第三是我們都讀自然組，童先生是讀工專，我是讀農專。我們的背景有這三個同質性，但後來各自發展不同，我堅持繼續寫，而童先生後來轉向了，我想先請你來談談這個歷程。也想問問童先生，後來你有沒有再對文學，對詩，有一些可惜或是懷念？

童子賢：我以為是我訪問吳晟老師，結果老師先提問（笑）。我很懷念這樣討論文學的時光，我和身邊的人也討論過，少年時的夢，到底終歸只是一個夢，還是說有機會可以逐步去圓夢？我們從小成長在一個物質較少，但也還不到貧瘠的時代，像我們家有五個小孩，我排

老四,哥哥姊姊讀了大學,家裡是有壓力,我年紀還小,就覺得父親每天工作這麼辛苦,很自然就會希望能夠早點替阿爸分擔家計。一開始讀工專也不太清楚可以做什麼,但聽很多從臺北來的親戚和都市人說,不讀大學的話,可以提早好幾年去工作,這點對我就很重要。所以一個十五歲少年,在選擇讀高中還是工專時,我就很自然地選擇了工專。但讀工專之後,一開始很悶,雖然課業上我可以應付,但是沒有感覺到快樂,要一直念到第四年,那是微處理機出現的年代,我在這個領域上才開始有快樂的感覺。我讀的是很傳統的電子類,對於我這個看藝文和文學的小孩來說,收音機、電視和傳統的電力都引不起我的興趣,所以我讀工專前三、四年花很多時間編雜誌,寫文章,校刊如果要開天窗,就幾個同學互相分配一下,再用第二個、第三個筆名湊兩篇,這部分楊照和吳老師之前也都做過(笑)。

臺北工專畢業,實際才快滿二十歲,我去金門當兵,下部隊一年半時間,我買了差不多一百本的書去讀,都沒有藝文書籍。我原本對電子與工程領域,從排斥轉變為熱情,我發現物理世界的樂趣,也會閱讀經濟學,社會學,

◀吳晟於《他還年輕》記錄片首映會現場。

貨幣銀行，開始對人類社會的演進、社會結構組成的背後因素感到好奇。再加上對物理、電子的東西，突然有一個著力點，這點很重要，如果要一個孩子做一輩子都沒興趣的工作，是很糟糕的事情。有些農村小孩，對土地不親近，待在農村就在滑手機，覺得都市比較多采多姿，農村缺少讓他覺得快樂的因素，就會造成很多社會變遷過程的矛盾。回顧自己這方面的歷程，我畢業的時候還是有糾結跟徬徨，我去應徵過中央社，想要當記者，也去應徵宏碁電腦，那時候施振榮先生創立宏碁，有個 logo 叫「微處理機的園丁」，跟土地有關，他認為微處理機就像一塊土地可以播種。結果是宏碁先通知我，所以是一線之差，他先通知我，我就開始工作，隔了快要兩個禮拜，中央社才通知我。

在我國中的時候，一九七三年中東第四次戰爭，導致一九七四年石油危機，阿拉伯國家第一次團結起來對抗西方世界，讓石油漲價。對於剛脫離戰亂，經濟發展正要從農業進入輕工業，亞洲的臺灣跟南韓來說，開始產生生存窒息的感覺。那個年代蔣經國非常大膽且有目標的推動工業發展，名為十大建設，我讀國中二年級的時候，還要背十大建設第一點是什麼、第二點是什麼，考社會科的時候老師還要問這個。也因為這樣，帶動了臺灣社會面貌的變遷，本來還保留相當比例的農村經濟型態，從手工業、輕工業，一下子就走向重工業。而臺灣農村在差不多時間，也起了很

大的改變,像我們這樣的農村小孩,一個個排隊走向都市。即便我到都市很多年,我都還是覺得孤獨感很深,覺得我是邊緣人,大概到四十歲,那種感覺才慢慢消失,不然在這之前,還是會認為臺北不是我的家,花蓮才是鄉土。

一想寫詩一想寫小說

楊照:吳晟老師剛剛講到,從鄉下小孩到文藝少年,這點我想回頭問兩位,是怎麼從鄉下小孩變成文藝少年?這包括兩個很重要的問題,大部分的鄉下小孩要變成一個文藝少年的機會沒有那麼大;第二個是,你變成一個讀詩的文藝少年,可是六〇年代那時候,沒有像你後來那樣寫詩。到七〇年代,從你的詩集《飄搖裏》就可以看出你有一些東西,已經不是我們知道的六〇年代的詩了,這個是怎麼來的?

吳晟:第一是環境,我從小家境都還好,我的哥哥姊姊都有受到不錯的教育,因為我父親比較重視教育。第二就是天性,俗話說「讀書半生成」,小時候真的很喜歡看書,國小學校也沒有圖書館,偶爾有機會拿到一本課外書,就會很喜歡,看得津津有味。後來的契機是在我國小畢業讀彰化中學,那是文藝刊物最盛行的年代,因為我大哥的關係,無意中看了幾本文藝刊物,開始深入,打開了文學的世界,開始懂得自己去買書,去圖書館借閱。

因為當時我在外住宿,有零用錢,我幾乎不買零食飲料,都拿去買書,從此就打了基礎,也開始懂得投稿。人世際遇是好是壞真的很難講,我初中的時候本來功課還不錯,但因為太沉迷閱讀、學習寫作,成績越來越差。當然也是因為才分不夠,不像你們,功課又好,又能夠大量的閱讀。我只能專注一件事,我對文學越執迷,功課就越差,所以初中沒有畢業,這反而是一個契機——因為我父親很重視教育,看我這樣,我哥哥就帶我到臺北補習。

來到臺北,我到補習班報到以後,沒多久就跑到周夢蝶的書攤去。(楊照:因為在重慶南路上,很近。)對啊,那時候有兩個補習班,一個叫志成,一個叫建國。那個年代的鄉下小孩,父母花那麼多錢讓你來臺北補習,我們又是農家,可見我父親是真的非常重視教育。當時我就住在晉江街,跟重慶南路、牯嶺街、同安街這一帶連在一起,所以幾乎不太去補習班上課,大部分時間都在逛書店和書攤。而且在臺北的生活費更多,我幾乎全部拿去買書。

這樣的功課當然不會好,三省中考不上,勉強考到樹林高中。樹林高中又是一個很好的地方,因為是小學校,大家成績也都不是很好,所以也沒有很大壓力,在那邊讀書,演講比賽、作文比賽、寫詩比賽我都拿第一名。更重要的是,那裡距離臺北很近,樹林火車站從我們住的地方,順著鐵軌,沿著平交道走過來,然後坐到萬

華,從那邊柵欄的洞鑽出來,就到牯嶺街,到了建中那邊。為什麼我的文學風格會不一樣?就是高中階段除了看很多文學書,我在臺北的書市,尤其是舊書攤,看了很多我們現在通稱的黨外雜誌、體制外的雜誌,包括《自由中國》,我那個年代還看得到,包括《陽明》、《人間世》,那些諷刺的,還有自由主義的海耶克、殷海光,開始大量閱讀這一類的書籍,已經跟純文學的領域很不一樣,這也形成我文學的基本思考,跟一般的文藝青年不一樣。

童子賢:我哥哥姊姊的興趣跟我不一樣,我從小看的都是生活周遭有的書。以前鄉下很好玩,大家的門都不關,小孩在玩的時候,就這家那家到處串門子,我就常在我阿公的店或是隔壁鄰居家跑來跑去,把身邊找得到的書亂看一通。當時就會看東方出版社系列,還有《三國演義》、《月唐演義》……,到漫畫雜誌,都看得很開心。那時候還有一本《王子》雜誌,我小學就投稿,想當小說家,後來才發現鼓勵你投稿,是為了讓你可以繼續訂閱它的雜誌。(吳晟:它有個「少年欄」的單元,鼓勵很多少年來投稿。)對。很多人,包括我,年長之後,會想回去花東縱谷,懷念那裡的藍天白雲;但年紀小的時候,卻是一直嚮往外面,那個更大的世界。但其實你不需要真的搭高鐵或飛機,就只要兩本書在手,躲在樹下,讓人找不到,用整個下午看一些書,就可以把你帶到另外一個世界去了。

閱讀帶來很多樂趣，也有很多震撼，而且在閱讀過程中會感到興奮，也不時出現讓你迷惑的事，但也因為會迷惑，所以就想要繼續讀更多，把它弄清楚。像吳晟老師剛才提到，藉由閱讀，就會發現文學是什麼，而文學之所以能感動人，不僅僅是它有很純粹的文字藝術，背後一定還承載了一些更深層的東西。

比如說我也看了一些軍方作宣傳後備軍人的雜誌，裡面提到大陸文化大革命，那是一九七二年，我國中一年級的時候，文化大革命武裝鬥爭在前三年已經結束了，可是意識形態文革仍在大陸進行，臺灣當局最喜歡拿這個當敵人批判。我是從那個地方意外地，感受到對岸的存在，才發現這個社會很奇怪，有些事情大人不喜歡跟你講清楚，就只能自己好奇尋尋覓覓，在狹縫中一點一點地追。那時像這類的閱讀很廣泛，我也在我媽媽的養父，外公的書櫃裡看到《古詩十九首》、《古文觀止》，到現在我都還會背〈李陵答蘇武書〉，那時候我才國小國中，覺得那些字有一些艱深，但是很華美，讀著讀著，少年人很得意，就把它背下來。像這就是，文字先天的美就吸引了你。而在閱讀之後，自然而然地就想要嘗試表達自己，我小學就會去投稿。所以應該要感謝那個年代播下來的種，從此以後，種子會發芽，會茁壯。並且慢慢發現，閱讀帶來寬廣的世界裡，不只有純粹的喜悅，還會有其他的酸甜苦辣，都在裡面。

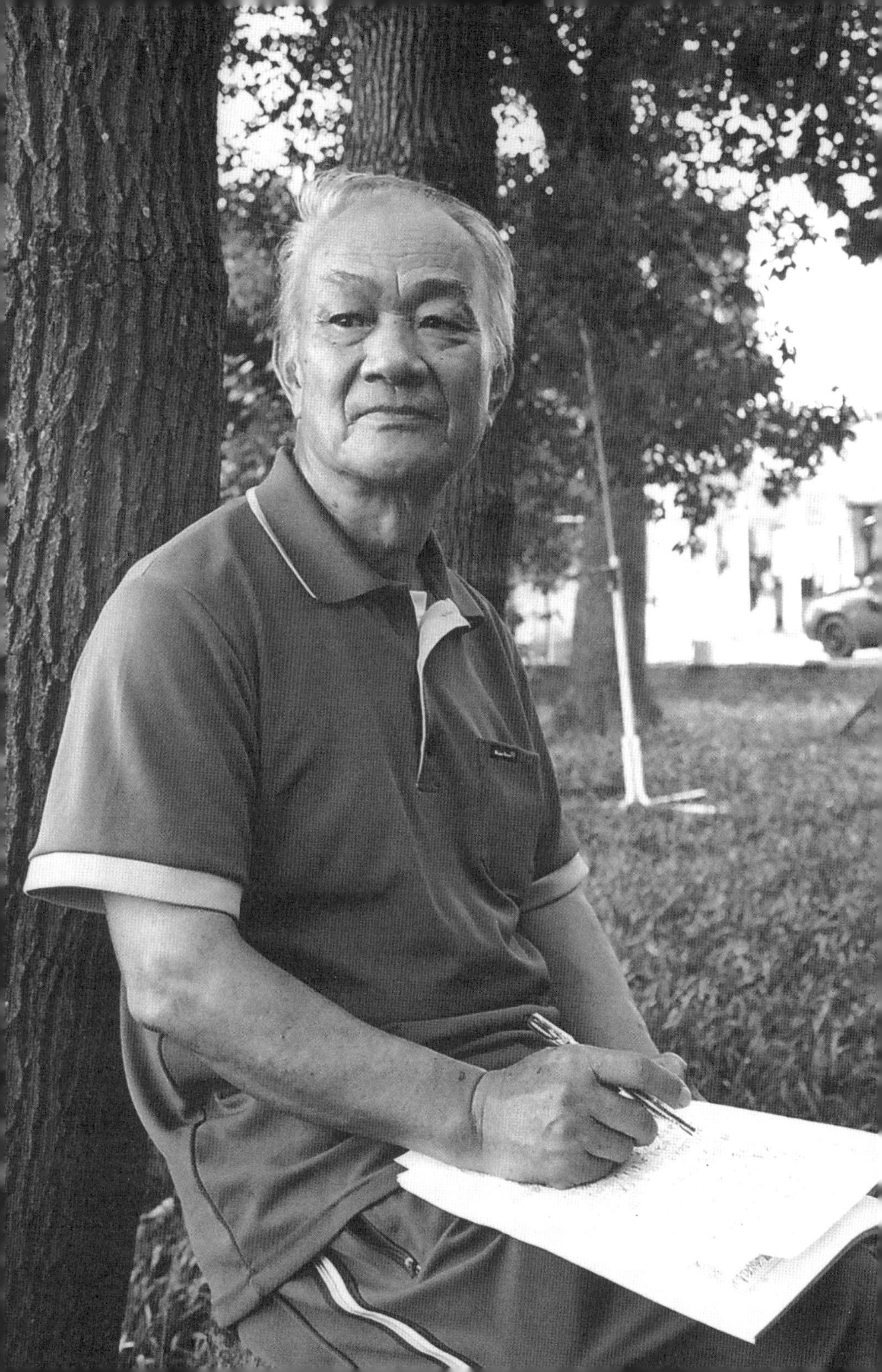

從文學到非文學世界

楊照：剛剛講到兩位的共同點,也是你們的差別點,就是跟詩的關係。所以我想再問一下童先生,為什麼是詩?尤其為什麼是現代詩?你也讀了那些古典的傳統的詩,所以在你還是文藝少年的時候,詩有特別的意義嗎?

童子賢：我國中到工專一、二年級前後,大概十四、五歲到十六、七歲之間,大量的閱讀很多五四運動那個年代的材料,當然就被導引著,自然而然接觸到現代詩的領域,認識到詩的呈現並不是只有五言、七言的古詩。以我當時住的瑞穗來講,騎摩托車,或是乘坐那時候比較窄軌的火車,還要兩個小時路程才能到達花蓮市。在鄉下,十五、六歲的年紀,除非你有特別好的緣分,不然通常資訊的取得是很不容易的,在那個年代可以接觸到這些材料,我已經很感謝了。我記得那時候,有一天我在人間副刊上看到一篇楊牧寫的文章〈瑞穗舊稱水尾〉,寫我們水尾,大概有林崇漢的插畫吧,大家就津津有味的,發現原來我們的鄉土可以被拿來寫在文章裡面,而且還有這麼美的描寫面貌。

這樣子的陶冶,不知不覺變成自己的一部分。但也不是沒有遇過迷惑,我在十八、二十歲,慢慢看了很多文學以外的書,就自己好奇,什麼是社會學?什麼是經濟學?我連中文系的訓詁考據,也都拿出來讀一

遍,覺得這個世界很廣大,我們不知道的還有很多。像我一輩子都對經濟學的領域充滿尊敬跟好奇,很多知名的經濟學家的文采也都非常好,我經常去閱讀。所以有一陣子我的迷惘是,「文人」兩個字含金量有多少,還是要看他背後有多少的底蘊。其實自己在選擇閱讀的領域的過程裡面,也經過自己跟自己作辯論,自己跟自己作挑戰,不時會出現見山是山,見山不是山的情況。就好像我每隔一陣子,就會離開比較純粹的文學領域,覺得這可能不是我要的。可是經過幾年以後,會發現自己那時候的想法太幼稚了,又重新回去,見山又是山了。

楊照:吳老師想要成為詩人的志業,是怎麼開始的?什麼時候開始確定你就是要作為詩人?

吳晟:我印象很深,在初中的時候就很確定了,也是一種年少的虛妄。我去樹林高中考試,很特別的是考高中他們還有面試,現在想起來,就有點不好意思。我記得那個女老師問我,你家住彰化那麼遠,怎麼來這裡考?我回答她因為我三省中沒有考上,我爸爸叫我一定要讀高中,

◀ 楊照訪問詩人吳晟、科技人童子賢。

我也不想要讀啊。她又問為什麼不想要讀高中？我說作家不一定要有學歷啊。那個時候我們流行「學歷無用」，看書裡面的作家介紹，尤其馬克・吐溫那一類，就覺得——對啊！他也成為大作家，為什麼我就要讀高中，讀大學——所以我就這樣回應。現在想起來，這個女老師人也很好，她說沒有錯，但是學校教育還是一個很重要的基礎。

所以我那時候的志向，就是要當作家，但不一定要是詩人。只是為什麼一個文學愛好者會以詩作為主要的創作文類？有的人就是散文，有的是小說。後來我想，這些文類的同質性都有，可能還是由作者的性情決定的吧。還有就是環境，因為我選讀的是自然科，不管讀得好不好，總還是要應付，所以會花很多時間去讀自然科，相對的在創作時，就比較沒有那麼多的時間，還有文字能力，還有平常的思考，沒有那麼多文學的思維，選擇詩來創作，當然比較簡潔，也不必花那麼多的時間坐在那裡寫，我想這也是有關係的。

社會改革的願景

楊照：從考高中的時候就已經立志要當作家，後來開始寫詩。可是我也好奇，你那時念的是農專，你有懷疑或者動搖過嗎？或者想要去做別的事來當作你的志業？

吳晟：其實我是很想當革命家（應該說是社會革命家）。

楊照：那是什麼時代？然後想像的革命家是什麼樣的？

吳晟：在文學作品之外，我高中時讀了更多的是社會政治思想的書刊。那時就開始對這個社會有很多不平，譬如以前的高中教官都還會打人，在升旗典禮的時候打學生，對於那個被打的學生，我會感到很不忍，就覺得很不公平，不合理，甚至於高中的糾察隊，還會打初中的小孩。像這類的情況，我會很在意，也會反應，樹林高中有很多眷村子弟，高中二年級我還當班長，那時候每個月都還有幹部會議，某一次我就站起來，慷慨激昂地講了一大篇愛的教育理論，校長也很震驚，就請教官跟我到校長室去談。

後來我辦校刊，也發生一件很有趣的事。我們學校老師很鼓勵我辦校刊，還給我們經費，可是辦校刊要審稿，那時候老師很放心，也沒有特別審，結果有一期居然被檢舉，訓導處很緊張，很生氣地把我叫去。就是有一篇文章，學生在開玩笑，寫到最後有一句「夭壽喔，中華民國萬歲。」做結尾。其實他這個「夭壽喔」是口頭語，最後又加「中華民國萬歲」，出了問題。就這樣，當時趕快把所有的校刊收起來，一一撕掉。調查單位來問我怎麼會這樣？一方面我當然會害怕，但另一方面也覺得生氣，很荒謬，這只是口頭語嘛。還有高中畢業剛放榜時，我當時跟張健老師有來往，有時候會去火車站附近他們家借書，有一次我要拿書去還，因為還沒看完，就在火車站椅子上想要趁機趕快再看一下。忽然

看到一個警察打小孩,那小孩就是在賣獎券和夏天用的扇子,我看到那警察抓起來就罵:「兔崽子,不可以在這裡賣東西。」那個當然是可憐小孩,才會出來這樣賣東西。那小孩挨打就一直喊:「獎券還我啦!扇子還我啦!」你想,那些扇子多少錢?可以賺多少錢?整個被沒收,小孩也不在乎被打,就一直想要回扇子。警察把小孩抓進月臺旁邊的派出所,我就跟進去,看到派出所裡面有好幾個小孩,很多警察在那邊罵「兔崽子」,甚至還會揍下去。看到那個景象,我很不忍心,就忍不住出聲:「怎麼可以這樣欺負小孩。」我就被架進去了。警察叫我拿出身分證,那時候也沒有帶身分證的習慣,他就問你做什麼的?我說剛考上大學啊,話一講出來,他就打過來了,我回一句他揍一拳,很快我就知道不能再回下去了。後來,我在屏東農專也辦校刊,跟在地的高中校刊社聯合,大家都是文藝青年,成立文藝社。聚會幾次以後,我們總教官找我去,氣急敗壞說我在校外搞非法組織。我說沒有啊,我們就幾個文藝青年,他說這就是非法組織,你還辯。諸如此類這樣。

我專科一年級的暑假,那時候我父親剛過世不久,有四個警察,其中兩個是便衣,到我們家來搜索。當天我沒有在家,晚上回來,我媽媽就很緊張也很害怕,她就說,叫你不要亂講話,你還這麼愛講話,現在警察要來抓你。可是我平常也沒做什麼,有時候發表一下像《自由中國》那樣的言論,其實也都是同儕間講一下。我趕

快騎腳踏車去派出所。由於我父親在地方上算是很照顧人，在以前這種人情很有用，所以那時警察就跟我說，以前吳桑很照顧他們，還出示了國家安全局的密件，告訴我絕對不是他們要刁難我，真的是安全局的公文。我很生氣，雖然平常我們對社會有一些意見，但是也不至於做什麼危害，所以那個時候開始對於這樣的社會和制度，想要做一些改革。就算那個火車站賣東西的小孩違法，他就是歹命囝仔，你可以勸導他，但不可以這樣打他，這個社會真的太多不公義的事情，所以我大概就一直很希望可以為這些不公義做一些改革。

延展創作欲擴及其他

楊照：就延續剛剛吳老師問童先生，在讀工專之後，我們看到的你，都跟文學沒有那麼深的關係，你會不會遺憾，或有什麼想法？現在還會有創作的欲望嗎？

童子賢：不會有遺憾的感覺啦，因為這個愛好已經植入身體裡面，是已經發芽的東西，會一輩子跟著我，並沒有離開，而且會呈現的東西也不一樣。回想我工專時期，到後來進入社會，我還是持續在寫東西，但已經轉變成自己寫自己開心的。我覺得這種創作的喜悅感不只呈現在文學，在許多領域其實是有共性的，一旦你投入到某件事，解決了一個空間問題，產品設計、印刷包裝的問題都像在追求創作。這跟我學生時代做雜誌

一樣,要處理封面、內頁,彩色印刷,到底要用菊版八開,還是十六開?大家為了要不要用菊八的氣魄比較大,也是吵得不可開交(笑)。

我後來發現可以藉由很多不同的面向,舒緩創作的焦慮。比如在關渡,我們現在大概有六、七千個員工在上班,那個空間就是我自己帶著幾個設計部門的人規畫的,他們學的也不是建築。一開始我們是去外面找建築師,但專業規畫的預算跟時間,都超出我們公司的預期。談了兩個禮拜沒有結果就決定自己弄,就是把空間和庭園設計出來,讓員工可以很樂在其中,這個環境對大家的工作就會加分。某個程度上,這就是一種變相的表達和宣洩,也滿足了創作的欲望。我們整個工業設計部門有上百人,一年產品的設計案超過上千件,我經常一有機會就親自帶,跟這些設計師,三年、五年、七年下來,也參與很多造型設計、產品設計、工業設計、包裝印刷設計⋯⋯種種,團隊很活潑的。

有一年,我們跟日本一間 S 開頭的大公司合作,它對我們某一些印刷、包裝,還有產品的顏色跟質感不滿意。一開始這個案子是另外一個合夥人管的,轉到我手上以後,兩、三個禮拜有了不同的進展,那是學生時代主編雜誌的經驗使然,他們很好奇問我怎麼對印刷這麼熟?以前我只要聞到印刷機油墨的芳香,整個人就活過來了,用的印刷機是德國海德堡印刷機,

跟我學生時代接觸的已經不太一樣了，不過你會發現一法通萬法通。在大陸，一臺海德堡印刷機比我們電子生產線還要貴，自動的七色海德堡印刷機，大概要一千萬美金，在印刷產線上如同遇上老友，問題就得到解決了。把你知道的，跟你知道基礎但沒那麼熟悉的東西，經過會商解決問題，最後呈現一個圓滿的結果，在這個學習和解決問題的過程中，帶給我很大的喜悅。

當然也有一些小後遺症。我自己是電子業，不斷地參與其中，創造了很多東西，但我還是只喜愛閱讀書本不喜歡電子書，似乎很矛盾，所以也有公司裡的夥伴，笑我太古典了吧，都還在看紙本書。走過參與編輯雜誌的學生時代，我深深喜愛紙本刊物，可以聞到油墨香味是不一樣的感覺，電子呈現的資料我只限於

查閱資料，要把一本書、一篇作品好好讀完，我覺得還是要紙本才有辦法。

純樸的《吾鄉印象》

楊照：你要不要來談談，從閱讀上，你認識到的吳晟是一個怎麼樣的人？怎麼樣的作家？

童子賢：在這邊要跟吳晟老師致敬。我想好的作家都不太願意被輕易地歸類，或者被貼上哪一個標籤。我記得楊牧講過一個笑話，他年輕的時候，有一陣子被稱為學院派，他很緊張，覺得學院派是一個很菜的派。當然也一定會有很多人把吳晟的詩、散文歸類鄉土詩人、田園詩人，當然也有很多人，基於喜愛和憧憬，和一種仰望的心情，會去拆開來，排排看老師跟藍星詩社、現代派，跟哪個派別有沒有哪裡吻合的地方，有哪裡可以歸類。在我看來，除了學生時代，楊照有參加的三三，我們那時候也跟神州詩社互相往來過，後來我接觸老師的詩，切入的應該是《吾鄉印象》的〈序詩〉，剛讀到時就非常震撼，非常訝異，是誰寫出這種陰陰鬱鬱，卻又跟土地緊緊連結的詩？那裡面蘊含的情感，跟之前閱讀過的不管是抒情、田園、現代派，都不一樣。沒有人跟我介紹這個作家是誰，這個詩人是誰，我就先被作品本身吸引住，然後才開始注意到底是誰寫的詩。很多年以後，一個朋友跟我說他最近聽羅大

佑唱一首歌，他覺得羅大佑作詞的功力進步了。我說這是詩人吳晟的詩，就是《吾鄉印象》的序詩。我想這樣的接觸是最好的，純粹是文學的美，文學所透露的意涵，就是那首詩構成的力量直接震撼到讀者。我非常珍惜這種非常 pure，非常純粹的感覺。

除了《吾鄉印象》的〈序詩〉，我也非常喜愛〈牽牛花〉、〈路〉、〈店仔頭〉……幾首詩。並且曾經反覆抄錄手寫這些詩歌。〈路〉與〈牽牛花〉這兩首詩都提到了「電視機」、「墳墓」，也提到「電線桿」帶來的現代化與五光十色的生活，已經永遠的改變了農村的面貌，令人惆悵低迴。鄉間純樸的〈店仔頭〉夜生活的情調因此黯淡了。詩中帶著無奈、滄桑、憂鬱、寂寥的看著工廠進來、墳墓增加。農村變遷讓田園牧歌風光式微，電視機的喧囂主宰夜間的人際關系，人更疏離了。

楊照：我想我們印象應該都滿類似的，對吳晟老師最深的印象應該都是來自於《吾鄉印象》，包括那樣的寫法。可是我也好奇說，老師你自己在寫的時候，你有意識到你在寫很不一樣的詩嗎？你的自覺是什麼？因為你讀那麼多書，都不是自己想著要寫的東西，我就很好奇，為什麼你會發展出自己風格的，很不一樣的詩？

吳晟：很感謝你們的喜愛，我的個性是很認真的，我比較笨拙、鈍鈍的，這絕對不是謙虛客氣，可是我在閱讀文

學,尤其是詩,幾乎所有我能夠買得到的詩集作品,包括《藍星詩頁》,所有的詩刊詩集,每一家每一本,我都很認真去讀。我回想一件有趣的事,當時我經常去周夢蝶的書攤買書,書攤旁邊樓梯口上去,就是明星咖啡,有時候跟周夢蝶稍微談一下,隱隱約約知道很多有名的文人在上面聚會,可是我從沒想過也要上去坐一下,還有明星咖啡樓下那間麵包店,麵包真的很香,可是我也沒想過要去買一塊麵包,這很奇怪,現在回想起來真的很有意思。後來我看到很多人在寫明星咖啡的事,才想到——對喔,我以前三不五時去那邊,從來沒有想到也要去明星一下。我就開玩笑說人的命是註定的,所以我不能成為明星作家是有道理的,就是沒上去嘛。(楊照:你後來變成另一種作家。)所以這個也可以顯現出我對於新事物的接受度,一般按照常理,都會好奇上面有哪些作家在喝咖啡,但我就沒想過,可能是對咖啡這樣的飲料,我完全不懂,另一方面它很貴,那時候感覺上是更貴,因為當時一大碗麵才十塊錢,一杯咖啡幾十塊,那還得了?!對我們來說,一定是很高貴、高級,就沒有那種念頭。而且剛剛講到我幾乎不買零食的,如果餓就是吃飯,我現在也都是吃爌肉飯、滷肉飯,頂多再加一碗麵,這樣就可以吃飽了。

童子賢:我最近才幫媒體介紹肉圓(吳晟:肉圓也是屬於零食)。也跟老師報告一下,我有在關注這個問題,剛剛講到咖啡和稻米,全世界現在咖啡的總產值接近

一千億美元，全世界的穀類卻不超過三百億美元，也就是說這樣的社會變遷，不只有在臺灣發生，所以像是越南的農業已經從糧食作物，轉變成咖啡，現在產量是全世界第一。簡單說，現在喝咖啡的錢是吃米飯的兩、三倍價，這是很正常的。這世界早就默默被改變了。我們有時候開玩笑說，臺灣披薩的產值可能比爌肉飯還要高，但這是有可能的，這也是全球化帶來的衝擊。

吃飯配麵有菜又有湯

楊照：吳老師你要不要再講一下吃飯配麵（笑），這很重要的。

吳晟：這很有意思，在我那個年代，特別像我們農村小孩食量比較大，想要吃兩碗白米飯，還要叫配菜，要多花錢很貴。後來我們就發明一種吃法，叫一碗飯，他們會幫你淋一點滷肉的湯汁，不是肉燥喔，然後再叫一碗麵，裡面有豆芽菜、白菜和韭菜，這樣麵裡面的菜就是你飯的配菜，菜吃完了再吃麵，最後還有湯（笑），這樣才吃得飽，那碗麵又可以當配菜又可以做主食。這個習慣我一直維持到去年，因為我發現再這樣吃，對我來講稍微超量了，所以我現在會比較節制，但因為平常習慣會到麵攤吃飯，比較餓的時候，還是會這樣吃。我有一次中午和詩人路寒袖去麵攤吃飯，一進去坐下，我就叫了一

碗滷肉飯和一碗麵，然後跟路寒袖說：「你怎麼不叫東西吃？」他說：「你不是幫我點好了嗎？」我說那都是我自己要吃的啦（笑）。他很驚訝。我想這種對食物的習性，應該也都跟我的風格有關啦。

童子賢：我小時候逢年過節，自己做年糕，都要用石磨磨糯米和在來米，還要削蘿蔔皮自己做客家菜包。剛剛在笑說老師食量大，有一次我跟白先勇老師吃飯，發現他的食量也不小，他說回桂林吃了一盆又一盆的馬肉米粉（笑），人家笑他，他說鄉愁是吃不飽的，他很懷念那種味道，隔了幾十年，才又回去吃到。我們很幸運，鄉土就是腳踏的土地，有肉圓和爌肉飯。其實這些都是從土地長出來的作物，像我們小時候會跑去偷砍甘蔗，還被大人追著跑，因為那是要給臺糖的。（吳晟：那個我們經驗最豐富了。）我們小學的時候甘蔗都放在牛車上，牛如果尾巴一翹起來，就是準備大便，車子暫停，我們就會衝上去抽甘蔗，前面的大人發現就會開始叫罵（笑）。

回到剛剛提到的咖啡的產值，我再補充一點，它不只是遠高過稻米，咖啡也已經是僅次於石油，全球第二大的大宗物資，所以這是全球的風潮。

吳晟：我聽你這樣講，我更憂患了。我一直以為吃飽是人類最基本也是最重要的需求，其他都是其次，這也可能是我文學的致命傷。像農委會說，現在臺灣糧食自給率，已經低於百分之三十，我覺得這是個隱憂，當然每個人的

看法不一樣，雖然這可能就是一個國際性的糧食變遷，但我還是希望臺灣的糧食可以自給自足。

童子賢：老實說，我參加了科技會報很多年，每年我都在講農藥的問題，現在的科技應該可以減少農藥的汙染；另外休耕是一個非常糟糕的政策，那麼多年的休耕，以前是補貼你錢，買你的作物，現在是補貼你錢，叫你不要做。得到補貼的人，當然可以得到短暫的生活溫飽，但你不種田種菜，譬如說十年不種田了，小孩子在成長期間也沒見過父母種田，農村代代傳承的文化就斷掉了，甚至不只十年，可能一直休耕下去。

臺灣目前糧食一年的產值兩千六百多億，因為我每年都會上美國農業部和臺灣經濟部的網站去看，臺灣的農業產值五千八百多億，我開個玩笑像電子業裡的緯創、英業達，一家公司就輕易的超越臺灣的農業產值。可是臺灣每年從國外進口四千億，上看五千億的農產品，這不是很奇怪嗎？鼓勵自己的田休耕不種作，卻耗費外匯買五千億的東西進來。當然國際化不可能不跟外國往來，但有那個必要用政策補貼農民，要他們不要耕作，再去進口國外那麼大比例的農產品嗎？這裡面可能有一些因素，比如說進口越南的米，就比買自己的米便宜；還有政治因素，像美國也很強，要你進口美豬美牛，甚至政治人物受到壓力。

我的電子業在全球叫充分競爭，就是沒有經過保護，充分競爭後存活下來，但我相信農業和文化產業，在

各個國家都應該接受適度的維護。我在三年前臺灣辯論 FTA 的時候，我是反對盲目地簽定自由貿易協定，那時主要是韓國和大陸互相簽訂自由協定，可是他們也都很精，關於他們自己最重視的農業部分，基本上沒有開放，韓國希望大陸買他的汽車，可是大陸也很保護自己的汽車。也就是在敏感的工業項目和文化商品跟農產品，他們都不互相開放。日本的貿易那麼強，但他們的自由貿易協定覆蓋率，不到百分之二十，還是保護了自己的和牛和壽司米，甚至是海產，對於保護傳統文化跟生活的價值觀，是很有影響的。我也稱許日本人，並沒有盲目相信國際貿易無所不能，這點很值得我們的政策制定者好好參考。

吳晟：你會關注這部分，就是因為你以前農村生活的經驗和情感已經變成你的本質。

童子賢：那次我還寫了一封 e-mail 給《天下雜誌》的吳迎春，跟他說媒體上引述自由貿易的部分是錯的，臺灣的覆蓋率沒那麼高，但臺灣的競爭力也沒那麼差。他天亮就回我，並且希望我可以把這封信的內容讓他拿去作為讀者投書刊出，就意外地引起輿論變成我反對經濟部意見，也反對某某候選人對於 FTA 的意見。

我們都知道很多文化人、文學家，一直想迴避政治參與，但很多政策的方向一定會回到每個人身上，政策一旦成形了，所有人都會在被影響的範圍內。我也相信如果用讀者投書的方式，可能會引起一、兩個禮拜

的討論，但若是文學的呈現，那個影響有可能是幾百年的。

農地「一魚三吃」現象

楊照：我快速回應一下剛剛吳老師說的，當然我沒有你們兩位那麼豐富的農業經驗，但我覺得臺灣的問題是，每次在思考農業的時候，是沒有農業文化的。就像剛剛講到休耕，很多人可能想到這跟農業有關，但這其實是會影響到農業文化的傳承。這是我們跟日本最大的差別，日本從作物種植到餐飲是一路連貫的文化，你很難想像日本人會放棄みそ（味噌），他在做みそ的時候，就跟黃豆之間有一種特殊的關係，這個用來做みそ的豆子就不可能是隨便從美國進口的，米也是一樣，如果有這一套農業的文化，就會知道要把農業生產放在什麼位置上。

臺灣最大問題是我們完全不重視這些，所以會覺得越南的米和美國的米都是米，只要找最便宜的就好了。頂多就是品質上有差異，所以有錢就買日本越光米，但這些米到底跟我們的生活有什麼關係？這全部都是斷裂開來的。（吳晟：這部分真的很重要。）

我想問吳老師，在二〇〇〇年之後，你參與了非常多的運動，主要是對於農業和環境，而且你參與社會運動的資歷和過程，也和一般人不太一樣。一直到現在，你覺得參與這些運動，和你的文學之間的關係是什麼？

吳晟：回顧我當年的詩作，為什麼比較沒有受到現代主義那種比較晦澀、個人內心挖掘的詩風影響？一方面是我對於社會的狀況特別關注，而且我對臺灣土地的連結很強烈，像以前在臺北六〇年代，很風行虛無主義、存在主義那一類，當時我正在臺北，但感覺上格格不入，因為那不是我的生活經驗。六〇年代從農村社會要轉型，大家都開始在拚經濟，當時是說「拚生活」、「顧生活」，後來才叫作「拚經濟」。那時臺北一天到晚在講虛無、存在，這跟我的成長環境和接觸過的人比起來，太遙遠了，沒辦法接受。但我的個性比較不會批判，還是會覺得這個世界很多事情我不懂，也會很認真的去讀，但就是沒辦法成為我主要創作的核心。

我一直在農村生活，我一方面是公教人員，有領過配給，但我本身也是農民，有直接參與很多農事，也繳交過稻穀，所以這兩方面的心情和生活我都很了解。

從七〇年代開始，比起成為一位文學家，我更想做一位社會改革者，社會改革者可以有機會直接去改變你認為不對的現況，但作為文學家就只能期待慢慢累積的影響。所以七〇年代開始，我就投注在社會運動，當時還是戒嚴時代，我就和所謂的黨外人士密切的交往，包括彰化縣和臺中縣市的黨外候選人，我開始替他們助選、寫文宣，當時是美麗島事件前，與黨外人士往來是很緊張的，我還是會不顧及自己作為老師的身分，很自然地有憂無懼的參與，有驚無險的度過。我一直在想，政治

改革可以改變這個社會,當時就是一廂情願,覺得國民黨倒臺後,臺灣就會變好,當然也不會這麼天真,但就希望有新的勢力,而且坦白說,當時運動的人士,都是比較有社會懷抱和改革理想的人。當時參與這些運動的時候,我的詩裡已經開始出現對環境的憂心,還有整個臺灣農業的萎縮和崩解,但還是覺得政治可以解決這個問題。

等到二〇〇〇年,民進黨執政後,才發現整體臺灣社會的價值觀,我覺得已經是嚴重扭曲了,我用這樣的形容不一定對,就是以我的角度看。包括對臺灣土地完全不懂得珍惜,對自己土地糟蹋、汙染,甚至連農民自己都對土地失去了以往的尊重愛惜,譬如農村裡很多人都知道的,農地「一魚三吃」的現象。本來一塊很好的土地,農民先拿去跟銀行貸款,這是一吃;貸款之後,就開始把原本好的土挖去賣,挖了幾十丈深的土跟沙,像我們溪州大部分都是河床地,後來才變成良田,最底下都是很好的砂石(童子賢:被挖去當建材),當建材價錢比較好啊,這是二吃;第三吃就可怕了,就是各種工業的廢土、廢棄物的回填,一車一車的計價,這樣一來土地就死掉了。而在三吃之後,對這土地就無所謂了,原本的貸款也不還了,就被法拍,後來買到的人,不管知不知道(可能就算知道也裝作不知道),就表土填一填,照樣耕作。我們知道的人都想說那麼毒的地方,怎麼還在種作?!

看到這樣的情況,對我這樣的人來說,要我單純稱讚田園之美,只寫優美的文章,我真的寫不下去,我的心思都被那些農村裡真實的狀況扣咬住了。連整個海岸,不只防風林都被砍掉了,連地上的草也沒了,廢棄物亂丟,唉。不是說沒有美的事物,但對我來說,卻是看到了這麼多醜陋的景象,讓我非常擔憂。後來我發現,就算政黨輪替,但官僚體系、人民思維還是一樣的,整個價值觀還是陷在所謂經濟體系,簡單說就像有人說的,能撈就撈。我對文學美的世界,不是排斥,我也很喜歡,這就是我很痛苦的地方,我希望可以回到那個純淨,只是心情上很難再回到那裡了。

我常說這是整個臺灣社會的問題。像種樹,第一,一窩蜂亂亂種;第二,種的方法太多錯誤,這是全臺灣的大問題,上至中央官員,下到一般百姓,對土地的觀念都不重視。常常人家會說,年紀越大,對人對事會越看得開,越豁達,更仁慈,但我好像年紀越大越激進(笑)。所以剛剛提到,我為什麼會這麼積極的投入社會運動,因為以前已經錯失太多了,實在說,我經常後悔,為什麼我不在七、八〇年代,就開始投入環境改造運動。當時支持那些政治人物,後來他們當選後,也不一定是他們自己不想做,而是進入那個體制,就一定會被很多事牽制。譬如說現在缺水,缺水就要快想辦法把水找回來,臺灣本來水源就很豐沛,為什麼會沒水?然後就有人想學阿拉伯國家那樣用滴灌法,這的確也是一

個方法，不過不是解決根本的方法，我們要找回根本。譬如剛剛童先生提到為什麼休耕？就是因為一句話「稻米生產過剩」，所以就要休耕，這是本末倒置，飲鴆止渴，生產過剩不能就叫他不要耕作，這不是根本辦法。我的意思是說，全臺灣都陷入這種，不求根本，只是遇到問題就想趕快去解決，但在解決的過程中，反而製造更多的問題。

文學的心魂永遠不死

童子賢：每個時代都有每個時代關心的題目，如果你回到五十年前，剛才吳晟老師說你大概在一九六〇年代，差不多高中時組文藝社，那個年代確實是寧願你去混流氓幫派，也不要你去犯思想問題，所以當時組讀書會是一件很嚴重很危險的事。到現在，組讀書會還可以跟文化部申請補助。我也會觀察東北亞這幾個國家，韓國跟臺灣有差不多一樣的進程，以一九七九年朴正熙被暗殺為分水嶺，之後全斗煥、盧泰愚雖然又來那一套，但已經動搖了，接著就是韓國的民主化。一九七九年也是臺灣變化很大的一年，十二月的美麗島事件，同時美國斷交，這是當時掌權者面對外在國際地位的風雨飄搖，以及內在民主化的要求，可是這在臺灣已經是安然度過。我從另一個角度看，臺灣跟韓國，從世界的潮流看，有很多小的紛擾，但都安全的度過到

民主化的社會狀態,但同時兩個社會也發現,民主化不是萬靈丹,你會看到人的貪婪、欺詐,文化中還是有一種根深蒂固的不公義的利益傾向,恐怕才是這個階段要面對的問題,已經不是那麼簡單的二分法了,所有的議題都要被放到更大的結構裡去看。

再回頭談在文學裡耕耘的創作者、文學家,我還是要表達致敬,不單是以一位讀者的心情,老師雖然講到文學在短時間內好像使不上力,覺得無力感,所以要投注更多社會工作。但我親身接觸過社會各層面,我也看到很多前一代的革命家,在革命完成後,變成新的利益既得者,這個新的利益既得者就成了現階段的社會問題的根源。說實在,不管在臺灣還是大陸,在東北亞或東南亞,到處都是這樣的問題。文學的心、文學的魂,我相信那是不會死掉的,只要有不公義的地方,只要人心還有憧憬還有嚮往,在文學家筆下自然而然呈現出來的,還是會感動人心、影響民心。就像剛才吳晟老師提到,我在企業工作,不過我不參與政治,但很多政策制定的時候,會找我問問意見,或是一起開會。我覺得如果我講的話裡面有正確的成分的話,一定是因為在十幾歲的根源,我吸收的那些養分,不管來自鄉土的親自接觸,還是來自閱讀帶給我對於一個好的社會的嚮往,一個好的制度、好的世界應該是什麼樣子?等到我有機會發言,自然而然就是呈現這樣的態度。我沒有因為從原本鄉下小孩踏入

工業社會，開始在城市立足，我不覺得就有很大的轉變，人心還是肉做的，我還是那個鄉下孩子。所以在美國我親眼看到屠宰鯊魚的現場，把魚翅割下來後，就把魚丟回海裡，好像你抓到老虎獅子，把牠的四肢砍斷，丟回森林，那不需要講究什麼主義或偉大的主張，你就是不忍心，所以我幾乎一輩子反對吃魚翅。

我很早就開始警覺，這現象和藍綠無關，說實在也跟民主或獨裁無關。臺灣現在積極走向民主化，這是前代人和前前代人努力的成果，值得我們尊敬和讚揚，可是留給後代的問題一樣很多。我在行政院科技會報，三次正式發言講農藥問題，希望政府像當年用政策根治小兒麻痺一樣，希望政府用政策去管制農藥的使用，臺灣小小的農地，休耕還這麼多，每年進口的農藥，有人說是全世界平均數的五倍，有人說是八倍。無論如何，這麼多農藥灑到土地裡面，我們又鼓勵在地食材，這不是一個矛盾嗎？除此之外，我也主張農業是母親，慢慢才衍生出輕工業、重工業，大兒子、小兒子，現在小兒子茁壯了，回頭反哺母親一定是有力量的，但重點還是在於政策的執掌者，要有這個心，再形成政策。你嘲笑農業產值小，事實上一年五千億，不到緯創一年的營業額，也還比我的公司和碩的一半少一點。也就是說經濟茁壯之後，理論上你也有比較足夠的預算，臺灣再怎麼小，在全世界兩百多個國家地區中，GDP 五千多億美元，還是排在二十

幾名,再怎麼苦也都應該要撥出預算,因為農業跟生活與土地的環節,老實講耗不了多少錢,卻可以讓你保有自尊、保有文化,保有讓自己驕傲的生活形態。我剛剛聽吳晟老師在聊,可以充分體會那種心痛的感覺,政黨都輪替幾回了,但臺灣的土地卻演變成現在這樣的面貌。水資源變成選舉時的樁腳,變成選舉時的籌碼;工業和農業搶水,我們水再怎麼少,也不可能比以色列少,以色列都還可以在沙漠開闢很多綠州和屯墾區,臺灣的水資源理論上是豐沛的,只要政策導引恰當,適當的投入,一定可以兼顧部分農業和工業用水,這是我一點小觀察。

留存文學這塊濕地

楊照:這個對談很有意思,剛剛從吳晟老師開頭,從兩位的共同點開始,從農村、文藝少年,然後到詩。結果我們談完之後,我發現兩位另一個共同點,就是你們都變成有農村經驗,然後關心農業的社會思考者和社會改革者,我覺得這整趟路程非常有意思,也就總括了臺灣在歷史的變化過程當中,所遇到的挑戰,和今天我們要繼續處理的重大問題。

吳晟:我和童先生有很多交集,同樣是文藝少年,你走入科技界,但還是很關心文學,所以會花那麼大力氣來推廣文學,這是你的初心,表示不管你在科技業多成功,你仍

念念不忘，希望在文學多做推廣。作為文學創作者，要向你表達感謝和敬意。而我雖然對社會一些議題很關切，甚至太急切了，但基本上我文學人的本質還是有決定性的幫助，如果喪失了文學的本質，對於社會問題的觀察和投入，往往很容易會喪失初衷。所以文學的本質對我們的影響，是非常重要的。

童子賢：我以前一直把文學比喻成臺灣現在逐漸失去，但對我們很重要的濕地，或者森林，如果可以好好保護，其實可以間接保護很多生態，不管是植物的多樣性或是動物的棲地。看似沒有作用的濕地，如果你把濕地屯平來種田，那是錯的。像臺北市基隆河截彎取直，當然創造很多建地，但這帶來很多深遠的微妙影響，弄那麼多建地，就在大臺北寄居更多的人，在日治時代的規畫，大臺北最多不會超過一百萬人，現在大臺北共住了五、六百萬人，為了容納更多人，就把濕地去掉，就只是讓幾十萬人繼續擠入更擁擠的都市。回過頭來，在大自然的範疇，濕地和森林我們應該要繼續保護，相對來說，文學在生活中無法立即產出效益，但它對你的生活和生態是多麼重要，是必須、也是必要被保留下來的，我們一定要讓文學這塊濕地，雖然偶有挫折，但還是要繼續生存，繼續繁衍下去。

——《印刻文學生活誌》，174 期（2018.2）

對談者小檔案

童子賢

　　一九六〇年生於花蓮,企業家,為華碩集團共同創辦人,現為和碩聯合科技董事長。長期推廣文學及藝文活動,贊助修建「楊牧書房」;資助影視《一把青》;創立目宿媒體,拍攝《他們在島嶼寫作》系列文學家紀錄片等。

主持人小檔案

楊照

　　本名李明駿,一九六三年生,臺灣大學歷史系事業,美國哈佛大學博士候選人。現為新匯流基金會董事長。主持 Bravo91.3「讀音樂」及九八新聞臺「楊照音樂廳」廣播節目。著作等身,橫跨小說、散文、評論、經典導讀等領域。近期出版小說:百年荒蕪系列《1981 光陰》、《遲緩的陽光》、《1975 裂痕》。

20
詩人老爸舞劍討公道——
《北農風雲》劈開政治爛瘡

何宗翰

　　形容某人是一本「open book」，意思就指這人像一本攤開的書，沒什麼秘密，七十六歲的詩人吳晟就是這樣一本書，日前出版的新書《北農風雲》中，不但攤開了女兒吳音寧任職北農總經理期間，長達九個月「箭靶人生」的來龍去脈，也揭露這場政客和媒體一同上演的「政治秀」始末，畢竟，如今選舉激情結束後，還有誰關心北農總經理？當初的關心，究竟是真心關愛農業？還是磨刀霍霍為政治？

最氣女兒挨控實習　兩年寫不了一首詩

　　二○一七年吳音寧剛就任時，北農突然之間就成為政治攻防焦點，議員質疑她看不懂財務報表，揶揄她是「年薪二百五十萬的實習生」；二○一八年農曆新年休市事件，又指控她是造成菜價崩跌的「神隱少女」；接連又爆發業務費送殘菜、送洋酒、農產外銷帛琉等事件，到第一果菜市場改建的爭議，加上市長柯文哲一提到她就「抓狂」的反應，讓她成為眾矢之的，深陷假消息地獄中。

　　這些攻占媒體頭版的爭議事件中，很多都是不負責任的空包彈，

「最嚴重就是實習生標籤,最惡劣、最狠、操作到最離譜的議題,我是真的氣到!」吳晟提起往事還是情緒激動,雖然相關爭議後來都一一澄清了,但用那種諷刺、挖苦的質詢方式,把「認真學習」扭曲成「實習」,又扯成等同於看不懂財務報表,還剪接成影片在網路瘋傳,說她「跳針」,「所以我要寫下《北農風雲》,要讓大家知道他們怎麼操作的!」

「你看我的年表,從來沒有間斷過,每年都有作品,不是詩就是散文,從不間斷,但來到二〇一八、二〇一九年時卻完全空白,一首詩都沒有辦法寫!」空白是因為吳晟動了火氣,「我以前對文字是很虔誠、很崇敬的,下筆寫稿時,一筆一劃都端端正正,文字是靈魂,寫下去就是真誠的,對文字很信賴。現在很多人昧著良心製造謠言:你說維護正義,他也說;你說愛護土地,他也敢講。大家都隨便講,不管是對文字或是語言,根本都是褻瀆了。」

回到文字要找公義　二十個資料夾說清楚

決定從文字找回公義後,吳晟開始蒐集資料,每天剪報、學習用手機上網看新聞,雜誌、電視新聞、政論節目、臉書、網路媒體全不放過,還有厚厚一疊《臺北市議會公報》速紀錄,甚至還整理出一本「柯文哲語錄」,一共分類二十多個資料夾,想把來龍去脈、時代背景,新聞媒體的造謠、政治操作、利益勢力的抹黑,全部用報導文學的方式寫清楚。

「音寧二〇一七年十月就曾說,第一果菜市場問題很大,設計圖根本不合,完全沒有站在產銷拍賣的角度,禮堂、餐廳蓋那麼大要幹

嘛！」吳晟說，但她時任溪州鄉長的表哥黃盛祿，就曾為此勸她不要做了，因為百多億的市場工程牽連龐大的利益，幕後太複雜。

在流言風雨中，吳音寧堅持初心，找臺大城鄉所合作成立改建小組，到日本福岡的拍賣市場研究，每次討論都有會議紀錄，在體制內一層一層報告，後來才發現市府完全沒有理她，要照原案，只好透過議員開記者會讓大家了解，並拒絕主動請辭的「建議」，最終新的改建案才被採納。

「寫《北農風雲》是我最痛苦的寫作經驗，不寫又不甘願。」吳晟嘆息說，尤其他得反覆聽那些質詢，還要打成逐字稿，聽到柯文哲說吳音寧：「她懂什麼東西！」眼看女兒這樣被人糟蹋，實在很痛心。當然，有些質詢起初聽了很氣，後來卻有點好笑，像是有人說音寧是「開旅社的小姐」，只能說這些人實在很沒水準。

從心底瞧不起柯 P　糟蹋別人尊嚴當直白

吳晟不只是想替女兒討回公道的生氣父親，他對柯文哲也有直白的評價：「我打從心裡瞧不起他，瞧不起他搖搖擺擺、變來變去，只有算計、沒有是非；瞧不起他自恃高智商，耍弄嘴皮、含含糊糊、反反覆覆；瞧不起他平時好像口沒遮攔、氣焰高漲，但面對中國官員，卻一副畢恭畢敬、拘謹有禮、戒慎恐懼的模樣，乖順照稿子唸，唯恐說錯一句話；我更鄙夷他，刻薄寡情，糟蹋別人的尊嚴，當成『直白』。」

吳音寧成為媒體焦點時，吳晟也遭流彈攻擊，他明明是擔任無給職的總統府資政，卻被內容農場的流言說成「月領三十五萬的國策顧

彰化學

▲《北農風雲》唯一一場新書發表會，臺中市中央書局。

▲《北農風雲》。

▲ 吳音寧與北農風雲。

問」，也因為支持年金改革，被「反年改人士」汙衊、攻擊；他在報社擔任記者的學生鐘武達，為了一篇臺灣農村文學館啟動的新聞，被長官要求操作成「吳晟為綠站臺」，憤而提前退休離職，並在臉書寫下「記者可以不當，但不能不做人」。

女兒被當箭靶九個月　就為膨風賣菜郎

　　真相越寫越明，寫到後來，吳晟才恍然大悟，原來處心積慮攻擊吳音寧，其實是想凸顯前任總經理韓國瑜「賣菜郎」的正當、鮮明形象，二〇一八年三月的休市風波，正好是九合一選舉各路候選人起跑之際，當時的媒體操作將吳音寧當成蔡英文來攻擊，所以他在書中也推斷，北農事件應為中國操縱臺灣大選的一次操兵演練。因為就是有人刻意把韓國瑜的身影、姿勢、演出，以剪接、音效、加大量的特效，放大再放大傳播出去，「其實，他本人，也不過是個販賣黨國意識、封建保守、歧視多元價值、不尊重他人、花天酒地、唬弄說大話、不負責任、好鬥、常說謊、又沒有什麼知識的傢伙罷了。是的，連『韓導』都不是。」

　　吳晟認為音寧是個做事的人，她改革人事任命制度、獎金制度、重新規畫第一市場改建，把中國進口水果擋起來，推動外銷到帛琉，但是政治角力與鬥爭，硬是把她逼下來，「我是到女兒被人糟蹋得憤恨不平，才決定寫《北農風雲》，但我更為臺灣農業長期淪為政治鬥爭工具而憂心。」吳晟說，音寧從頭到尾都很堅強，朋友們反而比較擔心他，「這本書不是幫她寫，是我忍不住要寫，作為一個爸爸，看女兒被人家欺負成這樣，我也是一個很世俗的人啊，沒有那麼超脫、

心胸寬大;寫完就得放下了,雖然知道名譽已經不能平反了,現在願意靜下心來看書的人也不多,一切只能交給時間仲裁了。」

「本來二〇一八到二〇一九年,我準備寫關於種樹的書《與樹約定》,臺灣應該要怎麼種樹?不同地點該種什麼樹?像完整的國土規畫一樣。」吳晟嘆道:「我老了,隨時可能就無法再寫作了,可能也沒有機會再出版一本詩集了,如果不發生《北農風雲》,今天出版的就是種樹書,該有多好。」

採訪最後,吳晟試圖詢問吳音寧願不願意一起拍張照,原來她一直都在隔壁房間,但她終究沒有走出來,只透過父親拒絕了合照,畢竟對她而言,《北農風雲》是「作家吳晟」的創作,而一門之隔,「作家吳音寧」的小說世界,正在建構中。

——《自由時報》,文化週報(2020.4.11)

21

向世界去，回鄉土來：
以文學耕種年輕的臺灣——
吳晟 ╳ 張潔平

鄭又禎

　　文學紀錄片〔他們在島嶼寫作〕系列推出最新一集，記錄臺灣重要詩人吳晟的《他還年輕》。八月六日，吳晟與飛地書店創辦人張潔平進行了一次對談，講座題為「向世界去，回鄉土來：以文學耕種這年輕的臺灣」。以下是對話記錄。

　　張潔平（下稱「張」）：今天非常榮幸，有機會在這邊聽吳晟老師做一次親密分享。我本身是一個文學愛好者，也非常開心吳晟老師給我簽書時寫「年輕的文學朋友潔平」，但作為一名文學愛好者，我的成長經歷不管是在中國還是在香港，臺灣的鄉土文學都是沒有辦法被看到的，我幾乎是到臺灣之後才開始讀吳晟老師的作品。
　　在臺灣以外看到的臺灣文學，基本上都是現代文學，例如白先勇等，鄉土文學我剛開始認識，但印象很深。去年還是前年我第一次去吳晟老師的書房，他拉著我跟我說他跟中國作家艾青的交往，我當時就覺得這兩個世界怎麼就

這樣交會了，讓我意識到其實「鄉土」這件事是穿越國界的。鄉土本身作為一種文學的態度或立場，並不是真的被綁定在國界之內，那次給我留下很深的印象。

所以這次我之前就跟吳晟老師聊到，說希望能聽他講多一點當年他跟艾青的交往，以及那個時空到底是怎麼一回事。吳晟老師在零星文章也提過他一九八〇年愛荷華作家工作坊的經歷，我當時印象最深的是在那之後，你就有三十八年再也沒有離開過臺灣，而且據說是拒絕出國，任何邀請都不去，一直到二〇一八、一九年，應該是為了拍攝這部紀錄片才重新再一次踏出國門，也就是一九八〇年是他在未來的四十年最後一次離開臺灣。到底是什麼樣的衝擊，當時發生了什麼？

一九七九年對臺灣來說至少發生了兩件大事：一個是中華民國跟美國斷交，還有一個是美麗島事件爆發。而一九八〇年工作坊華人世界的入選名單，臺灣是吳晟，他應該是斷交之後第一位訪美的作家；中國是艾青跟王蒙，也是很有意思的組合，因為王蒙當時是比較官方的代表，艾青曾經是中國很重要的詩人，但一九四九年之後被國家流放差不多二十年，從新疆到小西伯利亞，非常類似於今天的寧古塔，受了很多年政治折磨；香港的作家是李怡，他現在也在臺北。我當時看到那名單就覺得，哇！一九八〇年這些人坐在一起到底是什麼狀況。

吳晟老師在自己的文章也簡略寫到過那幾個月對他人生觀、文學觀和世界觀的衝擊。他說，在那裡對中國真相的

認識與對臺灣真相的認識讓他非常震撼,因此當我們有機會今天來這裡分享時,就一直抓著吳晟老師說能不能講講這一段,那好像是為什麼鄉土這個立場這麼清晰的一個重要時間點。今天時隔四十多年回看這個一九八〇年的作家工作坊,對您的影響是什麼?我非常不好意思給吳晟老師定了一個題,吳晟老師很勉強地答應了。所以我們今天也許是從一九八〇年的愛荷華開始。

一九八〇:生命與思想的衝擊與轉折

吳晟(下稱「吳」):當初潔平到我們家一開始就聊得很愉快,其中一個原因是因為我妹妹是香港媳婦,我一九八〇年從美國回來時,唯一去過的地方就是香港,在那裡住了一個禮拜,所以對香港算是有一定的情感。我們那天談到可不可以來談談一九八〇年對我生命與思想的衝擊和轉折,一九八〇年到底是什麼狀況,我要先從這裡開始談起。

那時臺灣剛剛跟美國斷交,臺灣(中華民國)從一九七一年退出聯合國,其實臺灣的外交部等於斷交部,世界各國一直跟臺灣斷交。但我們這邊一直都講「中美斷交」,這個語詞控制了臺灣很多年,甚至到現在有時不留意還是會講出「中美斷交」,其實是中美「建交」,然後臺美斷交,應該是這樣才對。可是當時他們發明了「中美斷交」這個詞,結果整個臺灣社會跟媒體一直沿用這個詞,由此可見我們臺灣人、臺灣社會是一直被很多不好、不對的

語詞所控制；依照一種比較所謂左派的語詞，叫做「宰制」。

在這樣的背景下，國際作家工作坊由美國國務院委託愛荷華大學主辦，由詩人保羅・安格爾先生（Paul Engle）跟臺灣的重要作家聶華苓女士主持，每年都會有一期，工作坊讓世界各國的作家聚在一起，我們大部分都住在一個叫做「五月花」的公寓，那個五月花不是臺灣的五月花，臺灣的五月花是不同的意思，美國的五月花是跟他們的建國史有關。

一九七八年年底美國跟臺灣（中華民國）斷交之後，其實這個工作坊就沒有臺灣的名額了，因為臺灣跟美國已經斷交了，又被認為「不是國家」，這個名額就給了中國，中國在一九七八年之前也沒有名額，一直都是臺灣的代表去參加。《他們在島嶼寫作》這個紀錄片系列拍攝過的作家幾乎大部分都去過，余光中、鄭愁予、白先勇、楊牧、王文興……幾乎都去過。一九七九年那時他們還是有邀請，可是被邀請的人不能去，那個人是王拓，他那時已經不能出去了。

一九八〇年工作坊就來邀請我，可是他們很緊張，因為也怕我不能出去，所以就透過非正式管道偷偷寄來。收到信大概是在三月，我一看發現寄件人是「鄭文韜」，就是鄭愁予。我想說他怎麼會寄信給我，我跟他沒有來往啊，一看才知道是愛荷華那邊寄來的。而為什麼要透過他寄給我，因為「鄭文韜」的信件大致上不會被檢查，可是如果你用「愛荷華國際作家工作坊」就可能被審查，那時候因

為臺灣政府覺得他們跟中國比較友善。這個很少人知道，我也沒有講過。今天我說的這些其實是我要寫的，但目前還沒寫出來，各位可能是第一個聽到的。

收到信當時我就趕快跟我的老師瘂弦講，瘂弦老師就一直提醒不可以講，絕對不可以講，要人到愛荷華以後才可以講，而且在辦的過程都不可以透露，很可能會因此生變，這個是有前例的。我那時在學校做老師帶升學班，需要很專注，要等到學生考完試才有時間去辦出國手續，七月學生一考完我就馬上去辦，沒想到每一關都非常麻煩，但我算很幸運，每一關都有貴人相助，最後一關就是教育部文教處。

我在那邊辦了很久，受盡冷眼，因為「沒有這個條文」。只有大學教授文化交流考察，沒有中學老師什麼文化交流考察，而且主辦這個的人說「什麼？生物老師？這個人家是要『國際作家』欸？什麼東西，不行不行。」這種很多我是自己笑一笑，在他們的認知裡面，整個教育部的條文裡沒有中學老師文化交流的，而且生物老師怎麼會寫作？還有一個問題是每一關都有安全資料。那時的教育部體育司司長，剛好是我中學時的體育老師，我遇到他有跟他提到我正在辦出國，他說有困難就去跟他講，我就想說應該是不用，這個是正規的事情，而且還有邀請函。結果沒想到我真的沒辦法了，就去找老師幫我跟他們講。講了以後那個主辦問我：「你跟體育司司長是什麼關係？他從來不關說的喔，他為什麼會替你出面？」我說我是他的學生，而且他知道我沒什麼問題。

可是還是不行。我們老師去查以後才知道，原來我的安全資料「有顧慮」。臺灣以前所有機關都有「人二」，就是人事室第二處，第二處是管思想控制的。他們都會做資料，他去查我的資料結果是「思想偏激」，安全有顧慮，所以不准。

辦了很久還是不行，就快來不及了，九月初就開始了。結果冥冥之中真的有貴人相助，我一生真的都很好命，怎麼說呢？我本來想說算了沒出國也無所謂，我這種「鄉土作家」也不一定要出去。其中還有一些談話，我在這邊透露一下應該沒關係，事隔四十年，現在講也沒關係啦。那個主辦人說是我不應該，「你一個生物老師怎麼去參加這個什麼國際作家，你算嗎？」我就跟他說這個工作坊臺灣很有名的作家都去過，例如白先勇，他就說「啊？你怎麼能跟人家比？」這個是我當時印象很深的一句話。我當然不能跟他比，他也不能跟我比，我們不能相比的，可是那時候他那種口氣，我實在是很受刺激，但這個無所謂啦，因為當時時代就是這樣，其實到現在很多時候也還是這樣。

我就不要了。也不是我不要了，是沒辦法。結果很巧，我要離開教育部、走下樓梯的時候迎面走來一個朋友，他要上樓梯，我要下樓梯。他一看，說：「欸，吳晟！」我說：「欸，懷民！」是林懷民。林懷民他很早就去過愛荷華，不過後來，應該是說因為他去了愛荷華，他才轉而跳舞，他的契機也是在這裡，他如果沒有去愛荷華，應該也不一定會跳舞。他問我說：「辦好了嗎？」他也知道我要

去,有幾個人雖然不能講是誰,但臺灣很小,私底下都會傳,他跟瘂弦老師也很好,所以他知道我要去。我就跟他說「無啊,伊著毋予我過啊。」(沒有啊,他就不給我過啊。)「哪會使毋予你過?行,我系你來。」(怎麼可以不讓你過?走,我帶你上去。)他就帶著我進去找處長。
他跟處長說:「你自己看著辦,這國際新聞啊,你不讓吳晟出國,愛荷華國際作家工作坊他們會發布新聞,『臺灣作家因為思想控制不能出國』,你們臺灣政府⋯⋯這樣下去你們自己負責。」處長嚇死了,他說有這麼嚴重嗎?「有沒有嚴重,你試試看嘛。」他們也沒想到像我這麼土裡土氣的人也會被邀請,你想想看四十年前我是鄉下老師,一天到晚還在種田的那種樣子,在他們眼中哪裡有像作家?哪裡有像在他們心目中「詩人」的印象?他們說我不能跟白先勇比,不能跟誰誰誰比,那當然不能比啊。這個我絕對不是酸,不要誤會,開開玩笑,因為我很坦蕩的,而且都是好朋友。你想想看,鄭愁予老師還跟我這麼有緣,你知道他每次來臺灣去我家最想要找的人是誰嗎?不是我,是吳音寧。

這邊延伸出去講一點。我有一首詩叫〈過客〉,大意是在質問人們到了哪裡才是歸人,才不再是過客?結果我的一個好朋友,教戲劇的汪其楣教授他非常喜歡這首詩,在一九八七年時把這首詩改編成戲劇來表演。演員在朗誦這首詩時,我就聽到後面說:「愁予愁予,臺上在念你的詩欸。」我轉頭一看,鄭愁予就坐在我後面,姚一葦教授就

坐在鄭愁予旁邊。愁予就有點不好意思地說：「這不是我的詩，這首是吳晟的啦。」

結束以後鄭愁予老師就約我們出去喝酒，當時吳音寧有陪我去，吳音寧那個時候初三（國中三年級），因為功課不錯，我判斷他彰化女中一定考得上，所以沒關係，就陪我來臺北。我們就一起去喝酒，就喝那種生啤酒，很大一杯，吳音寧跟鄭愁予就乾杯，鄭愁予對這件事情印象非常好，所以後來來我們家都會問吳音寧在不在。這算是一個插曲啦，可以知道我們交情都非常好。

愛荷華的三個衝擊

吳：總之，後來就出國了。我稍微慢了幾天到，但還算是剛開始不久，所以去到當地隔天，聶華苓老師就辦了一個簡單的茶會歡迎我。那個時候艾青跟王蒙他們都已經到了，我就到聶華苓老師家，那個場景其實是很自然，艾青那時已經七十多歲，比我現在少一點，他站在樓梯口，我從樓梯上去，看著這個前輩詩人，而且是中國五四以後非常重要的詩人，他地位非常高。有些年輕朋友不知道有沒有聽過「在延安文藝座談會上的講話」？就是毛澤東一九四二年發表的延安文藝講話，那次據說就是艾青起草的，所以他跟毛澤東的關係是很密切的。他在樓梯上遠遠地就把手伸出來，我很激動，看到一個前輩、一個這麼重要的詩人手伸出來，我一上去就擁抱他、向他鞠躬。

可是沒想到,就有人在那邊拍照。我也沒注意,然後隔了幾天,當時美國的一個報紙,當然是華文報紙,用半版的篇幅刊登我和艾青擁抱的那張照片,標題叫做「臺灣年輕詩人吳晟嚮往祖國」,我嚇死了。我還要回去欸。後來才知道原來是一個叫「新華社」的報紙發的,這個我印象非常深刻,很怕,從那個時候開始我就怕了,「毋驚我死呢諕。」(不怕我死欸。)

但他有沒有報導錯誤?沒有錯,坦白說。我真的嚮往祖國。在臺灣有擁護或依附國民黨的國民黨派,而反國民黨的叫做「黨外」。一九八〇年之前,或應該說美麗島事件之前的黨外其實有分成兩種:一種是比較左傾、帶有社會主義思想的,另外一個是美麗島系統這種的,所謂本土的黨外運動,黨外民主運動當然聲勢就比較龐大,但就比較沒有這種社會主義思想。

那我是屬於哪一種?基本上,我那時跟臺灣的黨外運動是在一起的,但我的思想根源是社會主義思想的這種「左統」,坦白說也是真的嚮往社會主義祖國。因為共產黨革命後我們看到很多傳單,那些傳單我都會偷偷搜集起來,學生時代我們都會偷偷念「紅皮書」毛語錄,我們那時有幾個朋友非常熱衷於這件事,但那個時候很危險,被抓到不得了,一定關。

我有朋友真的被抓,他後來教我如果被抓,就「坐禪」就好。因為對方一定會有兩種人來跟你談,第一種是拍桌子罵你的那種,第二種是會跟你好聲好氣說:「哎呀不

用這樣子嘛,何必呢?我們不會對你怎樣啦,你就坦白說嘛。」這兩種來你都不要理他,也不要說我不知道,什麼都不要講,坐禪就好。我那個朋友就這樣磨了三天,對方沒辦法,就放人了,當然也是比較好運啦。那個朋友非常地信仰左派,臺北這邊也有一群左派信仰很強烈的,像最近斐洛西(Nancy Pelosi)來臺灣,有幾位去現場衝撞的也是我以前的老朋友。

但我這樣的「信仰」在愛荷華,受到了三個非常大的衝擊。第一個,我開始閱讀很多我們在臺灣看不到的東西,當中也包括李怡的《七十年代》雜誌,那本雜誌也報導很多例如美麗島、天安門,還有中國的文化大革命,所以我又接著看更多文化大革命的報導。你們可能想像不到,而且很多人會覺得我太誇張,但我要很實在地說我這個家國情感很強烈的人,在那邊幾乎每晚都在哭。如果看了文化大革命的報導,你不哭,那真的是難以想像,那個之慘無人道簡直是把人性的惡推到最高極致。像我們臺灣這些「小奸小惡」、「小打小鬧」,跟文化大革命相比真的是差太多了,文化大革命那種鬥爭的殘酷是難以想像的。今天在這邊我沒有辦法講太多故事,但每一個故事我讀到都哭得不停,比如說魏京生自傳,那本讀了你如果不哭,我真的佩服你。那段時間我讀了很多文化大革命的故事,很真實,也殘酷到不行。

第二是艾青先生他很坦率地跟我講文化大革命時他的經歷。他很實在地跟我講,我問他當年被整肅是什麼情況,

他說他被下放到新疆去掃公共廁所，一個在我心目中認定是中國第一的大詩人，被下放去掃公共廁所。他還提到上面的人有時會來檢查，檢查到廁所有蒼蠅就打，他回了句「你們家沒有蒼蠅嗎？」就被打得更兇了。他說這些其實他都還好，自己很強壯，被打沒問題的；此外他背後有將軍在罩他，艾青也等於是毛澤東的文膽，這樣的一個大詩人都被整肅到這種程度。

臺灣很多人在講一九八九年天安門事件，但其實和文化大革命期間、一九七六年的四五天安門事件相比，那已經算是沒有那麼嚴重的了。四五天安門事件當時國際新聞媒體都還沒辦法進去，消息整個是被封鎖的，而依照艾青跟我敘述的，我聽了真的是恐懼到極點，我就不轉述了。我其實有問他知不知道那時是誰陷害他，他說他知道，他也有跟我說是誰，當時就是一個陷害來陷害去的情況。

第三個就是我的助理。因為一九七六年文化大革命結束，一九七八年中國開放，慢慢有些留學生也開始互相有些交流，我的助理就是紅衛兵第一批到美國留學讀研究所的。他每次來找我都從遠處就大喊：「共匪來了！」他知道我們這邊都稱他們為共匪。我們就還滿好的，他自己就是紅衛兵，他講了很多那種我沒有辦法轉述的故事，因為講了真的會哭，那是人間煉獄一般的悲慘。

那四個月我就是處在這樣的情況。很多人說到愛荷華好像很浪漫、很悠閒，我後來還寫了情詩，但其實那時候的心情很痛苦。這個痛苦第一方面是我嚮往的社會主義祖國為

什麼是這樣？不是很進步嗎？我寫了一首長詩，想說早知道這樣，你就讓國民黨慢慢爛嘛，再爛也不會那麼恐怖，我那個時候心情很痛苦，那個叫做「信仰的崩潰」。

另一方面，我有幾次跟王蒙、艾青他們兩個一起去大學演講，當時中國為什麼是派他們兩個，一個是愛荷華這邊邀請的，另一個是政府派的官方代表，王蒙就是政府這邊派的，講話官腔官調，我很不喜歡。一起出去演講，排序都是艾青先講，我第二，因為我是代表臺灣嘛，然後王蒙第三。每次艾青講都是實實在在地敘述，我當然也是，而且我到美國絕對不講臺灣的壞話，我要罵我回來跟政府罵，我不要在美國罵我們政府，那算什麼？我有一個這樣的堅

▼愛荷華國際寫作工作坊合照，左起為吳晟、艾青、聶華苓、李怡、陳若曦、王蒙。

持,為什麼要在外面講我們自己人的壞話?

有一次王蒙就約我去喝咖啡,我就講說我理想中的中國、理想中的社會主義祖國,怎麼會被你們搞成這樣?我可能比較激動一點。結果你知道王蒙反應怎樣嗎?他就說喔,那你們臺灣呢?你們臺灣怎樣?還不是美麗島事件?我就嚇一跳,對啊,我們臺灣有美麗島事件、林宅血案,這樣的政府我是很痛苦的。

所以我的信仰崩潰、幻滅,然後臺灣那時也是很讓人不滿意,可是不管怎麼樣都沒有中國那麼可怕。那是在我意識上很大的一個翻轉,回來以後大概一兩年都不講話,都不寫文章,你看我的年表可以看得很清楚,我這一兩年幾乎都不寫,除了在美國寫的那一組〈愛荷華家書〉,其實是情詩啦,但因為中年人臉皮比較薄,所以用家書。除了這些之外我就不再寫了,因為我在調適,過了很久才慢慢調整回來,「唉,就是這樣,不要管你了,中國你們自己努力啦,我們臺灣問題也很多啦,我就全心全意愛你,愛臺灣。」我能管得到的,我能盡力的,大概就是臺灣社會我們還可以來盡一點力,中國那麼龐大、那麼多人才,你何必摻一腳呢?你家己臺灣攏顧袂好勢啊!莫講臺灣,你溪州攏顧袂好勢啊,閣講甲中國?(你自己臺灣都顧不好了,不要講臺灣,你溪州都顧不好了,還講中國?)我要集中精神、全心全意顧自己的故鄉,大概是這樣的心情轉折。

拒絕臺北：扎根在鄉土

張：吳晟老師您說這四個月是很大的思想衝擊，最後決定反正不管怎樣就是要來建設自己身處的家鄉、社會，您後來有提出「種植年輕的臺灣」。我想問問您當時想到的「建設臺灣社會」這件事，很自然地扎根在鄉土，沒有再去都市，一定很多人邀請您去臺北，因為我看到您書裡也寫到說您拒絕了好多次去臺北的工作，雜誌編輯等等，是什麼原因讓您覺得一定要扎根在鄉土，而不去考慮其他的可能性？

吳：不曉得欸，這個是我自己個人的思想的一些轉折，我不知道你們會不會有興趣，因為每個人的生命歷程都不一樣，每個人對自己生命的抉擇也都有各自的一個背景。我簡單地說，我跟我女朋友在學生時代就開始規畫出國，我大哥

▼愛荷華國際寫作工作坊合照，左起為吳晟、艾青、安格爾、聶華苓、李怡、王蒙合照。

當時已經在美國完成學業，你可以說是臺灣六〇年代很早的一批「來來來，來臺大；去去去，去美國」，我大哥大概是我們溪州鄉第一位留學生吧，我們家算是比較重視教育的。第二，我女朋友的哥哥姊姊在美國也都已經很有成就，他哥哥是真正的「臺大的」，我哥哥是成大建築系，也不亞於臺大啦，那個時候的成績也是臺大的成績，總而言之我哥哥在美國已經很穩定，我女朋友的哥哥姊姊也都在那裡，他哥哥的工作也是很不錯的。你們知道臺獨聯盟嗎？不管你認同與否，那個沒關係啦，總之就是我女朋友他哥哥就是臺獨聯盟的美國本部主席，有這個背景。我哥哥這方面當然沒有那麼強烈，他是在華盛頓特區做政府單位工作的，等於是美國的公務人員。

他們都發展得不錯，我們也理所當然規畫畢業後要出國，可是我的家庭狀況實在沒有辦法，父親車禍過世後家庭負擔很重，弟弟妹妹都還在念書，哥哥已經出國、姊姊出嫁，媽媽在種田，我實在沒有辦法那時候就出國。我女朋友當然很不甘願，她寫了一篇文章在講，我就寫了幾篇很哀怨的文章，意思就是跟她說你要出去你就出去啦，不過我還是會守在這裡等你。都是年輕時候的夢幻，都隨便亂講的啦（全場笑），坦白說也不一定真的那麼專情啦，她如果一走我大概就找別人了，也不一定啦，但也非常可能。

我女朋友很不甘願，她功課非常好、很會念書，一直夢想要出去，我表明說我不要出去，那她就先去教書。她是我學妹，可是比我早畢業，因為我們學校對我非常好，捨不

得我太早離開,所以我們老師就多留我一年,等我畢業時剛好就有兩個工作:一個是在臺北,瘂弦老師早就跟我講好說要去當《幼獅文藝》的編輯,他看中我可靠,然後我對文字很敏感,他看過我在校對就說:哇!你這個校對的功夫太厲害了,所以他就邀我了。

可是冥冥之中人的命運也很難預期,我要去報到的時候就很巧,在溪州搭公車要北上,排隊就剛好看到前面是我高中的國文老師。那個老師是一個很爛很爛的學校的國文老師,那個學校是那種很快就倒閉的私立學校,現在已經不在了,我讀過那樣的學校一個學期,可是我如果沒有去念那種爛到不必考就可以去念的學校,就不會來教書了。其實我國小一直都是全鄉第一名,可是初中就差了,命運就是這樣。我第一次讀高一那時,就寫了一本詩集去請這個國文老師教我,他就想說這個學校的學生都是不用考就可以進來的,怎麼會出你這個寫詩的?所以他當然印象很深。

我們一起上車,他問我說從哪邊畢業,我跟他說屏東農專剛畢業,其實還沒有拿到畢業證書啦,因為二月沒有證書,他就說喔屏東農專好啊,好學校,要不要回來教書?就這麼爽快。以前都聽說要送紅包,結果上車沒幾分鐘就要我回去教書,我說可以嗎?他說當然可以,我是校長,我要聘誰就聘誰,你屏東農專畢業很好啊,而且還會寫詩,你來教國文。

我就找我女朋友商量,跟她說現在有兩個工作,讓你來選擇——其實我已經想好了,但還是讓她來選——結果這個女

朋友很好、「很笨」,她就說都可以啊,你決定。當時可以說是被愛情沖昏頭吧,我就說如果我回去教書會很辛苦喔,還要種田喔,她就說:「農村生活很好啊,很浪漫啊,我們傍晚可以帶著小孩、踏著夕陽去散步,我們可以種菜、養雞養鴨。」我心裡想說「你想得美」,其實很辛苦,那時候我們家兩三公頃都是種水稻,水稻是很辛苦的,要一直工作,我媽媽常講說這是「趕時趕陣」(「時陣」為臺灣閩南語「時候」之意),什麼工作都不能延誤的。

後來就決定回來教書,就趕快把我女朋友介紹到另一個國中,她後來來這所鄉下學校報到,在想要不要去租房子,我就說我帶你去租一間很好的房子,我就把她帶到我們家,就順理成章住下來了,也沒有什麼很浪漫的故事。農村生活就這樣開始了。

什麼是「國際觀」?

吳:講到這裡,我們來回看一些重要的抉擇,第一個是不出國,第二個是不去臺北。到了一九八〇年我去了美國參加國際作家工作坊,當時工作坊的負責人聶華苓老師對我非常好,好到什麼程度呢?第一,他替我安排了一份在愛荷華大學研究所的工作,就是獎助金啦,還說可以留下來循著文學前輩的腳步在愛荷華拿碩士。我想了想還是覺得算了,教國中跟教大學差不多啦,而且教國中比較穩定,而且我就算拿了碩士博士,像余光中老師拿了碩士回來當教

授,跟我回來還是繼續當溪州國中的老師、繼續種田,其實也差不多啦,所以我就婉拒了。

這是第三個轉折點。當時臺灣一方面喊反攻大陸,但一方面臺灣社會一直恐共,臺灣有能力有條件的人幾乎都在想辦法辦移民,或是想辦法拿個什麼卡。我太太家裡就一直叫我太太趁還有名額趕快辦,她也真的去辦了移民申請,結果排沒幾年就通過了,通過以後一直通知叫我們趕快去辦手續,我太太就一直問我要不要,我就跟她說你要去就去啊,問小孩也是都不要,我太太看我們都不要,她後來就去辦放棄,也算是斷了這個想法。

這大概是八、九〇年代那時的想法。我在七〇年代臺美斷交那時寫了一首詩〈草坪〉,那首其實寫得不是很好,但現在看來自己還是覺得很重要。那時候移民潮是達到最高峰,臺灣的移民潮時不時會有高峰,到一九九五年閏八月又是一個高峰,我那時候寫了那首〈草坪〉,它的意思其實很簡單,就是咱家己的故鄉愛家己顧乎好(我們自己的故鄉要自己顧好)。我那時還沒有出國,但知道歐美環境好,可是臺灣那時剛開始建設,到處亂七八糟的,可是我就寫了這首詩表明「咱免去佮人欣羨」(我們不用去羨慕別人),我們也可以把自己的家鄉建設成我們所愛的那樣的環境,所以這首〈草坪〉就很鮮明地代表了我當時的那種思想。

這個思想延續到現在也有大概半世紀的時間,我這樣的思想的根源是我們講很多理論,國際觀、世界什麼什麼,有

篇文章我很不以為然，某文化名流在一九八八年發表了一篇〈何必曰臺灣〉，我看了真的很不能接受。我寫了一首詩叫做〈角度〉，就在講你以為你走遍世界，到了德國你就有國際觀了嗎？國際觀不是你在外國飛來飛去，國際觀是在心裡面的。

我是比較屬地主義，我們住在哪裡，就把這個地方顧好、處理好，不要講那麼大。以前一直講中國中國，你在那邊就不被歡迎啊，人民代表大會你也不能參加，你能去那裡發言嗎？人家發生什麼事件，你能去參與、表達意見嗎？都沒辦法嘛，那何必講那麼多？真正要做的就是把自己能盡力的這個地方維護好。

文學的交往

觀眾提問：老師您好，想問您為什麼會開始寫詩？

吳：這個很好回答。因為我開始讀詩，而且讀了很多詩，讀了很多詩以後發現欸啊恁遮的詩攏無寫到我的心情（你們這裡的詩都沒有寫到我的心情），我有很多心情啊，為什麼我會寫出很多農村詩？我當年讀的詩不可能讀到這種勞動的、農村的詩，那我就自己來寫啊，我要表達我自己的生活經驗和情感，這些別的詩人是不會寫的。當然讀別人的詩會有很多的共鳴，但是你的情感或生命經驗別人是沒辦法寫的。我的勞動生活經驗，坦白說臺灣大部分詩人是不可能寫出來的，因為不但沒有農村生活經驗，而且還沒有

勞動經驗，但像我這樣有長期農村生活經驗，而且是真正的勞動經驗，這樣我當然就只好自己寫啦。

張：您剛剛講到一九八〇年在美國的經歷，包括好多次的誘惑也好，或是其他可能性也好，但是不管是陰差陽錯，在公車上自己的老師還是各種各樣的事情，到最後你每一次都決定是留在溪州。但您講到從美國回來以後在思想上的掙扎和衝突，讓你有一兩年的時間都沒有辦法寫東西。我很好奇您回來之後，會怎麼跟曾經影響您的那些，比如說對社會主義祖國有信仰的老朋友，例如陳映真先生等等，你會怎麼跟他們交流你的轉變？包括您對溪州土地非常真摯的情感，和對臺灣社會不管外國的月亮有多圓，我們要把家鄉的月亮也變圓這樣，這些東西您還能夠跟當年的老朋友很順暢地去交流嗎？他們會有什麼反應？

吳：關於為何我從美國回來以後四十年都不出國，這我好像還沒有回答，其實跟我定根土地、定根自己家鄉有關。我已經確定我不要揚名世界，也不必揚名中國，我只要臺灣的子弟能夠閱讀我的詩作，能從我的詩作獲得一些共鳴，這樣我就夠了。那種所謂國際、到中國，當然有也沒關係，譬如說我的詩集被翻譯成很多國家的語言，現在已經有法文版、英文版、韓文版、越南文版，那個我當然都很感謝，但那不是我的重點。我的重點當然是希望臺灣的子弟願意，或者從我的詩作裡面能夠獲得一些感動或者是共鳴，這樣我就夠了。

我不可能成為大師，這個我很清楚，不是謙虛，絕不謙

虛,我絕對不可能成為大師的,我只能成為一個很真誠的好詩人,這個是我很清楚的。因為我很清楚我有很多限制,我不必去妄想流傳千古、揚名世界,到中國那邊怎樣怎樣,很多人很喜歡跟中國交流,到中國開什麼會,我就不要浪費那個時間。我就是把臺灣顧乎好（顧好）,安呢就已經真勢啊啦（這樣就已經很厲害了啦）,我若是把溪州顧乎好就已經真勢啊啦,這樣就很好了。

人不用一定要顧到多廣闊,我媽媽常講「人無才調夯天」（人沒有能夠舉天的才幹）,每個人能力有限,我們要理解這件事,不必妄想要成為什麼樣子,到中國那邊開個什麼會……中國那邊有沒有邀請我?那當然不可能不邀請我的啦,尤其艾青對我是真的好,我看到他一本在香港出版的《艾青選集》,裡面他只有跟他太太合照的照片,除了唯一一張,那一張跟別人合照的就是我跟他跟聶華苓老師的合照,那表示說他對我真的很重視;他也很直接講說臺灣的詩人吳晟就是跟他最合得來的,因為我們兩個真的都是農村詩人。他也是一直邀請我去參加一些活動,我都一概不要,因為我不想登陸;至於外國的演講什麼的,我也不想要,臺灣都講不完了,還講到外國去?沒有必要。

至於跟朋友的交往,我也不曖昧,大家都很清楚我是臺灣立場很堅定的,這個我也不假仙（假裝）、不閃躲,我們那邊的人也都知道我就是綠的,這個我從來都不諱言,也都不用假。但是我的文學朋友就不一樣了,大家都很互相尊重,我講一個有趣的,但是這個表示說我們能夠互相理解啦。

拿我跟瘂弦老師來說，瘂弦老師是非常國民黨的，二〇〇〇年他說不能讓陳水扁當選，他說陳如果當選「會把我們趕下海」，我說：「老師，不會那麼嚴重啦！」老師就說不行不行，我就一直跟他說就政黨輪替而已啦。之後過了幾年老師就跟我說：「欸吳晟，好像你對欸，好像也沒怎樣。」到二〇〇四年就又來了，他就說這次真的不行，我就又跟他說老師不會啦，沒問題的。我們兩個就很好，但是彼此互相了解。

而我最尊敬瘂弦老師的是在《幼獅文藝》期間，他都要配合慶典慶祝蔣公什麼什麼或青年節出特刊，會找一些詩人、作家去寫「光輝十月」、「燦爛十月」那類文章。他當然也會邀我，我就很明白告訴老師說我不會寫，你不要邀我，他馬上就明白了，就說那你不要寫，從此絕不邀我寫這類文章。我所有的詩稿他還是不斷刊登，但是絕對沒有寫那些我不知、不信的東西。他不會因為我不配合他而對我有排斥，甚至很理解我這種黨外立場，我沒有什麼好隱瞞的，我都坦蕩蕩，你不認同也沒關係，我就是這樣。瘂弦老師他很清楚，他也能夠包容，這是我覺得非常了不起的。

第二個是陳映真這種大左派。我在八〇年以前就是這個脈絡、這個系統，如果稍微知道多一點的話，會知道這個脈絡叫做「夏潮系統」。可是我轉變了以後，曾多次跟陳映真這位我最敬愛的兄長去討論，我跟他說我真的很痛苦，中國社會主義真的很可怕，我實在沒辦法再認同，我們也討論到三更半夜一直討論。我很坦誠跟他討論以後還是沒

有辦法，但陳映真還是一樣理解我，因為我是很真誠的，然後他也很真誠，我很敬愛他。

我最感佩的是那時吳音寧要出版她的第一本書《蒙面叢林》，就是她去墨西哥探訪墨西哥革命軍那本，那個真的是冒著生命危險去的，她在那裡好幾次差點丟掉性命，採訪回來寫了這一本。我後來才知道，他（陳映真）的一篇訪問裡面寫說「這是我人生最後一篇文章」，在為吳音寧的這本書寫序之前他已經生病了，而且滿嚴重，但因為他答應吳音寧要寫這篇，所以他抱病寫了這篇。而且那不是應付的文章，是非常深刻的萬字文。你了解到這樣的作家、這樣的人有多麼真誠，多麼重情，願意抱病使盡人生最後的力氣為一個小女生寫她的第一本書的序，你就可以了解我們的情分，不是因為我的思想轉變我就對他有所改變，這是不可能的。

他不是投機者，也不是政客，他就是一個真誠的社會主義信仰者，他還是對中國抱持著期望，而我還是對臺灣抱持著希望，我們各自努力，但那個情誼是絕對不會因為有些思想的變化而改變的。所以我跟很多所謂左派的老朋友還是保持著情誼，我們在一起的時候還是會有些思想的討論，但是不會真的怎麼樣。像我這次去拜訪瘂弦老師其實也會稍稍談到，但是他都會用一種很委婉的方式跟我說，也有很多地方會認同我。如果是真誠的思想，文學的情誼不會因為思想稍有什麼改變就被抹殺掉的。

張：非常感謝吳晟老師。聯合文學最近出的《文學一甲子》一

跟二兩冊，其實也滿完整講述了包括剛才講跟陳映真先生的交往，我想唸一下其中幾句話。

他寫到：「陳映真一生堅持他的信仰，為他的信仰付出了七、八年的青壯歲月在牢獄中，沒有妥協餘地，至今也從未從臺灣任何政權得到任何好處，這樣的人格，即使反對他的政治立場，也會有一定程度的尊敬吧。」其實吳晟老師在書中對很多很多的詩友都是這樣看待，我覺得文學情誼是一個獨立於政治立場之外的一條線索，其實都是秉持著這樣的立場。然後剛才他講到回訪瘂弦，應該是二〇一九年因為紀錄片的原因，這也是《他還年輕》個人最感動的一個片段，前面都很好，農田啊種植啊——很抱歉我缺少詩意的描述——就是農村很美好。

吳：很像我女朋友那個時候那樣。

張：對，就是被你騙了，你不要告訴他農村的真相。但是紀錄片到二〇一九年拍到吳晟老師回訪瘂弦，兩人在書桌前的交流包含最後開車離開，真的非常感人，我在電影院直接看哭了。我覺得兩位即便是在紀錄片短短幾分鐘的畫面，或者是看吳晟老師跟瘂弦老師的通信，都能看到兩人的真誠，非常赤誠、像孩子一樣、非常純真的交流狀態。

今天也非常感謝吳晟老師給我們做了這麼真誠的分享，包含可能也是滿難得聽到的角度，包含思想上重要的轉折點，整個的文學創作的歷程，個人思想史的歷程，其實背後是臺灣從一九六〇年代一直到現在的這個轉變。我自己一兩週前剛從溪州回來，一方面是想跟吳晟老師談今天對談的內容，然

後另一方面是對溪州黑泥季的活動非常感興趣,因為他們的海報就是很「農村的美好」,非常漂亮的海報。

去了以後其實在那邊只待了一整天,溪州黑泥季是紀念溪州護水運動十週年,黑泥是當地很重要的地景,或應該說地質,那是一個集合了對一場以農民為主體的社會運動的紀念、音樂會、小農市集,在地的孩子、老師跟父母在黑泥塘裡玩耍,還有華德福教育等等,一個非常豐富的鄉村生態的展現。這個地點就在吳晟老師耕種了數十年的土地上,這一整件事能夠發生,是因為吳晟老師真的是身體力行在那裡,他的「種植年輕的臺灣」不只是寫詩或教育,還是 literally(字面意義上)種了很多很多年的樹,那裡有一片很大的樹林,應該也是吳晟老師的母親留下來的土地上種的樹林。

我作為一個臺灣的陌生人、外人,去到那邊一整天,你就深刻地感覺到什麼是耕種,那裡所有的一切,都是來自吳晟老師跟他們溪州吳家的耕種,不管是小農的網絡,因為護水運動而保留下來的資源,那片樹林、音樂會、所有的一切。你會看得到一個人一生或一個家族一生的執念所結下的果實,是留在那裡的,我自己是非常的被觸動到,所以今天也非常感謝吳晟老師去做這樣一場很真誠的分享。

何必曰臺灣?

吳:其實這首詩〈角度〉有點自我辯解的成分在,因為我不想

出去，我看了當年我們所處的時代，其實七〇年代本土意識開始興起，慢慢就開始有所謂「國際觀」的論述，「你們一直都講臺灣，可是你要放眼世界啊，多看看世界啊，不要一直只是看你們臺灣」，但臺灣那時最欠缺的就是本土意識，我們對臺灣歷史、地理，甚至文化非常非常陌生，我在二十年前已經非常清楚臺灣人對臺灣還有很多地方不認識，或者甚至是錯誤的認識。

我隨便講一個，你們也許很難相信。我二〇〇〇年從國中退休，二〇〇一年去靜宜大學兼課教臺灣文學。第一堂課我想說要教臺灣文學，那同學一定要對臺灣歷史有起碼的認識，我就問了一個很簡單的問題：「第二次世界大戰末期，臺灣有沒有遭受敵人的飛機轟炸？」結果幾乎有回答的都回答日本。他們說「日本飛機來轟炸臺灣」沒錯啊，因為「我國對日八年抗戰」，我們的課本就是這樣教的。「我國對日八年抗戰」這句話像符咒般，控制著現在五、六十歲左右的臺灣人，馬上就會覺得當然是日本來轟炸的，因為他是我們的「敵國」嘛，臺灣人就被教育成這樣。

幾年前我跟我太太退休後，第一次坐小火車去阿里山，火車上就看到一位大概四十歲左右的帥哥為一群女生導覽，就聽到他說：「阿里山以前檜木非常多，都被日本人砍光了」，那些女生就覺得日本人很可惡，要去把檜木「搶回來」。我忍不住就上前問他：「你這樣導覽對嗎？歷史是這樣講的嗎？」他覺得自己沒錯，還叫我去看官網，說自

己是昨天才去官網把資料印出來的。我說是喔,我們的官網是這樣介紹的啊?

兩年前我在國中自己班的群組看到一個「花漾阿里山」的影片,你們可以上網看,裡面的敘述也是這樣寫的,日本人來了開始規畫、砍樹,我們政府來了開始補種。這支影片是在中央廣播電臺放的,剛好董事長是我朋友,我就給他看,問他怎麼會放這個影片,他查了以後發現這是林務局嘉義林管處拍的,他們一時不察疏忽了,所以才重播了那則影片。

這種影片還在政府單位一直播放,傳播錯誤訊息,為何會

▼在純園舉辦各種聚會活動。

說是錯誤的?臺灣的山林確實是日本時代開始規畫、開始砍樹,可是真正砍得最嚴重是在一九五〇到一九七〇這二十年,因為反攻大陸需要經濟發展,所以就砍樹來賣,結果這段歷史被淹沒掉,我們把責任全部推給日本。這就是我們的教育,到現在還是這樣。你想想看,我們「何必曰臺灣」?一定要說臺灣啊,因為你真的不認識臺灣,而且你認識的還是錯誤的臺灣,所以還是要「曰臺灣」的。

我再講一個,這也是兩年前的事。我去一個民進黨執政縣

▼吳晟在純園。

市的市公所,那裡包含館長有六個圖書館管理員,我就問他們剛才問的「是誰來轟炸我們臺灣」,三個說日本,兩個說不知道,只有一個說美國,這一個是裡面最年輕的一位,大概是三一八學運世代的。長輩們都說「怎麼可能?美國不是我們的好朋友嗎?」你看看,這個就是臺灣。

好啦,我們就念詩吧。念詩比較好玩,比較有氣質啦。

遙遠的星光特別燦爛嗎
如果照不見腳下的土地
那是為誰而炫耀
遨遊的眼界特別開闊嗎
如果無視於身邊的山川
是否隱含倨傲

我也常無比傾慕
聆聽世界風潮的滔滔論述
只是有些質疑
沒有立足點
候鳥般飄忽來去的蹤跡
每一處都是異鄉
都是邊陲

其實我更常怯怯質疑自己
長年守住村莊的田土

是否如人議論的褊狹
在反覆對照思量中
或許不妨這樣說
每片田園四時變換的風姿
每株作物開展出去的角度
也可以詮釋豐富的國際意涵

如果我有什麼褊狹
反而是對於立足的土地
愛得還不夠深沉

——〈角度〉

——《端傳媒》（2022.9.4）

{採訪、對談文本索引}

書籍

- 顏炳華〈吳晟印象〉,《吾鄉印象》,新竹,楓城出版社,1976年10月,頁173～194。
- 黃武忠〈鄉土詩的扎根者——吳晟印象〉,《臺灣作家印象記》,臺北,眾文圖書公司,1984年5月,頁171～180。
- 林芝〈腳踏著泥土的寫作者——吳晟〉,《望向高峰:速寫現代散文作家》,臺北,幼獅文化出版公司,1992年12月,頁166～171。
- 許建崑〈用不著注釋的吳晟〉,《牛車上的舞臺》,臺中,臺中市立文化中心,1994年6月,頁203～206。
- 吳晟,陳昌明講;王鈺婷記〈亞熱帶的文學田園——店仔頭讀詩〉,《風格的光譜／十場臺灣當代文學的心靈饗宴:國家臺灣文學館‧第一季週末文學對談》,臺南,國家臺灣文學館籌備處,2006年9月,頁74～101。
- 莊紫蓉〈吳晟——田埂上的詩人〉,《面對作家——臺灣文學家訪談錄(二)》,臺北,財團法人吳三連臺灣史料基金會,2007年4月,頁81～116。
- 張瑞芬〈泥土的詩學——2009訪溪州詩人吳晟〉,《鳶尾盛開——文學評論與作家印象》,臺北,聯合文學出版社,2009年6月,頁190～208。
- 曾萍萍〈親像土地一樣憨的人:吳晟〉,《與作家有約》,臺

- 北，幼獅文化公司，2011 年 4 月，頁 66～83。
- 陳文發〈走出書房——吳晟書房〉，《作家的書房》，臺北，允晨文化公司，2014 年 8 月，頁 87～98。

雜誌

- 顏炳華〈吳晟印象〉，《幼獅文藝》，第 274 期，1976 年 10 月，頁 125～146。
- 黃武忠〈鄉土詩的扎根者——吳晟訪問記〉，《洪範雜誌》，第 9 期，1982 年 9 月，1 版。
- 王宣一〈吾鄉詩詞入歌聲——羅大佑‧吳晟對談錄〉，《時報週刊》，第 352 期，1984 年 11 月 25 日，頁 106～107。
- 林芝〈腳踏著泥土的寫作者——吳晟〉，《幼獅少年》，第 107 期，1985 年 9 月，頁 98～99。
- 陳益源〈訪吳晟，談〈負荷〉〉，《國文天地》，第 9 期，1986 年 2 月，頁 90～93。
- 翁淑芳〈書香泥香——訪詩人吳晟〉，《北市青年》，第 178 期，1986 年 3 月。
- 李明白〈一位執著於人和土地之間的作家——訪吳晟〉，《臺灣文藝》，第 126 期，1991 年 8 月，頁 49～57。
- 劉原君、涂亞鳳〈當代成名作家訪談錄——訪吳晟〉，《臺灣新文學》，第 6 期，1996 年 11 月，頁 16～25。
- 許碧純〈從吾鄉印象到再見吾鄉〉，《新觀念》雜誌，第 97 期，1996 年 11 月，頁 18～27。

- 莊紫蓉〈吳晟——田埂上的詩人〉,《臺灣文藝》,第172期,2000年10月,頁111～126。
- 王文仁〈親近文學,從閱讀開始——專訪靜宜大學與修平技術學院駐校作家吳晟〉,《臺灣文學館通訊》,第3期,2004年3月,頁70～73。
- 吳晟,陳昌明講;王鈺婷記〈亞熱帶的田園——店仔頭讀詩〉,《印刻文學生活誌》,第8期,2004年4月,頁203～216。
- 李欣倫〈謙卑或者樸實,真誠或者靦腆——吳晟印象〉,《聯合文學》,第246期,2005年4月,頁74～83。
- 黃秀貞、陳春福、葛怡君、蔡巧卿〈種樹的詩人——吳晟〉,《統一企業》雜誌,第314期,2005年9月,頁51～63。
- 劉梓潔〈永遠的農村詩人〉,《聯合文學》,第258期,2006年4月,頁78～81。
- 謝美萱〈燃燒熱情‧書寫土地與生命的詩人〉,《人本教育札記》,第204期,2006年6月,頁9～13。
- 曾萍萍〈親像土地一樣憨的人:吳晟〉,《幼獅少年》,第393期,2009年7月,頁52～57。
- 方秋停〈閱讀,自然搭起親子溝通的橋樑——與吳晟老師暢談世代閱讀〉,《明道文藝》,第401期,2009年8月,頁20～24。
- 張瑞芬〈泥土的詩學——2009訪溪州詩人吳晟〉,《新地文學》,第10期,2009年12月,頁70～83。
- 楊采綾〈訪談詩人吳晟〉,《臺灣現代詩》,第20期,2009年12月,頁63。
- 楊佳嫻〈手植文學森林——田園詩人吳晟在溪州〉,《文訊》雜

- 誌，第 302 期，2010 年 12 月，頁 87～93。
- 吳晟等[1]〈回首那場文學壯遊──「世界之心──從參與愛荷華國際寫作計畫談起」講座紀實〉，文訊雜誌，第 306 期，2011 年 4 月，頁 104～107。
- 陳文發〈走出書房──吳晟書房〉，《鹽分地帶文學》，第 36 期，2011 年 12 月，頁 10～15。
- 周馥儀〈除了寫詩還能做什麼？運動前線的農民、詩人與知識分子：吳晟〉，《新新聞》週刊，第 1314 期，2012 年 5 月 10 日，頁 54～57。
- 李雲顥，黃崇凱〈水田的那邊那邊──尋訪吳晟與溪州農民〉，《聯合文學》，第 334 期，2012 年 8 月，頁 32～37。
- 吳晟等[2]〈文學經驗的回首與未來展望──「文訊 30：世代文青論壇接力賽」第四場〉，《文訊雜誌》，第 335 期，2013 年 9 月，頁 94。
- 蕭聰憲整理〈播下希望與文化的種子──王志誠 vs. 吳晟〉，《文化臺中》，第 27 期，2017 年 4 月，頁 24～29。
- 吳晟，吳志寧口述；李桂媚採寫〈課本作家與流行歌手的跨世代觀點：吳晟、吳志寧父子檔談詩歌〉，《吹鼓吹詩論壇》，第 29 號，2017 年 6 月，頁 7～9。
- 洪明道採訪〈在大地上種字──專訪吳晟〉，《聯合文學‧別冊》，第 395 期，2017 年 9 月，頁 12～13。

---

[1] 主持人：季季；與會者：尉天驄、吳晟、楊青矗；紀錄：張桓瑋。
[2] 主持人：徐開塵；與會者：吳晟、尉天驄、陳克華、陳昌明、陳雨航、陳浩、陳俊志、許悔之、楊小雲、管管、鄭炯明、蔡文章；紀錄：葉佳怡。

- 蔡逸君〈單純之歌——臺灣特有種詩人吳晟〉,《印刻文學生活誌》,第174期,2018年2月,頁32～37。
- 蔡俊傑,林若瑜整理〈科技人、文學家——同樣嚮往一個更美好的社會——童子賢 vs. 吳晟〉,《印刻文學生活誌》,第174期,2018年2月,頁58～74。

報刊

- 丘彥明〈工作在農舍的孤燈下——吳晟談寫作〉,《聯合報》,1979年1月1日,12版。
- 黃武忠〈鄉土詩的扎根者——吳晟訪問記〉,《自立副刊》,1982年7月20日。
- 吳晟等[3]〈詩的饗宴——在彰化(上、下)〉,《臺灣日報》,1984年7月14～15日,8版。
- 張景智〈鄉土文學家吳晟退而不休〉,《臺灣日報》,2000年3月5日,28版。
- 吳音寧〈開闊的土地,詩人的堅持——專訪吳晟〉,《自由時報》,2000年5月20日,39版。
- 梁玉芳、楊錦郁〈吳音寧闖叢林 跳脫吳晟田園詩〉,《聯合報》相對論,2005年12月13日,A10版。
- 林宜慈〈吳晟的文學森林——70年老樹,留給孫做紅眠床〉,《聯合報》,2007年3月11日,A14版。

---

[3] 主持人:康原;與會者:林亨泰、陳金連、桓夫、廖莫白、林雙不、宋澤萊、岩上、苦苓、李勤岸、王灝、吳晟、陳篤弘;紀錄:劉美玲。

- 劉開元〈詩人吳晟・盛開在鄉土中的親情與詩歌〉,《聯合晚報》,2012年3月18日,B8版。
- 陳柏言〈我不和你談論：詩藝,以及隔壁房間的文明──陳柏言訪吳晟〉,《聯合報》,2012年3月27日,D3版。
- 林欣誼專訪〈愛鄉愛土・吳家甜蜜負荷〉,《中國時報》,2014年5月4日,A10版。
- 林欣誼專訪〈痴愛臺灣山水・吳晟守護母親河〉,《中國時報》,2014年5月4日,A10版。
- 林欣誼專訪〈「年輕」沉澱,吳晟拿詩名護家鄉〉,《中國時報》,2014年10月14日,A18版。
- 李長青專訪〈宇宙之大,他還年輕──吳晟談《他還年輕》〉,《自由時報》,2015年1月14日,D11版。
- 何宗翰〈詩人老爸舞劍討公道──《北農風雲》劈開政治爛瘡〉,《自由時報》文化週報,2020年4月11日,A15版。

論文

- 林秀英〈訪談吳晟錄音稿──論吳晟、蕭蕭作品中的彰化人文關懷〉,逢甲大學中國文學系,碩士論文,張瑞芬教授指導,2010年6月,頁162～165。
- 廖苙妁〈吳晟訪談筆錄──論吳晟的農村文學〉,中興大學臺灣文學與跨國文化研究所,碩士論文,楊翠教授指導,2011年7月,頁99～105。
- 施詩俞〈吳晟訪談紀錄──吳晟詩文中農村意象與環保意識之研

究〉,高雄師範大學國文學系,碩士論文,林文欽教授指導,2011年,頁193～232。

電子媒體

- 呂東熹〈詩寫農村的吳晟〉,2007年,網址 https://www.wusanlien.org.tw/02awards/02winners/02winners30/b01/
- 〈詩人吳晟的夢想〉,2008年2月24日,網址 https://www.youtube.com/watch?v=UfM5F-Bx13s
- 王佩馨〈詩、歌、美學——吳晟談創作〉,《鹿鳴電子報》,2010年6月3日,網址 https://deer.nchu.edu.tw/%E8%A9%A9%E3%80%81%E6%AD%8C%E3%80%81%E7%BE%8E%E5%AD%B8-%E5%90%B3%E6%99%9F%E8%AB%87%E5%89%B5%E4%BD%9C/
- 張鐵志〈甜蜜的負荷長大了!吳晟 × 吳志寧的夏夜長談〉,《明日誌 MOT TIMES》,2012年8月23日,網址 https://www.mottimes.com/article/detail/5043
- 〈訪詩人吳晟——分享〈負荷〉詩中小故事〉,《知道》,2012年11月9日,網址 https://www.youtube.com/watch?v=xwmCSPqTG14
- 楊芩雯〈吳晟《筆記濁水溪》：我拚到75歲,之後就是你們的事了〉,2014年5月5日,網址 https://okapi.books.com.tw/article/2885
- 〈吳晟,寫給臺灣的情詩〉,《公視戲劇 PTS Drama：文學 Face & Book》第5集,2014年5月21日,網址 https://www.youtube.com/watch?v=2GpgmAtvliI
- 〈他還年輕——臺灣詩人——吳晟(上)〉,《殷瑗小聚》,2015

- 年2月15日，網址 https://www.youtube.com/watch?v=-HJks8nZyx8
- 〈他還年輕——臺灣詩人——吳晟（下）〉，《殷瑗小聚》，2015年2月22日，網址 https://www.youtube.com/watch?v=RtkhoHHY6oo
- 〈分享甜蜜的負荷和尊重大自然：吳晟、吳志寧 @ TED x Taipei 2010〉，《TED x Taipei》，2015年4月17日，網址 https://www.youtube.com/watch?v=8lCuXQ5WODc
- 〈隱居彰化溪州　吳晟平地造林〉，《華視新聞》，2015年6月6日，網址 https://www.youtube.com/watch?v=H95zToyl61g
- 〈鄉土情——詩人吳晟推造林〉，《華視新聞雜誌》，2015年6月13日，網址 https://www.youtube.com/watch?v=JVTgItdQh_Y
- 〈吳晟《他還年輕》獲臺灣文學獎新詩金典獎〉，《民視新聞》，2015年12月6日，網址 https://www.youtube.com/watch?v=ovt8Ov0t5VU
- 〈吳晟——詩，永遠年輕；詩人，永遠不老——《他還年輕》詩集的創作歷程與心情轉折〉，《詩說新語系列講座》，2016年5月28日，網址 https://www.youtube.com/watch?v=HTR6o50DMRY
- 〈總統府資政吳晟也被騙　誤植大陸陰香樹15年〉，《自由時報電子報》，2017年3月6日，網址 https://www.youtube.com/watch?v=8ZAVpSffvhI
- 〈陰香當肉桂造錯林　吳晟被矇15年〉，《民視新聞》，2017年3月19日，網址 https://www.youtube.com/watch?v=YaZTzNFRrgg
- 鄒欣寧〈「種樹的男人」吳晟：這不是革命，是一種態度〉，《Readmoo閱讀最前線》，2017年6月7日，網址 https://news.readmoo.com/2017/06/07/trees/
- 顏宏駿〈我的戒嚴時代〉吳晟：夭壽喔　中華民國萬歲也有事〉，

《自由時報電子報》，2017年7月14日，網址 http://news.ltn.com.tw/news/politics/breakingnews/2125254
- 顏宏駿〈解嚴30年 詩人吳晟：臺灣人的思想還沒解嚴〉，《自由時報電子報》，2017年7月15日，網址 http://news.ltn.com.tw/news/politics/breakingnews/2132979
- 鐘武達〈吳晟談綠色文學 外國『蘇珊娜』與臺灣〉『阿花』有新解〉，《中時新聞網》，2017年12月5日，網址 http://www.chinatimes.com/realtimenews/20171205004077-260405
- 何烱榮〈共同疼惜臺灣這片土地 鄉土詩人吳晟與大學生的邂逅〉，《聯合報》，2017年12月5日，網址 http://bulletin.dyu.edu.tw/index.php?msg_ID=31258&pool_ID=19&isHidden=1
- 周為政〈園藝大師吳晟到大葉談種樹〉，《臺灣時報》，2017年12月6日，網址 http://www.taiwantimes.com.tw/ncon.php?num=16828page=ncon.php
- 張聰秋〈詩人吳晟推植生復育 汙染農地種千棵樹〉，《自由時報電子報》，2018年3月11日，網址 http://news.ltn.com.tw/news/life/breakingnews/2362031
- 〈臺灣農民的守護者——吳晟，靈魂男聲——音樂人安德斯‧霍特＆卡西娜〉，《殷瑗小聚》，2018年3月18日，網址 https://www.youtube.com/watch?v=WVzy3kj-B2o
- 〈吳晟詩文雙重奏譯越文 促進臺越文學交流〉，《中央社電子報》，2018年9月24日，網址 https://www.cna.com.tw/news/acul/201809240109.aspx
- 張亦惠〈關心大學路路樹 吳音寧父親吳晟民雄開講〉，《中時新

聞網》，2018 年 11 月 10 日，網址 https://www.chinatimes.com/realtimenews/20181110002953-260405

- 錢鴻鈞〈吳晟演講我的愛戀我的憂愁　於淡水無論如河小書店〉，《公民新聞》，2019 年 4 月 25 日，網址 https://www.peopo.org/news/403201

- 錢鴻鈞〈吳晟的三不主義閒聊　與臺灣美麗高貴的原生種樹木〉，《公民新聞》，2019 年 4 月 26 日，網址 https://www.peopo.org/news/403285

- 〈【寶島全世界】專訪——吳晟《北農風雲：滿城盡是政治秀》〉，《寶島聯播網》，2020 年 4 月 1 日，網址 https://www.youtube.com/watch?v=trmNFT5k-JY

- 〈吳晟〈一起回來呀〉——我們在島嶼朗讀〉，《目宿媒體》，2021 年 1 月 16 日，網址 https://www.youtube.com/watch?v=QHoqKtuMb1A

- 〈從一首詩到一座樹園的路　單元 3——種樹詩人吳晟〉，《華視新聞雜誌 EP2259》，2021 年 1 月 31 日，網址 https://www.youtube.com/watch?v=SZrvxa_R0EI

- 〈憂心環境惡化　詩人吳晟種樹守護土地〉，《華視新聞》，2021 年 2 月 5 日，網址 https://www.youtube.com/watch?v=32_ILWW1Gvw

- 〈【詩人吳晟歌手吳志寧專訪】以詩入歌父子新作　驚喜合體佳評如潮〉，《華視新聞：華視會客室》，2021 年 2 月 7 日，網址 https://www.youtube.com/watch?v=wSyLVy0nDg0

- 導演沈可尚、監製蘇麗媚〈《小兒子膠囊時光 2》紀實影片：吳晟 × 吳志寧【揹大行囊的小旅行】〉，《小兒子阿甯咕》，2021 年 11 月 22 日，網址 https://www.youtube.com/watch?v=K3jgoj5ch7I

- 〈單純的生活，單純的詩——吳晟專訪〉，《彰化高中擎崗校刊社》，2022年4月3日，網址 https://www.youtube.com/watch?v=riPlCrtasHU
- 〈以文字關懷鄉土　種樹詩人吳晟書寫自然〉，《寰宇新聞頻道》，2022年6月9日，網址 https://www.youtube.com/watch?v=D1fhtUVkgik
- 〈真性情懷抱社會　鄉土孕育田園師　名人書房閱讀吳晟〉，《寰宇新聞頻道》，2022年6月10日，網址 https://www.youtube.com/watch?v=HABQvqLTVKc
- 〈再散步一些時——from 詩人吳晟〉，《滾動的詩》音樂紀實，2022年6月15日，網址 https://www.youtube.com/watch?v=3C6aNhsc0UI
- 〈吳晟：閱讀讓我充滿了生命力、讓我免於老化〉，《名人書房》，2022年6月15日，網址 https://www.youtube.com/watch?v=gr6ZDILxnHg
- 〈以鄉土詩人聞名的吳晟回故鄉　以母之名繼承單純　與兒子吳志寧為下一代種樹　延續母親共享精神　不改初衷為土地發聲〉，《三立新聞臺：臺灣亮起來》，2022年7月7日，網址 https://www.youtube.com/watch?v=P73EqlHfYXQ
- 王俊雄導演，蘇麗媚監製〈滾動的詩音樂紀實完整影片 EP5《再散步一些時》——詩人吳晟・獨立歌手吳志寧：與土地共生的詩人，父子連心，守護小小的幸福〉，《夢田影像》，2022年7月9日，網址 https://www.youtube.com/watch?v=RvjhUHNssSg
- 簡余晏主持〈「他還年輕」——吳晟紀錄片　專訪：吳晟〉，《寶島聯播網：寶島強強滾》，2022年7月28日，網址 https://www.youtube.com/watch?v=gN8Z5KXQamw

- 〈【駐站作家｜2022.08】吳晟〉，《聯合文學 UNITAS 生活誌》，2022 年 8 月 16 日，網址 https://www.youtube.com/watch?v=fOulBim9O8c
- 蔡詩萍專訪〈談「回歸對土地及環境的關愛　詩人吳晟的紀錄片《他還年輕》」〉，《POP Radio 聯播網 官方頻道：POP 大國民》，2022 年 8 月 16 日，網址 https://www.youtube.com/watch?v=nBX103LZAwk
- 鄭弘儀主持〈詩人不老《他還年輕》　吳晟伴吳音寧走過壓力與放下專訪〉，《寶島聯播網：寶島全世界》，2022 年 8 月 16 日，網址 https://www.youtube.com/watch?v=Dv6Nc_pd3XE
- 〈藝饗年代 X 他還年輕〉國民詩人吳晟紀錄片　"他還年輕"　念茲在茲　尊重自然倫理〉，《Aesthetic Era 年代新聞「藝饗年代」》，2022 年 8 月 29 日，網址 https://www.youtube.com/watch?v=khSh9OJZAn0
- 〈伯樂情誼動人輝映！重溫《如歌的行板》瘂弦、吳晟片段，導演陳懷恩分享拍攝趣事〉，《目宿媒體》，2022 年 9 月 1 日，網址 https://www.youtube.com/watch?v=uUHy7ZQv_O4
- 鄭又禎〈向世界去，回鄉土來：以文學耕種年輕的臺灣──吳晟 × 張潔平〉，《端傳媒》，2022 年 9 月 4 日，網址 https://theinitium.com/article/20220904-culture-wu-sheng-annie-zhang-lecture
- 〈「他們在島嶼寫作」詩人吳晟番外篇①──有一種特質叫吳晟〉，《目宿媒體》，2022 年 9 月 5 日，網址 https://www.youtube.com/watch?v=yx-0rTsH31g
- 〈「他們在島嶼寫作Ⅲ他還年輕」（He's Still Young）〉，《目宿媒體》，2022 年 9 月 5 日，網址 https://www.youtube.com/watch?v=B7VAA5_FC8w
- 〈「他們在島嶼寫作」詩人吳晟番外篇②──有一種寫作叫生

活〉，《目宿媒體》，2022 年 9 月 5 日，網址 https://www.youtube.com/watch?v=r1JBvCF2rBw
- 〈唱頌臺灣　暢 Song 世界 EP14 (1)——詩人吳晟‧歌手吳志寧組一搭一唱父子走唱團〉，《民視讚夯》，2022 年 9 月 7 日，網址 https://www.youtube.com/watch?v=wKz_EwV4hhQ
- 〈《他還年輕》紀錄片特映會　歡慶吳晟 78 歲大壽〉，《民視新聞網》，2022 年 9 月 9 日，網址 https://www.youtube.com/watch?app=desktop&v=UW-q5pagGYY
- 〈關懷原鄉　文字飄土壤香　國民詩人吳晟專訪〉，《新聞觀測站》，2023 年 4 月 29 日，網址 https://www.youtube.com/watch?v=eufiDV6-qBI
- 〈【臺灣演義 Taiwan History】鄉土詩人　吳晟〉，《民視讚夯》，2023 年 7 月 23 日，網址 https://www.youtube.com/watch?v=ZEs0Il4vn8g
- 〈飛閱文學地景 Ep 01 吳晟《樹靈塔——阿里山上》〉，《民視新聞》，2023 年 8 月 12 日，網址 https://www.youtube.com/watch?v=U6zKvcjj4A8
- 〈《屏東作家身影》南風青春——吳晟〉，《屏東藝遊》，2024 年 2 月 7 日，網址 https://www.youtube.com/watch?v=zmn6NzdcFts
- 〈阿愷之聲 Podcast SP1：咱佇彰化寫作，濁水溪文學的想望 ft. 吳晟 Wu Sheng〉，《阿愷之聲 Podcast》，2024 年 8 月 5 日，網址 https://www.youtube.com/watch?v=_jdawJKjhKM&t=0s
- 〈溪州詩人吳晟——《作家島讀》EP.1 @TaiwanPlusArtsCulture〉，《誠品 eslite》，2024 年 9 月 23 日，網址 https://www.youtube.com/watch?v=PfNNm5HOn78

國家圖書館出版品預行編目資料

跡近詩人吳晟／林明德編著 .-- 初版 .-- 臺中市：
晨星，2024.12
面；公分 .――（彰化學叢書；054）

ISBN 978-626-320-967-1（平裝）

1.CST：吳晟 2.CST：訪談 3.CST：傳記

783.3886　　　　　　　　　　　　　113015591

彰化學叢書 054

跡近詩人吳晟

編著者	林明德
圖片提供	吳晟
封面攝影	陳建仲
主編	徐惠雅
美編設計	林姿秀
總策畫	林明德・康原
總策畫單位	彰化學叢書編輯委員會

創辦人　陳銘民
發行所　晨星出版有限公司
　　　　407 臺中市西屯區工業 30 路 1 號 1 樓
　　　　TEL：04-23595820　FAX：04-23550581
　　　　E-mail：service-taipei@morningstar.com.tw
　　　　http://star.morningstar.com.tw
　　　　行政院新聞局局版臺業字第 2500 號
法律顧問　陳思成律師
初版　　西元 2024 年 12 月 10 日

劃撥帳號　TEL：02-23672044 ／ 04-23595819#230
讀者專線　FAX：02-23635741 ／ 04-23595493
　　　　service@morningstar.com.tw
　　　　http://www.morningstar.com.tw
　　　　15060393（知己圖書股份有限公司）

印刷　　上好印刷股份有限公司

定價 420 元
ISBN 978-626-320-967-1

Published by Morning Star Publishing Inc.
Printed in Taiwan

版權所有，翻譯必究
（缺頁或破損的書，請寄回更換）

線上回函

彰化學